教育部中等职业教育改革创新示范教材
商品经营专业教学用书（项目式）

销售服务技术

组　编　南京市职业教育教学研究室
主　编　白素华
参　编　甘迎春　凌　颖　曹　雪
主　审　秦　伟　冯　缨

机 械 工 业 出 版 社

本书是经过出版社初评、申报，由教育部专家组评审、教材遴选工作领导小组审定确定的首批“教育部中等职业教育改革创新示范教材”。

本书体现了“以能力为本位，以学生为主体，以实践为导向”的职业教育教学指导思想，立足职业学校商贸类专业学生就业岗位群的实践要求，注重对学生岗位实践能力和综合职业能力的培养。

本书以模块教学的方式，将销售服务技术的主要内容划分为销售服务技术和营业工作程序、识别商品技术、销售服务接待技术、店面布局与商品陈列技术、销售操作技术、处理顾客异议和投诉技术、处理退换货技术以及市场调研技术八大教学模块。在表达方式上通俗易懂，深入浅出，符合职业学校学生的阅读和学习习惯；在内容选择上重视实用性，既有必备理论，又有岗位技能训练，知识点的介绍尽量图表化，力求表述简明，技能训练力求任务化，体现实用性。

本书可供职业学校财经商贸类专业学生使用，也可作为销售服务岗位培训教材和自学用书。

图书在版编目（CIP）数据

销售服务技术/白素华主编．—北京：机械工业出版社，2010.10（2022.1 重印）
教育部中等职业教育改革创新示范教材
商品经营专业教学用书（项目式）
ISBN 978-7-111-32028-9

Ⅰ．①销… Ⅱ．①白… Ⅲ．①零售商业—销售管理—专业学校—教材 Ⅳ．①F713.32

中国版本图书馆 CIP 数据核字（2010）第 188574 号

机械工业出版社（北京市百万庄大街 22 号 邮政编码 100037）
策划编辑：徐永杰　　责任编辑：聂志磊
封面设计：马精明　　责任印制：郜　敏

北京盛通商印快线网络科技有限公司印刷

2022 年 1 月第 1 版第 7 次印刷
184mm×260mm・13.5 印张・332 千字
标准书号：ISBN 978-7-111-32028-9
定价：42.00 元

电话服务
客服电话：010-88361066
010-88379833
010-68326294

网络服务
机 工 官 网：www.cmpbook.com
机 工 官 博：weibo.com/cmp1952
金 书 网：www.golden-book.com
机工教育服务网：www.cmpedu.com

序

《国务院关于大力发展职业教育的决定》指出："职业教育要坚持以就业为导向，深化职业教育教学改革"。我国社会经济的快速发展、产业结构的优化调整和生产技术的不断进步，为职业教育事业发展提供了巨大的推动力量和广袤的空间，同时也对职业教育教学改革提出了新的要求和挑战。因此，作为职业教育教学改革和职业教育内涵发展核心内容的课程改革迫在眉睫。

2005年12月，南京市全面启动了职业教育课程改革，成立了以教育行政部门为领导，职业教育教研部门为主导，骨干教师为主体和行业企业专家深度参与的课程开发与实施团队。我们按照"边研究、边实践、边推广"的思路，在部分重点学校的重点专业开展了系统的理论研究与实践探索，并不断总结和完善，初步建立了以能力为本位，以项目课程为主体，以职业实践为主线，具有鲜明地方特色的模块化课程体系。本套系列规划教材就是南京市职业教育课程改革的系列理论研究和实践成果之一。

本套系列规划教材编写的特点是：突出商贸技能在岗位上的重要性，实践性强，信息化程度高；通过案例和实训资料解决商贸服务操作的实际问题；以行业发展的新特点为引领，在教材体系和章节内容上由浅入深、循序渐进地进行商贸服务技能实训，内容全面，操作有序，环节齐全，实践评价体系完整。本套系列规划教材适合我国中等职业学校商贸类专业的日常教学和实训。

职业教育技能实训系列规划教材的编写工作是一项全新的工作。由于没有成熟的经验可供借鉴，也没有现成模式套用，尽管我们尽心竭力，遗憾之处在所难免。我们期望这套系列规划教材能够作为地区课程改革的"试金石"，来带动出更多有价值的教学成果，为教学改革做出微薄的贡献。

南京市职业教育教学研究室

2010年4月

前　　言

本书是经过出版社初评、申报，由教育部专家组评审、教材遴选工作领导小组审定确定的首批“教育部中等职业教育改革创新示范教材”。

为了培养更多高素质的技能型、应用型销售服务人才，本书立足职业学校商贸类专业学生就业岗位群的实践要求，以能力为本位，以学生为主体，以实践为导向进行编写。本书将销售服务技术的主要内容分为八大模块。模块中每个项目前设有情景设置，对情景进行分析，由思考与启示引入项目训练目标和项目训练准备，再进行相关的理论知识学习，最后进行项目训练实施。本书以行业发展的新特点为引领，在教材体系和模块内容上由浅入深、循序渐进，内容全面，操作有序，环节齐全，实践评价体系完整。

为了便于教学，本书的学时分配如下：

各模块及技能训练活动学时分配表

名　称	学时分配			
	合　计	讲　授	实　训	机　动
模块一　销售服务技术和营业工作程序	7	3	3	1
项目一　了解销售服务岗位职责和服务规范	3	2	1	
项目二　掌握营业工作程序	3	1	2	
模块二　识别商品技术	11	4	6	1
项目一　了解商品质量认证种类和标志	2	1	1	
项目二　认识运输包装标志	2	1	1	
项目三　识别商品品级和商品代码	6	2	4	
模块三　销售服务接待技术	19	8	10	1
项目一　学会分析顾客心理	4	2	2	
项目二　掌握顾客沟通技巧	2	1	1	
项目三　学会推介商品	6	2	4	
项目四　学会促成交易	4	2	2	
项目五　掌握安全技能	2	1	1	
模块四　店面布局与商品陈列技术	17	6	10	1
项目一　了解店面布局	4	2	2	
项目二　学会商品陈列	12	4	8	
模块五　销售操作技术	33	9	23	1
项目一　学会拿放和展示商品技术	4	2	2	
项目二　学会称量商品	3	1	2	
项目三　学会捆扎商品	3	1	2	
项目四　学会计价	2	0.5	1.5	
项目五　学会开票、收款	2	0.5	1.5	

（续）

名　称	学时分配			
	合　计	讲　授	实　训	机　动
项目六　了解点钞	3	1	2	
项目七　了解人民币真伪鉴别	3	1	2	
项目八　掌握礼品包装技术	12	2	10	
模块六　处理顾客异议和投诉技术	13	6	6	1
项目一　学会处理顾客异议	6	3	3	
项目二　学会处理顾客投诉	6	3	3	
模块七　处理退换货技术	13	6	6	1
项目一　了解退换货	6	3	3	
项目二　掌握处理退换货技术	6	3	3	
模块八　市场调研技术	15	6	8	1
项目一　学会收集调研资料	4	2	2	
项目二　学会整理和分析资料	4	2	2	
项目三　学会撰写调研报告	6	2	4	
总　机　动				8
总　合　计	128	48	72	8

本书由白素华任主编，参加本书编写的还有甘迎春、凌颖、曹雪。全书由白素华统稿，由南京市职业教育教学研究室秦伟和江苏大学工商管理学院硕士生导师冯缨审稿。

对于选用本书作为教材的职业学校及其老师，助教课件可以通过机械工业出版社教材服务网（http//www.cmpedu.com）下载或通过联系责任编辑（联系电话：010-88379196）获取。

本书在编写过程中得到南京市职业教育教学研究室、南京金陵中等专业学校、江苏大学和许多学校领导、商场教育中心的大力支持和帮助，参阅了许多专家学者的著作、教材，在此一并表示衷心的感谢。由于时间仓促，编写水平有限，缺点和疏漏在所难免，在此恳请读者批评指正，以便进一步完善。

编　者

目　　录

模块一　销售服务技术和营业工作程序 1

在商品销售工作中，销售服务技术的掌握水平对商品交易有着重要的作用。通过学习本模块的内容，可以了解销售服务岗位职责、服务规范和营业工作程序。要求学生以饱满的热情投入到学习中来，并通过学习和训练，熟练地掌握销售服务技术，更好地为消费者服务，为社会主义市场经济服务。

项目一　了解销售服务岗位职责和服务规范

一个商店服务水平的高低，在很大程度上取决于营业员的行为规范。一个新上岗的营业员只要按岗位职责和服务规范行事，就会很快熟悉工作，进入角色，从而达到游刃有余的服务境界。本项目的任务是学习营业员的岗位职责和服务规范。

❖ 销售服务岗位职责和服务规范项目实训 ❖

情景设置

一天，在某商场的小百货柜台前，一位顾客看中了货架上的一对发夹，试戴后很满意。于是顾客按照标价签的价格递上钱等待营业员找零，当营业员将找零的 11 元钱递给顾客时，顾客突然嚷道："哎，不对，我刚才给你的是 100 元，你找错了。"营业员反驳道："你付的是 50 元。"此时，钱盒里 100 元、50 元、20 元、10 元、5 元各种额度的人民币都有。这样的问题应该如何解决呢？

情景分析

营业员岗位职责、工作纪律与服务规范要求营业员唱收唱付收找货款，钱物当面点清。从该案例中可以看出，之所以产生这样的矛盾是由于营业员没有遵守服务规范。在收取顾客货款时，营业员没有唱收唱付。

思考与启示

营业员在接待顾客过程中，一定要按岗位职责和服务规范的要求提供服务，这样既可以避免因为钱款记忆错误而产生的矛盾，又可以满足顾客需要。当出现案例中的问题后，营业员首先应该向顾客进行道歉，然后当着顾客的面进行轧账，查清问题的原因。

项目训练目标

1. 了解销售服务技术岗位职责。
2. 掌握营业员岗位服务规范。

项目训练准备

1. 物品准备：用于上岗的工作服、标明工作者身份的工作牌以及迎宾曲。
2. 资料准备：思考题、销售现场服务案例。
3. 场地准备：一间能容纳40人的模拟营业实训室。
4. 分组安排：学生分组，每组8～10人。由教师先进行示范讲解，然后学生以组为单位练习。

相关理论知识

一、销售服务技术

现代零售业中的销售服务技术是由售货规程决定的。所谓售货规程，是指营业员在接待顾客的售货过程中应遵循的规则和操作程序，它由销售技术和服务技术两个部分组成。

销售技术和服务技术是营业员为消费者服务、销售商品必备的技能。其中，销售技术主要包括商品布局和陈列技术、整理技术、调试技术、计量技术、包扎技术、包装技术以及结算技术等，而服务技术则包括接待服务技术、语言艺术技术、商品展示技术、售货矛盾处理技术以及退换货技术等。在销售商品的服务过程中，只有将两者有机地结合起来，才能达到令消费者满意的效果。

二、销售服务技术在经营过程中的作用

零售业发展到今天，已经不是过去传统的模式了。超级市场的迅猛发展，开架自选式卖场的普及，电子计算机和自动化管理系统的应用，使消费者购买商品的过程已由被动式变成主动式，但在适应消费者个性化购买选择方面，销售服务技术在零售业经营中

仍然具有重要的作用。销售服务技术在商品经营中的作用表现为：

1）强化服务意识、提高服务质量是做好服务工作的基础。

2）提高销售服务技术的最终目的是提高工作效率。

3）提高销售服务技术是扩大商品销售、满足顾客需求的需要。

4）提高销售服务技术是获取经济效益的重要手段。

三、服务规范的内容

1）服务仪容仪表规范。

2）服务技能和技巧规范。

3）服务程序规范。

4）服务道德标准。

5）服务语言规范。

6）服务设施规范。

7）清洁卫生规范。

四、商业行业服务规范

（1）职业道德　爱岗敬业，遵守法规，真诚服务，礼貌待客。

（2）商品销售　货真价实，诚守信誉，优质服务，公平交易。

（3）物价管理　合理定价，质价相符，八标齐全，货签对位。

（4）计量管理　量具准确，秤准量足，法定计量，老少无欺。

（5）仪容仪表　统一着装，佩证上岗，仪态端庄，站姿规范。

（6）接待顾客　热情周到，文明用语，尊敬顾客，以礼相待。

（7）商品退换　严格制度，按章办事，处理及时，绝不推诿。

（8）大件送货　按时送到，商品无损，当面调试，电话追踪。

（9）上门服务　恪守预约，按时完成，合理收费，保质保量。

（10）便民措施　立足方便，服务周到，导购完善，措施配套。

（11）环境设施　通道畅通，客气清新，安全可靠，设备完好。

（12）投诉接待　首问负责，逐级处理，全程陪同，办理及时。

五、营业员岗位职责、工作纪律与服务规范

1、岗位职责

1）保持售货环境的清洁卫生。

2）保证所售货物及货款的财产安全。

3）认真完成每一笔销售业务活动。

4）注意听取顾客意见，向顾客宣传企业的营销观念。

5）及时调解顾客矛盾，维护企业形象。

6）积极学习有关销售知识，努力提高业务水平。

2、仪容仪表

（1）仪容　男营业员不留胡须，不留大背头和怪发型，鬓角不过耳，发角不过衣领，耳不夹烟。女营业员不化浓妆，提倡化淡妆；发型美观大方，不要蓬散长发，应将长发盘起；佩戴饰物不应超过三件，不能佩戴硕大的戒指、耳环、手链上岗。食品柜台的员工不能佩戴首饰上岗。

（2）着装挂牌上岗　按规定穿着工作服，佩证上岗，服务证戴在左上胸或挂在前胸，并随时保持仪容仪表的整洁。

（3）站立地点　一人站中间，二人站两边，三人以上匀开站。

（4）站姿　挺胸，站直，目光平视，两手前交叉，不坐凳，不东倒西歪、趴柜台，面向顾客，热情礼貌，随时准备迎接顾客，微笑服务。

3、柜台工作纪律

1）不迟到，不早退。

2）不吸烟，不吃零食，不酒后上班。

3）不聚众聊天，不嬉笑打闹，不哼歌曲。

4）不看书报，不干私活。

5）不溜号、串柜，不在柜台与亲友会客长谈。

6）不因上货、点货、轧账怠慢顾客。

7）不带外人进柜或在柜台逗小孩。

8）不将私人物品放在橱柜明显处或钱箱内。

9）不随地丢弃包装箱、垃圾等杂物。

10）不拿用商品、挪用公款。

4、文明用语

（1）服务语言要文明、亲切、准确、简练，做到“五要”　语言要亲切，语气要诚恳，语调要柔和，用语要准确，要说好普通话。

（2）接待顾客做到“五不讲”　不讲失礼的话，不讲讽刺挖苦的话，不讲粗野、庸俗的话，不讲过头的话，不讲催促埋怨的话。

（3）以下列“文明用语 20 句”为基本接待用语

1）同志，您想看点什么？

2）先生，您想买点什么？

3）请稍等，我马上告诉您。

4）请稍等，我拿给您看。

5）耽误您宝贵的时间，真不好意思。

6）同志，您先看看，不买没关系。

7）不着急，慢慢挑，我来给您当参谋。

8）同志，请您到×号收款台交钱。

9）请您找找看，有没有零钱？

10）对不起，请稍等，我去换换看。

11）现在我们有另外一个品种，性能差不多，您看看。

12）很抱歉，这种商品暂时缺货。请您留下电话号码，货一到我就通知您。

13）您如果不满意，我给您换。

14）同志，只要符合商品退换货规定，我们都会退换的。

15）谢谢您，多提宝贵意见。

16）不用客气，这是我们应该做的。

17）请放心，就是下班了，我们也会把您这笔生意做完。

18）您拿好，慢慢走。

19）谢谢您！请走好。

20）再见！欢迎您再来。

5、接待操作

1）备齐、备足营业用品并放在规定的地方。不因调换零钱，寻找发票、笔、计算器等影响接待顾客。

2）顾客临柜主动招呼，热情迎接。

3）按顾客要求递拿、展示商品。

4）实事求是地向顾客介绍商品的性能、特点、用途、使用方法等，帮助挑选，当好参谋。

5）按规定如实填写各类票据，字迹清楚，一目了然，不得涂改。

6）明码实价，不以次充好、以劣充优、短秤少量。

7）唱收唱付收找货款，钱物当面点清。

8）包扎商品迅速、牢固、美观。

9）暂短商品进行缺货登记，货到及时通知顾客。

10）顾客离柜礼貌道别。

6、陈列卫生

1）商品陈列整齐丰满，艺术美观。

2）标价醒目，八标齐全，一货一签，签货相符。

3）柜台货架的玻璃明亮，无灰尘、脏迹、手印；柜台货架的地面无纸屑、污迹。

4）柜台内外不准堆杂物，不准乱贴挂广告。

7、迎送顾客

1）开门前听从广播提醒，按规定地点、站姿恭候顾客进场。

2）打烊铃响，柜台货架前没有顾客时，按规定地点、站姿列队送顾客退场。

项目训练实施

岗位职责和服务规范

1．岗位职责和服务规范项目训练步骤与实施

（1）岗位职责和服务规范项目训练步骤

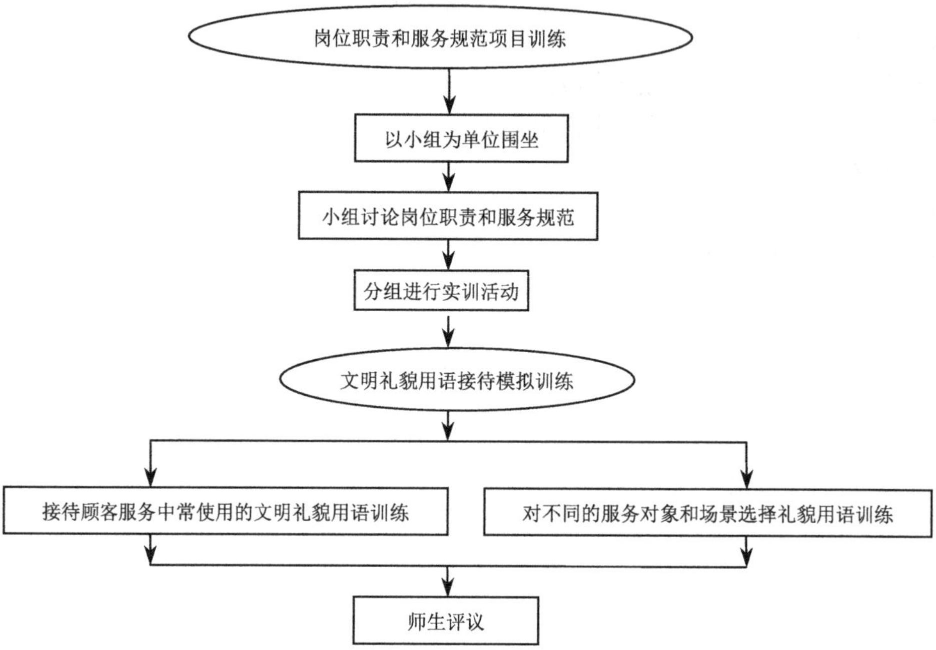

（2）岗位职责和服务规范项目训练实施

1）小组讨论：岗位职责和服务规范的内容。

思考题讨论

● 随着销售形式的变化以及科技的进步，有人说销售服务技术在零售业中已无用武之地了，这种说法正确吗？

● 小刘在数码相机专柜工作，他十分了解数码相机及相关商品的知识，能够熟练地调试数码相机。仅凭这些情况能否说小刘是一名优秀的营业员？为什么？

2）案例分析：对以下销售情景进行评判。

案例一

小陶今天心情特别好，起了个大早特意赶到市中心的某大型超市。由地下停车场乘电梯来到超市入口处，他才发现自己来得太早了，超市入口处除了超市的工作人员外没有其他顾客。超市入口处正中间站着一位身着深色西装，扎着领带，脚穿白色耐克运动鞋的工作人员。小陶心想：这个人应该是领班吧。于是，小陶走到那个工作人员跟前小心地问："现在可以进超市了吗？"工作人员说："现在还没到时间，不能进。"于是他又向该工作人员问道："请问还有多久到营业时间？"那个工作人员说："那边墙上贴着呢，你自己看看就知道了。"过了约10分钟后，小陶终于听到广播里传来了开始营业的音乐，他随着大门外涌进来的顾客一起进入了超市，超市里很快沸腾起来。不少促销的商品前挤满了人，小陶也来到了生鲜促销点，看到一个手持对讲机的工作人员就走向他问："这里都有哪些促销商品？都有什么优惠？"那个工作人员说，这个不归他管，他也不知道，说着就走开了。小陶选了一把青菜、两根黄瓜、两个大土豆装在篮子里去排队等待过秤，终于排到小陶了，工作人员一看小陶一篮子的菜就说："你的菜没装袋我怎么称？自己装好了再来称，我哪有时间给你装袋啊？这个都不懂，下一个。"看看后面排得很长的队伍，小陶尴尬地到一旁去装袋了，然后又排了好长时间的队才称好自己的菜。

终于，小陶看看自己该买的都选好了，就来到收款台前结账。收款员麻利地拿货、扫条码、计价、装袋，小陶看到金额显示器上显示的价格为"188.80"，于是拿出200元递给收款员，收款员一声不响地将零钱11.20元递了过来。在驾车回家的路上，小陶心里很不舒服。

请在给出的案例资料中找出6处工作人员的不当言行，在6处错误语句的下面画横线，并用序号标注。对错误的原因加以说明或将修正的结果写在下面答题处。

① 说明或修正：________________________________

____

② 说明或修正：________________________________

____

③ 说明或修正：________________________________

____

④ 说明或修正：________________________________

____

⑤ 说明或修正：________________________________

____

⑥ 说明或修正：________________________________

____

案例二

星期天，小丽准备与弟弟小强一起去商场购买一件夹克衫。当他们一起走进一家服装专卖店时，只见店里迎门的柜台里有一位浓妆艳抹的营业员正在对着镜子补口红，见他们进来，看了他们一眼，继续描着口红。小丽问道："营业员小姐，有没有适合我弟弟穿的夹克衫？"营业员回答道："这里面这么多衣服，你们自己看吧。"

小丽听了有点不高兴，但为了帮弟弟买到合适的衣服，还是带着弟弟去寻找挑选。这时一位营业员一脸严肃地跟在他们后面，那样子像是怕他们把东西偷走似的。

挑选了半天，小丽看中了一件，问道："我们能不能试穿一下？"营业员说道："你们到试衣间去试吧。"小丽转身找了好一会儿，终于找到了在角落里的试衣间，带着弟弟进去试衣服。试穿以后，她发现衣服与弟弟的身材有些不合适，于是他们便继续挑选，就这样试了四件衣服。这时，营业员很不耐烦地说道："你们到底买不买啊？不买就不要浪费我的时间。"小丽回答道："买总要买合适的吧。"双方争吵起来，小强赶紧把小丽劝了出来。衣服没有买成，反倒惹了一肚子气。

请在给出的案例资料中找出 6 处工作人员的不当言行，在 6 处错误语句的下面画横线，并用序号标注。对错误的原因加以说明或将修正的结果写在下面答题处。

① 说明或修正：____

____

② 说明或修正：____

____

③ 说明或修正：____

____

④ 说明或修正：____

____

⑤ 说明或修正：____

____

⑥ 说明或修正：____

____

（3）文明礼貌用语接待模拟训练　进行接待顾客服务中常使用的文明礼貌用语训练和对不同的服务对象、场景选择礼貌用语训练。

2、岗位职责和服务规范项目训练注意事项

1）岗位职责和服务规范的内容是随着时代的发展进步、商业业态的变化和经营品种的增加而不断变化的。

2）要充分考虑柜组的实际状况。

3）在询问顾客是否确定购买时，态度要和蔼，并结合商场积分、打折等活动进行快速、准确的计价。

3、岗位职责和服务规范项目训练评价评分表（见表 1-1）

表 1-1　岗位职责和服务规范项目训练评价评分表

考评人		被考评人		
考评地点				
考评项目	岗位职责和服务规范项目训练			
考核标准	考核内容	考核要点	分值/分	得分/分
	上岗、迎宾知识掌握情况	掌握上岗、迎宾知识和礼仪规范	20	
	上岗、迎宾礼仪训练情况	积极参与迎宾礼仪训练	5	
		认真训练，达到要求	15	
	思考题讨论情况	积极参加思考题讨论活动	10	
		用书面形式写出对讨论思考题的见解	30	
	文明用语掌握情况	积极认真参加文明礼貌用语训练	20	
合　计			100	

注：考核满分为 100 分，90 分及以上为 A；80～89 分为 B；60～79 分为 C；60 分以下为 D。

项目二　掌握营业工作程序

在零售企业商品销售工作中，营业员每天要接待成百上千名顾客，工作十分繁忙。营业员掌握营业前的各项准备工作、营业中的各项辅助工作和营业后的结束工作，对于减少顾客等待时间、提高售货效率、避免发生差错事故有着重要的作用。本项目的任务是学习掌握营业工作程序。

❖ 营业工作程序项目实训 ❖

情景设置

张女士从工厂下岗之后因为身体状况不太好，很长一段时间没有出去工作。最近通过朋友介绍，经过面试和培训之后，张女士被安排到某大型商场电冰箱柜台做营业员工作。今天是张女士第一天上班，她不免有些激动，早早起来梳洗打扮，为使自己看起来更漂亮，还认认真真地化了个浓妆，换上新的工作服。张女士在镜子里看到自己穿着这身藏青色套裙很合身，尤其是配着自己的披肩长发，很有气质，于是兴高采烈地出了家门。上班高峰，路上人可真不少，张女士骑着自行车左避右让往商场赶，总算没迟到。她和同柜台的同事打过招呼，就准备接待顾客了，低头一看，脚上的长筒丝袜不知何时被挂了一个洞，张女士心想："真倒霉，可惜了一双新丝袜。算了，由它去吧，反正也不影响上班。"这时，一位中年男士走到柜台旁，张女士立刻迎上去，热情地问好、介绍产品。男士说他想自己随便看看，有需要时会找营业员的。可张女士还是紧紧跟在男士后面以便随时服务，直到男士离开。过了一会儿，一对农民工模样的夫妇走来，张女士同样热情接待、介绍产品，当听到张女士介绍某品牌电冰箱时，男士说："这个牌子的电冰箱以前没听说过。"张女士马上说："这可是国外很著名的一个品牌，你怎么会连这个都不知道啊？"男士有些尴尬，拉着太太走了。

一个上午过去了，张女士没做成一笔生意，她站了一上午已经腰酸背痛了，看看也没顾客来，就在专门为顾客准备的休息区坐了下来。

➘ 情景分析

从该案例中可以看出，张女士下岗后重新走上销售岗位时很重视这份工作，也积极热情地接待顾客，可是收效甚微。由于对服务规范、营业工作程序不熟悉，学习掌握得不好，出现了许多违反岗位职责和服务规范的行为。例如，仪容仪表不符合上岗要求，化浓妆、穿破了洞的丝袜，紧跟在顾客后面，到为顾客准备的休息区休息，不懂得服务技巧，说话有损顾客自尊心等。这些既影响了销售产品，也不利于企业获得经济效益和树立良好的商业信誉。

思考与启示

营业员在接待顾客过程中，岗位职责和服务规范的掌握和执行对企业的声誉和经济效益都有着极大的影响。营业员在接待顾客过程中一定要努力遵守服务规范，并按照营业工作程序进行服务工作，养成良好的职业习惯，从顾客的利益出发，提供顾客满意的服务。

项目训练目标

掌握销售服务中的营业工作程序，培养良好的职业意识和职业习惯。

项目训练准备

1．资料准备：销售服务接待工作程序的案例；营业前的准备工作程序、营业中的辅助工作程序和营业后的结束收场工作程序的内容。

2．场地准备：一间能容纳 40 人的模拟营业实训室。

3．分组安排：学生分组，每组 8～10 人。由教师先进行示范讲解，然后学生以组为单位练习。

相关理论知识

营业员每天的工作是以接待顾客、销售商品为中心来开展的。由于接待的顾客成千上万，工作很繁忙，因此营业员应利用有限的时间，有计划地安排好一天的工作，有条不紊地做好营业前的准备工作、营业中的辅助工作和营业后的结束收场工作。

一、营业前的准备工作

营业员应在开门营业前 30 分钟到达营业现场，并在上岗服务之前做好以下几个方面的准备工作。

1、检查准备好商品

（1）检查准备好过夜商品　营业员进柜台或卖场的第一件事，就是根据平时商品摆放的规律，对过夜商品进行过目检查，做到心中有数。如果发现商品被盗或人为损毁，应及时向柜组长或业务经理汇报，以查清事实、分清责任。对过夜变质的食品，应及时清理出柜或货架。

（2）上货、补货　在前日营业结束后，营业员要抓紧时间进行营业后的收场工作，这样就无法给货架续补商品，因此，到岗后上货、补货便成为营业员最重要的工作之一。

（3）陈列商品　柜台货架商品的布局须整洁，美观丰满，重点突出，一目了然。这样会激起顾客的购买欲望。在陈列商品时，应将当日热销商品放在便于拿取的位置上，将新品种或需要推销的商品陈列在明显的位置上。

2、检查商品价格

商场和卖场销售必须明码标价。明码标价的规定维护了零售企业间的公平竞争，可以使零售企业赢得顾客的信任，是信誉的象征，是零售企业的经营之道。

一张填写认真、标识清楚的标价签不仅方便了顾客，也方便了售货员。因此在营业之前，营业员要认真检查所负责区域内商品的标价签，做到以下几点：

1）货价相符，标签齐全，货签对位。标价签力求醒目、准确、美观和完整。

2）对新上柜的商品要根据有关单据认真填写商品的型号、品名、产地、规格和单价。在超市中，新上柜的商品要粘贴好单价和条码（或店内码），新商品的摆放位置要让每一个营业员知道，以便为顾客做好指引工作。

3）对节假日促销活动及因其他原因商品价格发生变动的，要以商品调价通知单为依据，及时更换标价签。

3、检查准备售货用具

准备好售货用具是营业前工作的一项重要内容，借助售货用具可以提高接待顾客的速度和质量。营业前，营业员应将售货用具备齐，并放在顺手的地方，便于拿取使用。不同的柜台货架，销售的商品不同，所用到的售货用具也不同。柜台卖场的售货用具大致有以下几种：

（1）计量用具　计量用具主要有秤、量筒、尺子等度、量、衡器。营业前，营业员应抹掉用具上的灰尘，洗掉污垢，试验或校正其灵敏度和准确性。

（2）包扎用具　包扎用具主要有包装纸、包装袋，捆扎商品用的各种绳、礼品纸、彩带和胶水等。

（3）实验用具　实验用具主要用于测量和实验各种商品的性能和质量，如测电笔、万用表、信号发生器、接线板、电池、试衣镜、试笔纸、墨水、试香水气味的试纸等。

（4）售货用具　售货用具主要有剪刀、裁纸刀、铲、勺、购物车、价格标价签打印器、条码打印器、收款机等。对于接触食品的工具要按时清洗和消毒；购物车要折叠好放在顾客入口处的指定区域，以方便顾客取用；价格标价签打印器和条码打印器要检查油墨是否充足；收款机的纸带要备足。

（5）计价用具　计价用具主要有计算器、笔、发票及各种单据等。

（6）找零票款　收银员应将票款从指定处取出，点数后放入收银机内。要备足找零票款且按面值分类存放。

4．检查清理环境

检查准备售货用具后，营业前应做的工作已大部分结束，接下来应检查清理环境。

1）首先应把上货、补货产生的盒子、包装物和塑料袋等杂物用大纸箱装好，放置于后仓中，以备他用。

2）其次把柜台、货架内外和营业场地打扫干净，保持好环境卫生。

3）最后用干净的干抹布擦拭柜台和货架，做到无杂物、无灰尘。

5．检查个人仪容、服饰和卫生

商业服务是社会文明的窗口，营业员的举止和仪表十分重要。营业员的服饰穿着要整洁合体、美观大方、舒适端庄，并能与特定的营业环境相一致、与顾客的需要相适应，能体现营业员的职业特征。

着装、仪表的具体要求见本模块项目一的相关内容。

个人卫生应做到：

1）三勤，即勤洗澡，勤剪指甲，勤换衣。班前班后勤洗手，不随地吐痰。

2）三不，即不穿拖鞋，不披头散发，不搔头皮、挖耳鼻。

3）两要，即服装要整洁规范，口腔、体味要清新。连续顶班中间要就餐时，不准喝酒和吃带强烈刺激气味的食品，以免顾客感到刺鼻而产生厌恶情绪。

6．做好工作前的思想准备工作

营业员每天工作数小时，有时节假日还需要加班，除了接待顾客外，还要做一些与营业工作有关的其他辅助工作，因此营业员要做好心理调节工作，使自己保持积极向上的良好心态和精神状态。为此，营业员平时应不断学习、刻苦锻炼，努力提高自身的素质，加强自我修养，掌握和提高销售技巧，并在实际工作中运用自如，富有创造性。

二、营业中的辅助工作

从开门迎客到结束营业，营业员一天的工作重心是接待顾客、销售商品。在营业中总会有一些空闲的时间，营业员应尽量把它们利用起来，做好营业中的辅助工作。只有这样才能在接待下一位顾客的时候，不至于手忙脚乱。

1．整理添加商品

（1）折叠整理　在销售过程中，由于顾客挑选而散乱的商品，如床单、毛巾、服装等，要折叠、整理并摆放好。

（2）归位整理　顾客不要的商品要按类别、型号和规格归位摆放好，以免发生串号。

（3）配对整理　对成双成对的商品要进行配对整理，如手套、袜子、鞋子等。

（4）挑选清洗整理　在销售中，一些水产品、蔬菜、水果等，要勤检查，分清等级，防止混等混级，不便顾客挑选。

（5）补充添加商品　柜台和货架上摆放商品的数量比较有限，一些畅销品可能很快就会被售完，营业员应及时从后台备用仓库取出畅销品，添加到柜台和货架上。

（6）清理售货现场　在超市里，顾客购买商品时会使用购物车或购物篮，部分顾客使用后乱摆乱放，这将妨碍其他顾客购买商品。因此，营业员要注意清理售货现场。

2、整理货款或票证

营业员要利用空闲时间整理销售货款或发票等票证。

3、简单的拆包和分装

尽管营业前营业员添加、续补了商品，并进行了拆包和分装，但柜台、货架和展台上的空间毕竟有限。因此，当营业前拆包和分装的商品即将售完时，营业员应在空余时间里，根据忙闲交替周期的长短，决定对不同类型商品进行不同程度的再次拆包和分装。

三、营业后的结束收场工作

营业后的结束收场工作也是组织商品销售的内容。它既是当天营业工作的结尾，也是第二天组织商品销售的开端。由于第二天营业前的准备工作量大，且时间短，因此，应遵循善始善终的原则，尽量把营业后的收场工作做好，以减轻次日营业前的工作压力。

1、结算工作

1）柜台收款的营业员要清点当日销货款、票证，并填写“缴款单”。

2）营业员根据“缴款单”销减商品账总金额。对日清月结的柜台，要当日清点商品余存数，并与销货卡上的数字核对，然后销减商品账中的数目。

3）汇集各种销货凭证，然后根据汇总的数字，填报“进销存日报表”。

财会部门复核无误后，编制“进销存汇总表”。“进销存日报表”和“进销存汇总表”所记录的数据是经营业务活动的综合反映和真实记录，为以后的盘点对账提供重要数据。因此，营业员应及时、认真地填制这两个表。

2、封存工作

1）将销售用的零钱、票证密封好并送交专管人员或存入保险柜，不准将其放在柜台一般钱箱过夜或带出商店保管。

2）对体积小的贵重商品要密封锁好或按规定要求保管过夜。对过夜商品的保管有特殊要求的，如需要低温保存的商品，应送交指定地点。

3、整理工作

1）将放乱的商品进行折叠、归位、配对整理，做到归就原位，放置有序。

2）对已售完的商品，且补货花费时间不多的，可进行补添。需要从仓库提货上柜的，可根据当日销售情况，事先填好次日提货单，以便在次日能迅速补货。需要花费较长时间上柜补货的商品，可在次日进行补添。

3）对各种售货工具要整理、校正好。

4、清理工作

1）柜组长要翻阅《顾客意见簿》和《缺货登记簿》，研究顾客意见，及时改进工作。

2）将柜台、货架和营业场地打扫干净，把购物车、购物篮放到指定地点，搬除妨碍营业和顾客行走的物件。

3）对电源、火源、水源、门窗及店堂隐蔽处进行安全检查，做好防火、防盗、防毒、防鼠等工作。确认安全后，关灯、闭门，集体退出营业场所。

营业员每天除了接待顾客外，还要做不少辅助工作，非常繁忙。因此，训练有素的营业员应该有计划地安排好一天的工作，以接待顾客、销售商品为中心，有条不紊地进行营业前的准备工作、营业中的辅助工作、营业后的结束收场工作。

四、商品盘点

盘点是指企业根据需要，定期或不定期地对库存商品实物数量和金额进行清点。

1、盘点的类型

（1）按盘点的时间可以划分为定期盘点和不定期（临时）盘点　定期盘点又可分为三种形式：一是按制度规定进行的月终盘点（包括季终与年终的盘点）；二是日销日盘，即每日销售结束后，对商品进行盘点，通常对经营品种单一、金额较大的商品柜实行逐日盘点，日结日清，以加强对商品的管理；三是按批盘点，即按商品进货的批次，销完一批盘点一批，通常对鲜活商品采用这种盘点形式。临时盘点是指因商品变价、营业工作移交、商品保管发生事故或其他情况所进行的盘点。

（2）按盘点的范围可以划分为全面盘点和部分盘点　月末、季末、年末对商品经营的全部商品进行盘点，称为全面盘点；因经营业务活动中的某种需要，如部分商品价格变动，而对部分商品进行盘点，称为部分盘点。

2、盘点的要求

商品盘点要求做到数字实、计算准、情况明、速度快。为了提高商品盘点的质量，应该做到：①加强商品的日常管理。商品摆放、陈列要有固定货位，保持同类商品和规格尺码的连续性，避免相互串类串号。同时，做好商品进出柜台的登记手续。②做好盘点前的准备工作。一是事先整理好所有单据、票证，并与会计核对好账目；二是事先对商品进行分类归档，暂停仓库提货；三是事先调准盘点所用的度量衡器具；四是事先抄写好盘点表中的货号、品名、规格和单价等，以加速盘点工作的速度。总之，盘点前要做到“三清、两符、一归”，即票证数清、现金点清、往来手续结清，账账、账单两相符，商品归类存放。

3、盘点结算工作

商品盘点后，要进行交叉复核，结算出实际库存金额，然后与会计账目核对。如同财会部门控制的期末库存金额无误，说明盘点正确，账实相符。如果不符，应该进行复算、复盘。对复点后发现的长短款情况及原因分析应填入“财产损益报告表”，经盘点人、柜组长签名盖章后，一联自存，一联经领导批示后作为会计处理的凭证。

五、相关表单

1、**销货缴款单**（见表 1-2）

表 1-2　销货缴款单

销货缴款单

缴款部门：　　　　　　　　　　　　年　月　日　　　　　　　　　　　　第　号

缴款项目	摘　要	金　额
合　计　　人民币（大写）		

收款人：　　　　　　　　　　实物负责人：　　　　　　　　　　制单：

营业员要将交款凭证汇总计算后和收款员对账，若金额一致，则填写“销货缴款单”，由收款员签字盖章，各留一联，以记销账；若发现差错，要及时查找原因。

2、**进销存日报表**（见表 1-3）

表 1-3　进销存日报表

进销存日报表

填报部门：　　　　　　　　　　　　年　月　日　　　　　　　　　　　　单位：元

项　目		金　额	项　目		金　额
增加部分	昨日结存		减少部分	本日销售	
	本日购进			本日调出	
	本日调入			调价减值	
	调价增值			商品损耗	
	盘点溢余			盘点短缺	
			本日结存		
合计			合计		
本月销售定额			本月销售累计		

部门负责人：　　　　　　　　　　　　　　　　制表：

3、**商品盘点表**（见表 1-4）

表 1-4　商品盘点表

商品盘点表

商店：　　　　　　　部门：　　　　　　柜组：　　　　　　日期：　　年　月　日

类　别	货　号	品　名	单　位	盘点情况		
				数　量	单　价	金　额

4. **商品损益报告表**（见表 1-5）

表 1-5　商品损益报告表

商品损益报告表

填报部门：　　　　　　　　　　　　　　　　　　　　　年　月　日

账面结存	实际盘存		溢余	损失	原因
品名规格	单位	数量	单价	金额（±）	
					处理意见

5. **其他表单**

1）商品验收单，见表 1-6。

表 1-6　商品验收单一

商品验收单

供货单位：　　　　　　　　收货单位：　　　　　　　　　　　年　月　日

货号	品名规格	购进价				零售价				进销差价
		单位	数量	单价	金额	单位	数量	单价	金额	
合计										

复核：　　　　　　　　　　　　　　　　　　　　制单：

2）商品内部调拨单，见表 1-7。

表 1-7　商品内部调拨单一

商品内部调拨单

调出部门：　　　　　　　　　　　　　　　　　　　　　年　月　日

调入部门：　　　　　　　　　　　　　　　　　　　　　单位：元

货号	品名	单位	数量	购进价		零售价		进销差价
				单价	金额	单价	金额	
合计								

调出部门负责人：　　　　　调入部门负责人：　　　　　复核：　　　　制单：

3）商品调价单，见表 1-8。

表 1-8　商品调价单一

商品调价单

调价通知单日期：　　　　　　年　月　日

填报部门：　　　　　年　月　日　　　调价通知文号：　　　　　字　第　号

货号	品名	单位	数量	零售单价		±	单位差价	增加金额	减少金额
				原售价	新售价				
合计									

复核：　　　　　　　　　　　　　　　　制单：

4）残损变质商品处理报告单，见表 1-9。

表 1-9　残损变质商品处理报告单一

残损变质商品处理报告单

填报部门：　　　　　　　　　　　　　　年　月　日

品名规格	单　位	库存数量	购进单价	零售单价			削价处理		
				削价前	削价后	差额	合　计	减：进销差价	增：财产损失
合　计									
削价原因				部门意见			领导批示		

复核：　　　　　　　　　　　　　　　　制单：

项目训练实施

营业工作程序

1、营业工作程序项目训练步骤与实践

（1）营业工作程序项目训练步骤

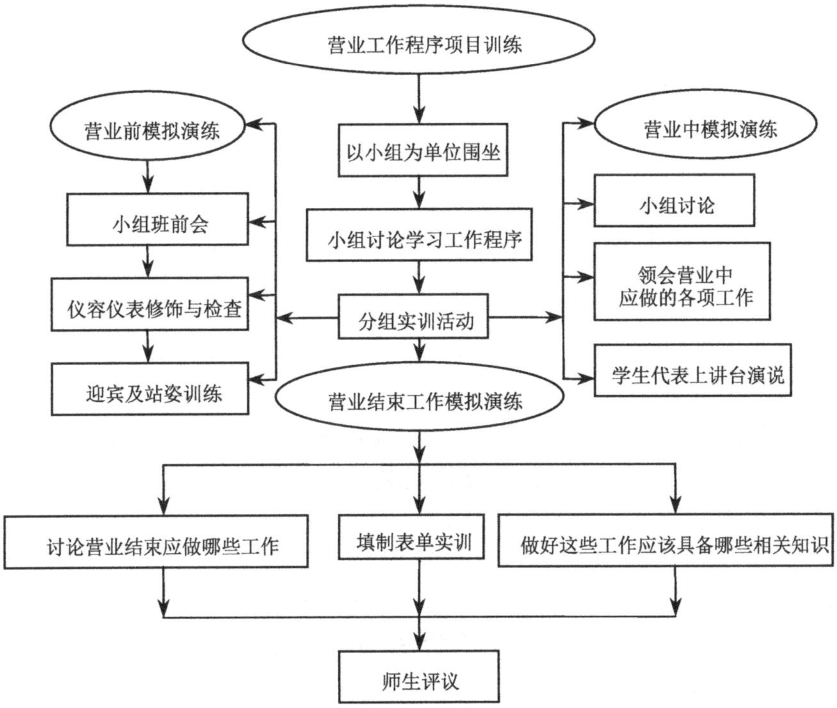

（2）营业工作程序项目训练实践

1）为有利于学生掌握工作程序进行分组讨论，完成以下思考讨论题的讨论：

① 营业前有哪些准备工作？你怎样去做营业前的准备工作？

② 营业中有什么辅助工作？你怎样去做营业中的辅助工作？

③ 营业后有哪些结束收场工作？如何做好营业后的结束收场工作？

2）迎宾及站姿训练。

3）销货缴款单的填制。

4）进销存日报表的填制。

5）商品盘点表和商品损益报告表的填制。

① 某烟酒公司某部于2010年7月25日盘点，实存商品情况见表1-10。

表1-10　实存商品情况表

规　格	货　号	品　名	数　量	单价/元
	白007	53°茅台酒	90瓶	356.00
	620401	郎　酒	72瓶	89.00
	620501	剑南春	60瓶	108.00
	白001-1	52°五粮液	132瓶	468.00
	白002	52°五粮春	120瓶	118.00
	白003	洋河蓝色经典	240瓶	186.00
	白004	精装洋河	120瓶	96.00
	白005	普通洋河	60瓶	8.09
	白006	今世缘	78瓶	126.00
	白023	46°红星珍品二锅头	84瓶	168.00
	001	八年陈花雕酒	108瓶	78.00
	002	十年精品陈花雕酒	102瓶	110.00
1×6×750	红-001	龙徽经典干红		35.00
	红-015	王朝干红2002木盒		68.00
	红-016	王朝干红2003木盒	180瓶	36.00
	红-002	龙徽解百纳干红		49.00

请根据以上资料填制商品盘点表。

② 某商场服装柜商品盘点中，账面结存26016.50元，实际盘存26006.00元。其中，甲商品少一件，金额是30.50元；乙商品原包装多一件，金额是20.00元。

请根据以上资料填制商品损益报告表。

6）某百货柜2010年6月21日从批发部购进甲商品（一等品）5箱，每箱内装10件，每件批发价7.20元，每件零售价8.20元；乙商品（二等品）3箱，每箱内装50件，每50件批发价162元，每件零售价3.70元。请根据以上资料填写商品验收单（见表1-11）。

表 1-11　商品验收单二

商品验收单

供货单位：　　　　　　收货单位：　　　　　　年　月　日

货　号	品名规格	购进价				零售价				进销差价
		单位	数量	单价	金额	单位	数量	单价	金额	
合　计										

复核：　　　　　　　　　　　　制单：

7）根据以下资料填制商品内部调拨单（见表 1-12）。

2010 年 6 月 15 日百花商店向新新商店调出商品如下：

① 甲商品 20 件，每件零售价 2.10 元，成本价 1.90 元。

② 乙商品 25 件，每件零售价 2.40 元，成本价 2.20 元。

③ 丙商品 30 件，每件零售价 2.60 元，成本价 2.40 元。

表 1-12　商品内部调拨单二

商品内部调拨单

调出部门：　　　　　　　　　　　　年　月　日

调入部门：　　　　　　　　　　　　单位：元

货　号	品　名	单　位	数　量	购进价		零售价		进销差价
				单　价	金　额	单　价	金　额	
合　计								

调出部门负责人：　　调入部门负责人：　　复核：　　制单：

8）某柜组 2010 年 7 月 19 日接到商品调价通知单，甲商品由原售价每件 6 元调整为 5.20 元，乙商品由原售价 3.60 元调整为 3.20 元，自 2010 年 7 月 20 日执行。经 7 月 19 日盘点，甲商品库存 90 件，乙商品库存 65 件。根据以上资料填制商品调价单（见表 1-13）。

表 1-13　商品调价单二

商品调价单

调价通知单日期：　　年　月　日

填报部门：　　年　月　日　　调价通知文号：　　字　第　号

货　号	品　名	单　位	数　量	零售单价		±	单位差价	增加金额	减少金额
				原售价	新售价				
合　计									

复核：　　　　　　　　制单：

9）某百货柜购进甲商品 5 只，进价每只 3.50 元，因验收不严，上柜时发现有轻微残损，由原售价每只 4 元削价为每只 3.40 元；购进乙商品 10 只，进价每只 2 元，因保管不善发现有少量污损，由原售价每只 2.60 元削价为每只 2.00 元。根据以上资料填制残损变质商品处理报告单（见表 1-14）。

表 1-14　残损变质商品处理报告单二

残损变质商品处理报告单

填报部门：　　　　　　　　　　　　　　　年　月　日

品名规格	单　位	库存数量	购进单价	零售单价			削价处理		
				削价前	削价后	差额	合计	减：进销差价	增：财产损失
合　计									
削价原因			部门意见				领导批示		

复核：　　　　　　　　　　　　　　　制单：

2、营业工作程序项目训练注意事项

1）应积极主动地学习服务规范，掌握工作程序。

2）要积极主动地研习，融会贯通地加以运用。

3）在不断总结经验的基础上将服务工作做好。

4）培养学生良好的职业习惯、职业岗位适应能力以及顶岗工作能力。

3、营业工作程序项目训练评价评分表（见表 1-15）

表 1-15　营业工作程序项目训练评价评分表

考评人		被考评人		
考评地点				
考评项目	营业工作程序项目训练			
考核标准	考核内容	考核要点	分值/分	得分/分
	营业前的准备工作	了解并掌握营业前应该做的具体工作	20	
	营业中的辅助工作	掌握营业中应做的销售辅助工作	20	
	营业后的结束收场工作	掌握营业后的结束收场工作	20	
	营业工作程序的掌握情况	记忆、背诵营业工作程序	20	
	报表的填制	掌握报表的填制，能够根据工作内容正确填制报表	20	
合　计			100	

注：考核满分为 100 分，90 分及以上为 A；80～89 分为 B；60～79 分为 C；60 分以下为 D。

模块二 识别商品技术

2

营业员应该具备从事商品销售工作所必需的商品知识，只有这样才能让顾客了解商品，使顾客获得新的知识，从而欣然购买商品。本模块的任务是学生通过学习了解商品质量认证的种类和标志、认识运输包装标志、识别商品品级和商品代码。

项目一 了解商品质量认证种类和标志

商品质量认证是为了保护产品质量，提高产品信誉，保护用户和消费者的利益。本项目的任务是了解商品质量认证的种类、掌握常用的质量认证标志。

❖ 商品质量认证种类和标志项目实训 ❖

情景设置

2008年12月，常州检验检疫局在对某企业拟出口印度的机电产品现场检验过程中发现，该批产品上模压有CQC标志，而生产厂却不能提供有效的“CQC证书”。对此，常州检验检疫局出具了“出境货物不合格通知单”，暂不允许该批货物出口。

➘ 情景分析

CQC是中国质量认证中心的简称。CQC产品认证是旨在保护消费者人身安全和财产安全，维护消费者利益，提高国内企业的产品质量，增强产品在国际市场上的竞争力。在产品上模压CQC标志，则代表着该产品已经通过CQC产品认证，符合有关质量、安全、环保、性能等标准要求。按照《认证证书和认证标志管理办法》的规定，只有产品通过认证，其制造商、生产厂家、产品型号规格、产地均与“认证证书”描述一致，且在证书有效期内，才能使用认证标志，否则就是涉嫌冒用认证标志的违法行为。

思考与启示

有些中小型企业一味追求经济效益，往往不经认证就直接在产品上模压 CQC 标志，甚至模压 UL、CE 等认证标志。殊不知这样的行为是违法违规的，一旦被查处，不仅要面临高额的经济索赔，还要承受其他难以弥补的损失。因此，作为企业经营者要了解商品质量认证的种类和标志。

项目训练目标

1. 了解商品质量认证的种类。
2. 掌握常用的质量认证标志。

项目训练准备

1. 物品准备：每人收集 4 种以上不同商品的质量认证标志。
2. 资料准备：教师准备相关案例，组织学生对案例分析进行课堂讨论。
3. 场地准备：操作实训室。
4. 分组安排：学生分组，每组 8～10 人，每组选出一名小组组长。

相关理论知识

一、什么是产品质量认证标志

产品质量认证标志是指产品经法定的认证机构按照规定的认证程序认证合格，准许在该产品及其包装上使用的，表明该产品的有关质量性能符合认证标准的标识。

产品上带有认证标志，不仅可以把准确、可靠的质量信息传递给用户和消费者，而且对企业而言，起到了质量信誉证的作用，表明该产品经过公正的第三方证明，符合规定标准。带有认证标志产品的生产企业要接受认证机构的监督复查，确保出厂的认证产品持续、稳定地符合规定标准要求，这样就可以起到维护消费者利益和安全的作用。

认证标志图案的构成，许多国家是以国家标准的代码、标准机构或国家认证机构名称的缩写字母为基础而进行艺术创作形成的。

产品质量认证的依据是《中华人民共和国产品质量法》、《中华人民共和国标准化法》和《中华人民共和国认证认可条例》。依据法律、法规规定，产品质量认证分为安全认证和合格认证。

1、安全认证

凡根据安全标准进行认证或只对商品标准中有关安全的项目进行认证的，称为安全认证。它是对商品在生产、储运、使用过程中具备保证人身安全与避免环境遭受危害等基本性能的认证，属于强制性认证。实行安全认证的产品，必须符合《中华人民共和国标准化法》中有关强制性标准的要求。

2、合格认证

合格认证是依据商品标准的要求，对商品的全部性能进行的综合性质量认证，一般属于自愿性认证。实行合格认证的产品，必须符合《中华人民共和国标准化法》规定的国家标准或行业标准的要求。

认证合格后，经认证机构批准，产品的生产者可以在认证合格的产品、产品铭牌、包装物、产品说明书或者出厂合格证上使用产品质量认证标志。

二、我国目前主要的质量认证标志

1、CCIB 标志

CCIB 标志即中国进出口商品检验局检验标志，如图 2-1 所示。进口家电产品必须有此标志才能在我国市场上销售，说明该产品是经正规途径进口的商品，质量可靠。

2、长城标志

长城标志即中国电工产品安全认证标志，如图 2-2 所示。已经实施强制认证的产品有：电视机、收录机、空调机、电冰箱、电风扇、电动工具、低压电器等。

3、QS 标志

QS 标志是中国食品市场准入的强制认证标志，如图 2-3 所示。它由“QS”字母与“质量安全”四字组成。食品经检验合格，符合产品安全要求，出厂前必须加贴 QS 标志，否则不得进入市场销售。QS 标志只限于中国生产的产品，对外国进口的产品暂不适用。

必须获得 QS 标志的食品，目前共有 15 类：小麦粉、大米、食用植物油、酱油、食醋、肉制品、乳制品、饮料、调味品（糖和味精）、方便面、饼干、罐头、冷冻饮品、速冻米面食品、膨化食品等。另外，糖果制品、茶叶、葡萄酒、果酒、啤酒、黄酒、酱菜、蜜饯、炒货食品、蛋制品、可可制品、焙炒咖啡、水产加工品、淀粉及淀粉制品等也正在申请过程中。

4、无公害农产品、绿色食品和有机食品三种标志

绿色食品标志是由上方的太阳、下方的叶片和中心的蓓蕾组成的纯图形标志（见图 2-4），该类产品允许有限制地使用农药、化肥、激素、食品添加剂、防腐剂等人工合成的化学物质。标有无公害农产品标志（见图 2-5）的商品，在上市时不得检出

超标的农药残留物。标有有机食品标志（见图 2-6）的商品，表明其在生产和加工过程中绝对禁止使用农药等人工合成的化学物质。这三种标志与 CCIB 标志、长城标志和 QS 标志最大的不同点在于它们不是强制标志，商家可根据自己的情况来决定是否使用该类标志。

5、其他标志

药品品种 GMP 认证标志，如图 2-7 所示。

玩具产品认证标志，如图 2-8 所示。

汽车用安全玻璃认证标志，如图 2-9 所示。

根据中国入世承诺和体现国民待遇的原则，国家对强制性产品认证使用统一的标志。新的强制性产品认证制度于 2002 年 5 月 1 日起实施。新的国家强制性认证标志（见图 2-10）名称为“中国强制认证”，英文名称为“China Compulsory Certification”，英文缩写为“CCC”。根据国家强制性产品认证（以下简称“3C 认证”）的有关文件规定，自 2003 年 5 月 1 日起，列入第一批实施 3C 认证目录内的 19 类、132 种产品如未获得 3C 标志就不能出厂销售、进口和在经营性活动中使用。中国强制认证标志将逐步取代原来实行的长城标志和 CCIB 标志。

凡列入“3C”强制质量认证的商品，如没有获得指定认证机构的认证证书，没有按规定加贴标志的，一律不得进入市场销售和在经营服务场所使用。必须获得“3C”认证标志的商品有：电冰箱、电风扇、空调器、家用电动洗衣机、电热水器、取暖器、吸尘器、电烤箱、微波炉、吸油烟机、饮水机、电饭锅、插头插座、灯具、电话机、电视机、电脑、汽车和摩托车、安全玻璃、安全套、心脏起搏器、瓷质砖产品等。

图 2-1　CCIB 标志

中国电工产品安全认证

图 2-2　长城标志

质量安全

图 2-3　QS 标志

绿色食品

Green Food

图 2-4　绿色食品标志

图 2-5　无公害农产品标志

有机食品

CERTIFIED ORGANIC

图 2-6　有机食品标志

图 2-7　GMP 认证标志　　图 2-8　玩具产品认证标志　　图 2-9　汽车用安全玻璃认证标志

图 2-10　3C 认证标志

三、常见的认证机构及标志

1、中国质量认证中心

中国质量认证中心是中国最大的专业认证机构，英文简称 CQC。中国质量认证中心及其设在国内外的分支机构是中国开展质量认证工作最早和最权威的认证机构，几十年来积累了丰富的国际质量认证工作经验，各项业务均成果卓著，认证客户数量居全国认证机构的首位、全球认证机构的前列。目前，中国质量认证中心在国内外设有 12 个产品认证分中心、30 个管理体系评审中心和 150 多个签约检测实验室，并与 14 个国外认证机构签署了相互委托认证的合作协议，拥有 2200 多名各类专职和兼职审核员，同时拥有雄厚的师资力量。其主要业务有以下几个方面：

1）经授权承担国家强制性产品认证工作，即 3C 认证工作。

2）CQC 标志认证。其认证类型涉及产品安全、性能、环保、有机产品等，认证范围包括百余种产品。

3）管理体系认证主要从事 ISO9000 质量管理体系、ISO14000 环境管理体系、OHSMS18000 职业健康安全管理体系、QS9000 质量体系、TL9000 和 HACCP 认证等业务。

4）作为国际电工委员会电工产品合格与测试组织（IECEE）的唯一中国国家认证机构，从事颁发和认可国际多边认可 CB 测试证书工作，其证书被 43 个国家和地区的 59 个国家认证机构所认可。

5）作为国际认证联盟（IQNet）的正式成员，中国质量认证中心颁发的 ISO9000 证书和 ISO14000 证书将能获得联盟内其他 32 个国家和地区的 36 个成员机构的认可。

6）认证培训业务。作为经中国认证人员与培训机构国家认可委员会（CNAT）认可的中国最早的认证培训机构，承担国内外各类认证培训业务。

中国质量认证中心标志——CQC 标志，如图 2-11 所示。

2. 美国保险商实验室

美国保险商实验室（Underwriters Laboratories，UL）是美国保险业者所共同出资组成的大型实验及试验机构，成立于1894年，在美国各地设有五处试验中心，专对美国市场所销售的各种商品在其“难燃”及“安全”两个方面进行把关。以印制板及电子产品来说，若未取得美国保险商实验室的认可则几乎无法在美国市场亮相。UL标准中有3/5为美国国家标准（ANSI）所采用。美国保险商实验室主要制定安全标准，下设电气、防盗、事故、防火和船舶工程部以及消费者咨询委员会。美国保险商实验室在美国国内外从事各种设备、系统和材料的安全试验与检查，以确定对生命财产是否存在危险，并将检查结果公之于各保险公司、政府机构及其他组织。经检查合格者，发给UL质量标志。UL标志已在许多国家通行，如图2-12所示。

3. 欧洲电工标准化委员会

欧洲电工标准化委员会（CENELEC）于1972年成立，宗旨是协调各国的电工标准，以消除贸易中的技术壁垒。其制定统一的国际电工委员会（IEC）范围外的欧洲电工标准，实行电工产品的合格认证制度。欧洲电子元器件委员会（CECC）和电子元器件质量评定委员会（ECQAC）是电子产品的合格认证机构，其认证简称Ce欧共体认证（见图2-13）。成员国有：奥地利、比利时、丹麦、芬兰、法国、德国、希腊、爱尔兰、意大利、卢森堡、荷兰、挪威、葡萄牙、西班牙、瑞典、瑞士、英国。

4. 日本工业标准调查会

日本工业标准调查会（JISC）组织制定和审议的日本工业规格（JIS），是日本国家级标准中最重要、最权威的标准。根据日本工业标准化法的规定，JIS标准除对药品、农药、化学肥料、蚕丝、食品以及其他农林产品制定有专门的标准或技术规格外，还涉及各个工业领域。其内容包括：产品标准（产品形状、尺寸、质量和性能等）、方法标准（试验、分析、检测与测量方法和操作标准等）、基础标准（术语、符号、单位和优先数等）。其专业包括：建筑、机械、电气、冶金、运输、化工、采矿、纺织、造纸、医疗设备、陶瓷及日用品、信息技术等。JIS标志如图2-14所示。

CQC-ISO9002质量体系

图2-11 CQC标志

美国UL认证

图2-12 UL标志

Ce欧共体认证

图2-13 Ce欧共体认证

图2-14 JIS标志

项目训练实施

质量认证标志

1、质量认证标志项目训练步骤与实践

（1）质量认证标志项目训练步骤

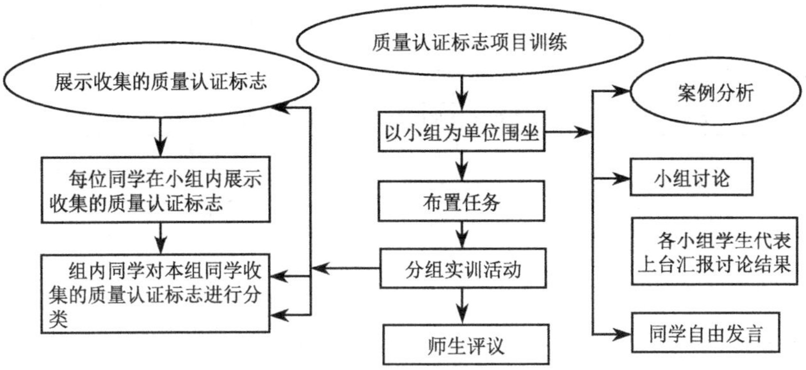

（2）质量认证标志项目训练实践

案例一

2007 年 6 月 1 日是童车、电动玩具、塑胶玩具、金属玩具、弹射玩具、娃娃玩具共 6 类玩具产品实行国家强制性产品认证（即 3C 认证）的第一天，记者走访西安市场发现，多数产品上都未按规定粘贴 3C 认证标志。记者在西安某玩具市场看到，市场内大部分商铺出售的童车、电动玩具、塑胶玩具、弹射玩具等均没有 3C 认证标志。仅一家出售儿童学习机的商铺的商品上贴有 3C 认证标志。在另一家商场销售的玩具中仅有部分贴有 3C 认证标志，售货员解释道："6 月 1 日后生产的玩具才会有 3C 认证标志。"而另一售货员则说："没有 3C 认证标志的是商场库存的玩具，凡新到玩具都有 3C 认证标志。"在西安街头，一些小型玩具店所销售的玩具大部分没有 3C 认证标志，一些商家甚至不知道 3C 认证是什么意思。

请分析上述店家的做法妥当吗？

案例二

福州市工商局于 2000 年 8 月在福州 A 公司的仓库查获了 4793 箱假"蒙牛"纯牛奶。这些牛奶在包装上伪造了产地、厂名，冒用了质量认证标志。据查，B 公司提供纸箱、利乐包装、吸管、封箱带等材料，委托 C 公司在黑龙江省采购鲜奶后，生产加工利乐包装的假"蒙牛"纯牛奶。B 公司将 5500 多箱上述商品销售给福州 A 公司，同时在福州发放印刷品广告，作引人误解的假宣传。

请分析为什么这些牛奶的包装上冒用了质量认证标志？

2、质量认证标志项目训练注意事项

1）小组组长要切实负责，使讨论形成活跃、积极的气氛，取得良好的效果。

2）可利用多媒体设备，拓宽学生的思路。

3、质量认证标志项目训练评价评分表（见表 2-1）

表 2-1　质量认证标志项目训练评价评分表

考评人		被考评人		
考评地点				
考评项目	质量认证标志项目训练			
考核标准	考核内容	考核要点	分值/分	分值/分
	举止仪表	举止大方、神态自然	10	
	文明用语	符合职业岗位要求，接待用语规范	10	
	学习态度	学习基础知识，积极思考，分析资料	10	
	语言表达	普通话标准，声音清晰，和蔼可亲	10	
	案例分析	主题明确，层次清楚，内容有新意	20	
	活动参与	资料采集，参与讨论，应变灵活机智	20	
	团队合作	能和组员配合，共同总结	20	
合　计			100	

注：考核满分为 100 分，90 分及以上为 A；80～89 分为 B；60～79 分为 C；60 分以下为 D。

项目二　认识运输包装标志

运输包装标志主要是便于商品在运输和保管中的辨认识别，防止错发错运，及时、准确地将商品运到指定的地点或收货单位，便于商品装卸、堆码，保证商品质量安全，加速商品周转。本项目的任务是通过学习能够识别主要的运输包装标志。

❖ 运输包装标志项目实训 ❖

情景设置

贵州检验检疫局自 2007 年 9 月 1 日起，在经检验检疫合格的出口食品运输包装上开始加施检验检疫标志。截至目前已为贵阳南明老干妈风味食品有限责任公司和贵州茅台酒进出口有限责任公司分别出口到美国、德国、英国、澳大利亚、新加坡、韩国、泰国、日本等国家的 25465 件老干妈油辣椒及茅台酒

的运输包装纸箱上加施了检验检疫标志。为促进贵州食品出口，确保加施检验检疫标志工作顺利开展，贵州检验检疫局采取了一系列保障措施：一是为出口食品生产企业建立了账簿，设专人领取、管理、发放、核销标志，并进行备案登记；二是向出口企业通报情况，与企业商定具体加施办法；三是对加施工作实施有效监督，特别是对在生产过程中加施标志的企业加大了监督力度；四是对检验检疫不合格的出口食品，除不得出口外，已加施的标志必须从运输包装上揭下，如数交回贵州检验检疫局进行核销。

情景分析

在出口食品运输包装上加施检验检疫标志可以有效遏制食品非法出口，加强出口食品监管，保护正规出口企业利益，确保出口食品质量安全。

思考与启示

对营业员而言，正确识别商品运输包装标志是必备的专业技能。通过对运输包装标志的识别，能够帮助我们在商品装卸、堆码、运输和保管过程中采取正确的措施，确保商品的质量安全，将商品准确运输到指定地点或收货单位。

项目训练目标

1. 掌握商品运输包装标志的种类与含义。
2. 正确识别运输包装标志。

项目训练准备

1. 物品准备：将三大类商品运输包装标志做成卡片，并隐去中文注释。
2. 分组安排：学生分组，每组 8～10 人，各组设组长一名。

相关理论知识

运输包装上的标志主要有运输标志（Shipping Mark）、指示性标志（Indicative Mark）和警告性标志（Warning Mark）三种。

1、运输标志

运输标志又称识别标志或唛头，是指在商品的运输包装上书写、压印或刷制的图形、文字和数字。其主要作用是便于装卸、运输、保管过程中的有关人员识别，以防止错发错运。传统的运输标志中包括几何图形、收货人代号、参考号码、原产地、目的地、体积、重量和件号等。后来，联合国欧洲经济委员会制定的简化的运输标志中只包括四项内容：收货人代号、参考号码、目的地名称和货物件数。运输标志以分类标志为主要识别标志，如图 2-15 所示。

图 2-15　商品分类图形标志

2、指示性标志

指示性标志又称注意标志或安全标志。它是根据商品的特性，为了保护好商品，提醒有关人员在运输和保管过程中加以注意的事项。指示性标志一般以简单醒目的图形和文字在包装上标出，其图形和名称规定如图 2-16 所示。

3、警告性标志

警告性标志又称危险品标志，如图 2-17 所示。它是针对易燃、易爆、有毒或具有放射性的货物，在外包装上以醒目的图形和文字警示有关人员加以注意，防止造成环境污染或人身伤害。我国国家技术监督局制定的《危险货物包装标志》有 16 种：爆炸品、易燃气体、不燃气体、有毒气体、易燃液体、易燃固体、自燃物品、遇湿易燃物品、氧化剂、有机过氧化物、有毒品、剧毒品、一级放射性物品、二级放射性物品、三级放射性物品、腐蚀品等。在运输危险品时，一定要按照有关规定刷制警告性标志。在运输包装上刷制上述标志时，要注意颜色必须牢固、醒目，并防止脱落、褪色。另外，标志必须刷制在包装的明显部位，使人一目了然。

图 2-16　指示性标志

图 2-17　警告性标志

图 2-17　警告性标志（续）

项目训练实施

运输包装标志

1、运输包装标志项目训练步骤

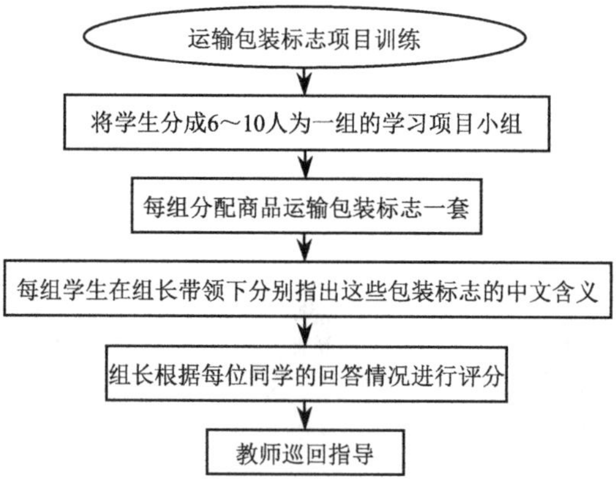

2、运输包装标志项目训练注意事项

1）学生组长要切实负责，使讨论形成活跃、积极的气氛，取得良好的效果。

2）可利用多媒体设备，拓宽学生的思路。

3）学生可利用业余时间收集各种商品运输包装标志。

3、运输包装标志项目训练考核评价评分表（见表 2-2）

表 2-2　运输包装标志项目训练考核评价评分表

考评人		被考评人		
考评地点				
考评项目	运输包装标志项目训练			
考核标准	考核内容	考核要点	分值/分	得分/分
	举止仪表	举止大方、神态自然	15	
	文明用语	符合职业岗位要求，接待用语规范	15	
	学习态度	学习基础知识，积极思考，分析资料	15	
	语言表达	普通话标准，声音清晰，和蔼可亲	15	
	活动参与	资料采集，参与讨论，应变灵活机智	20	
	团队合作	能和组员配合，共同完成标志识别活动	20	
合　计			100	

注：考核满分为 100 分，90 分及以上为 A；80～89 分为 B；60～79 分为 C；60 分以下为 D。

项目三　识别商品品级和商品代码

商品品级是指对同一品种的商品，按其达到商品质量标准的程度所确定的等级。商品代码是指在商品分类的基础上，赋予某种或某类商品的代表符号，通常用具有一定规律的阿拉伯数字组成。营业员对这些知识都应该有所了解。本项目的任务是通过学习能够识别常用的商品品级和商品代码。

❖ 商品品级和商品代码项目实训 ❖

情景设置

两名服装厂的老板风风火火地跑到质量技术监督局要为自己的产品办理“厂商识别代码”。办理“厂商识别代码”，为何这么着急？原来两位老板的产品分别要进入北京和武汉的大商场销售，然而所有手续都办理完毕，却偏偏因缺少“厂商识别代码”而被大商场拒之门外。

情景分析

服装要上档次、打开市场，必须要跟进国内先进的物流管理，这就要求企业负责人在提高自己产品质量的同时，更要规范对服装产品的各种配套附件的管理。而“厂商识别代码”不仅方便了大商家的管理，更可对企业自身的规范管理起到积极的作用。“厂商识别代码”作为物流过程中的“通行证”，如果在急需的时候才来“抱佛脚”，会给企业带来很多不必要的麻烦和损失。

思考与启示

厂商识别代码是中国物品编码中心为企业配发的产品条码。为了方便仓储、物流管理，目前全国各大超市、大型商场都要求入场商品必须有厂商识别代码。营业员应该掌握这方面的知识。

项目训练目标

通过到超市调查掌握第一手资料，进一步巩固商品品级和商品代码知识，提高学生的观察与分析能力，完成调查表。

项目训练准备

1. 资料准备：设计好的调查表。
2. 分组安排：同学分组，每组 4～6 人，各组设组长一名。

相关理论知识

一、商品品级

商品品级（又称商品质量等级、商品质量分级）是指对同一品种的商品，按其达到商品质量标准的程度所确定的等级。它是表示商品质量高低优劣的标志，也是表示商品在某种条件下适合其用途大小的标志，是商品鉴定的重要内容之一。

商品品级是相对的、有条件的，有时会因不同时期、不同地区、不同使用条件及不同个性而产生不同的质量等级和市场需求。一般来说，工业品分为三个等级；而食品，特别是农副产品、土特产等多分为四个等级，最多达到六七个等级，如茶叶、棉花、卷烟等。

（一）商品品级的划分原则

按照国家《工业产品质量分等导则》的有关规定，商品质量水平划分为优等品、一等品和合格品三个等级。

1、优等品

优等品是指商品的质量标准必须达到国际先进水平，且实物质量水平与国际同类产品相比达到近五年内的先进水平。

2、一等品

一等品是指商品的质量标准必须达到国际一般水平，且实物质量水平达到国际同类产品的一般水平。

3、合格品

合格品是指按照我国一般水平标准组织生产，实物质量水平必须达到相应标准的要求。

商品质量等级的评定，主要依据商品的标准和实物质量指标的检测结果，由行业归口部门统一负责。优等品和一等品等级的确认，须有国家级检测中心、行业专职检验机构或受国家、行业委托的检验机构出具的实物质量水平的检验证明。合格品由企业检验判定。

（二）商品品级的划分方法

商品质量分级的方法很多，一般有百分法和限定法两种。

1、百分法

百分法是将商品各项质量指标规定为一定的分数，重要指标占高分，次要指标占低分。如果各项指标都符合标准要求，则打满分；如果某项指标欠缺，则在该项中相应扣分。全部合格为满分 100 分。如酒的评分方法，满分为 100 分：

白酒：色—10 分、香—25 分、味—50 分、风格—15 分。

啤酒：色—10 分、香—20 分、味—50 分、泡沫—20 分。

2、限定法

限定法是将商品各种疵点规定一定的限量，又可分为限定记分法和限定数量和程度法。

（1）限定记分法　将商品各种疵点规定为一定的分数，由疵点分数的总和确定商品的等级，疵点分数越高，则商品的等级越低。这种方法一般在日用工业品中采用。

（2）限定数量和程度法　在标准中规定商品每个等级限定疵点的种类、数量和疵点的程度。如日用工业品中全胶鞋质量指标共有 13 个感官指标，其中鞋面起皱或麻点在一级品中规定“稍有”，在二级品中规定“有”，鞋面砂眼在一级品中规定“不许有”等。

二、商品代码

商品代码又称商品编码或商品代号、货号，是在商品分类的基础上，赋予某种或某类商品的代表符号，通常用具有一定规律的阿拉伯数字组成。

商品代码往往是商品目录的组成部分，商品分类与代码共同构成了商品目录的完整内容。使用商品代码，是为了加强企业的经营管理，提高工作效率，便于计划、统计、物价管理及核算工作，简化业务手续；使用商品代码还可以便于记忆、清点商品，便于实现现代化管理；对于容易混淆的商品名称，使用商品代码可以避免差错。

三、商品条码

1、什么是条码

条码是一组按一定编码规则排列的条、空符号，用以表示一定的字符、数字及符号组成的信息。条码系统是由条码符号设计、制作及扫描阅读组成的自动识别系统。条码是由美国的N. T. Woodland在1949年首先提出的。近年来，随着计算机应用的不断普及，条码的应用得到了很大的发展。我国于20世纪70年代末到80年代初开始研究，并在部分行业完善了条码管理系统，如邮电、银行、连锁店、图书馆、交通运输及各大企事业单位等。1988年12月，我国成立了“中国物品编码中心”，并于1991年4月19日正式申请加入了国际物品编码协会。近年来，我国的条码事业发展迅速，条码技术在我国已得到了广泛的应用。

2、条码的技术特点

条码技术是迄今为止最经济、实用的一种自动识别技术。条码技术具有以下几个方面的特点：

（1）输入速度快　与键盘输入相比，条码输入的速度是键盘输入的5倍，并且能实现即时数据输入。

（2）可靠性高　键盘输入数据出错率为1/300，利用光学字符识别技术出错率为$1/10^4$，而采用条码技术误码率低于$1/10^6$。

（3）采集信息量大　利用传统的一维条码，一次可采集几十位字符的信息，二维条码更可以携带数千个字符的信息，并有一定的自动纠错能力。

（4）灵活实用　条码标识既可以作为一种识别手段单独使用，也可以和有关识别设备组成一个系统实现自动化识别，还可以和其他控制设备连接起来实现自动化管理。另外，条码标签易于制作，对设备和材料没有特殊要求，识别设备操作容易，不需要特殊培训，并且设备相对便宜。

3、条码符号分类

目前，国际广泛使用的条码种类有EAN码、UPC码（商品条码，用于在世界范围内唯一标识一种商品。在超市中最常见的就是EAN码和UPC码）、Code39码（可表示数字和字母，在管理领域应用广泛）等。其中，EAN码是当今世界上广为使用的商品条码，已成为电子数据交换（EDI）的基础；UPC码主要为美国和加拿大使用；Code39码因其可采用数字与字母共同组成的方式而在各行业内部管理上被广泛使用；在血库、图书馆和照相馆的业务中，Code39码也被广泛使用。

（1）EAN码　EAN码是国际物品编码协会制定的一种商品用条码，通用于全世界。EAN码符号有标准版（EAN-13）和缩短版（EAN-8）两种，标准版表示13位数字（又称为 EAN13 码），缩短版表示 8 位数字（又称 EAN8）。两种条码的最后一位为校验位，由前面的 12 位或 7 位数字计算得出。

EAN 码由前缀码、厂商代码、商品项目代码和校验码组成。标准码共 13 位数，是由“国家代码”3 位数、“厂商代码”4 位数、“商品项目代码”5 位数以及“校验码”1 位数组成。

国家代码又称前缀码，是国际 EAN 组织标识各会员组织的代码，我国为 690、691 和 692；厂商代码是 EAN 编码组织在 EAN 分配的前缀码基础上分配给厂商的代码；商品项目代码由厂商自行编码；校验码是为了校验代码的正确性。在编制商品项目代码时，厂商必须遵守商品编码的基本原则：对同一商品项目的商品必须编制相同的商品项目代码；对不同的商品项目必须编制不同的商品项目代码。保证商品项目与其标识代码一一对应，即一个商品项目只有一个代码，一个代码只标识一个商品项目。我国的通用商品条码与其等效。我们日常购买的商品包装上所印的条码一般就是 EAN 码。各国 EAN 国家代码见表 2-3。

表 2-3　各国 EAN 国家代码

代　码	国　家	代　码	国　家
00～09	美国、加拿大	690～692	中国
30～37	法国	88	韩国
40～44	德国	885	泰国
49	日本	888	新加坡
50	英国、爱尔兰	955	马来西亚

（2）UPC 码　UPC 码是美国统一代码委员会制定的一种商品用条码，主要用于美国和加拿大。UPC 码和 EAN 码在零售业、工业和贸易领域被非常广泛地使用。UPC 码和 EAN 码是一种全数字的符号法。

（3）Code39 码　Code39 码是一种可表示数字、字母等信息的条码，主要用于工业、图书及票证的自动化管理，目前使用极为广泛。它是一种字母与数字混合符号法，具有自我检验功能，能够提供不同的长度和较高的信息安全性。Code39 码被一些工业贸易组织所接受，包括汽车工业活动组织（AIAG）、保健工业贸易通讯委员会（HIBCC）和美国国防部（DOD）。其工业应用包括追踪生产过程、仓库库存等。

（4）店内码　有些商品是没法事先贴上或印上条码的，如生肉、蔬菜、散装的糖果等，它们并不是按件出售，是按重量出售的，而且购买数量是随机的。为了让这类商品可以通过超市销售，店内码应运而生了。店内码也属于商品条码的范畴，一般是以 20、29 开头，同样是用 13 位数字表示，格式与 EAN-13 相同，但数字表示的含义与商品条码不一样。店内码有以下三种结构：

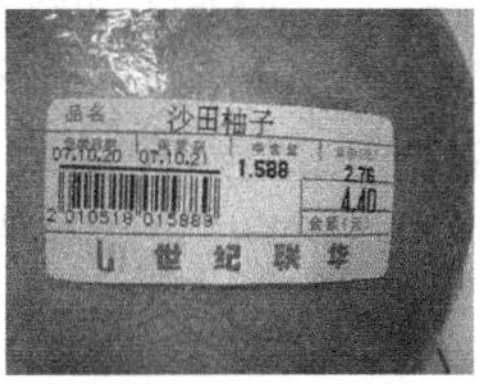

图 2-18　店内码结构一

1）前缀码+种类码+重量码+校验码（见图 2-18）。

20—前缀码、10518—柚子、01588—重量 1588 克、9—校验码，这是最常见的 2 位前缀码+5 位种类码+5 位重量码+1 位校验码的结构，重量码精确到克，最大可以表示 99999 克。扫描时价格是重量与单价的乘积。

2）前缀码+种类码+价格码+校验码（见图 2-19）。

29—前缀码、00018—黄瓜、00160—价格码表示 1.60 元、1—校验码，这是最常见的 2 位前缀码+5 位种类码+5 位价格码+1 位校验码的结构，价格码精确到分，最大可以表示 999.99 元。扫描时直接从条码中得到商品价格。

图 2-19　店内码结构二

以上两种结构类似，种类码是超市自己编制的，只要不同的商品使用不同的 5 位编码就可以，没有统一的标准。采用重量码还是价格码则取决于系统的设置。

3）前缀码+种类码+项目码+校验码（见图 2-20）。

图 2-20　店内码结构三

这种编码结构实际上就是 EAN13 码的形式，应用在生产厂家没有申请条码的商品上，种类码可以按不同商品编码，也可以按不同厂家编码，如果同类商品只有一种，项目码即为 00001，有多个品种时项目码按顺序编码即可。

由于店内码只规定了前缀码，对商品种类、商品项目的编码没有统一标准，因此对于同一种商品，各店的编码也不会相同。所以店内码只适用于超市内部，超市之间不可通用，也不可通过条码来查询商品的生产厂家。

（5）图书条码　图书作为商品的一种，不仅具有商品的一般属性，而且流动量大、流速快、流通范围广、流经环节多。随着计算机技术的发展，人们已厌倦图书销售过程中的手工记账和图书借阅管理中的手工检索和登单，渴望有一种现代化的手段把人们从繁杂的手工操作中解脱出来。

条码的出现恰恰满足了人们的这种愿望。为了实现图书销售自动扫描结算，实施现代化的管理手段，有必要给每一本书分配一个统一的代码，为图书的流通和管理提供通用的语言。

国际标准书号的英文全称为 International Standard Book Number，简称 ISBN。国际标准书号以 ISBN 冠头，数字 978 代表图书，后面由十位数字组成，被三条短横线分为四段，每一段都有不同的含义。这十位数字分别表示组号、出版社号、书序号和校验码。例如，机械工业出版社出版的《市场营销实训指导》，其国际标准书号是 ISBN978-7-111-26665-5。7 代表中国组号，111 代表机械工业出版社号，26665 是书序号，5 是校验码。

在国际标准书号的使用中，代表图书的数字 978 可以加也可以不加。

国际标准书号的使用范围是教科书、印刷品、缩微制品、教育电视或电影、混合媒体出版物、微机软件、地图集和地图、盲文出版物及电子出版物。

项目训练实施

商品品级和商品代码

1、商品品级和商品代码项目训练步骤

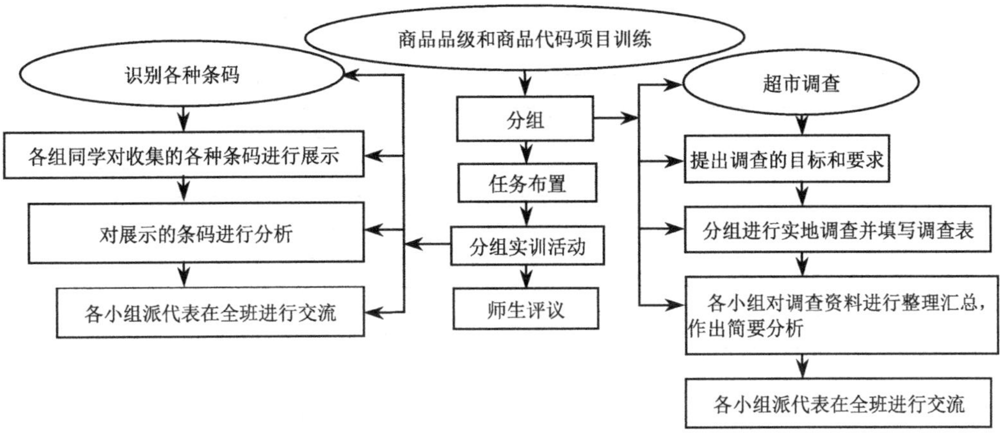

2、商品品级和商品代码项目训练注意事项

1）到超市进行调查要遵守纪律，服从管理，不得影响超市的经营活动，切勿在超市内打闹。

2）懂礼貌，有秩序，如遇人盘问请组长解释清楚，不得与超市人员发生争执。

3）不得损坏超市内的任何商品，市场调查结束后及时返回，注意安全。

4）教师要在调查前提出相关的要求。

5）市场调查过程中注意文明礼貌教育，不要与超市发生不必要的纠纷。

3、商品品级和商品代码项目训练评价评分表（见表2-4）

表2-4　商品品级和商品代码项目训练评价评分表

考评人		被考评人		
考评地点				
考评项目	商品品级和商品代码项目训练			
考核标准	考核内容	考核要点	分值/分	得分/分
	举止仪表	举止大方、神态自然	10	
	文明用语	符合职业岗位要求，语言规范	10	
	学习态度	学习基础知识，积极思考	10	
	语言表达	普通话标准，声音清晰，和蔼可亲	10	
	调查表填写	内容完整，书写认真	20	
	调查报告	有自己独特的意见且具有合理性	20	
	团队合作	能和组员配合，共同完成调查项目	20	
合　计			100	

注：考核满分为100分，90分及以上为A；80～89分为B；60～79分为C；60分以下为D。

附：商品调查表（见表 2-5）

表 2-5 ____________商品调查表

班级：　　　　姓名：　　　　学号：　　　　地点：　　　　时间：

商品种类	商品名称	规格	有无产品质量认证标志	何种产品质量认证标志	产品标准号	标签认可号	产地	出厂日期	保质期	条码编码
一、休闲食品										
1										
2										
3										
二、饮料										
1										
2										
3										
三、洗化用品										
1										
2										
3										
四、方便面										
1										
2										
3										
五、自选种类										
1										
2										

模块三　销售服务接待技术

销售服务接待是商业现场服务的中心工作。顾客来到商店，不仅想买到称心如意的商品，还想要感受舒适的购物环境，知晓商品的最新信息，得到营业员热情、周到的接待服务。销售服务是伴随着商品经营而必然产生的经济行为，是与商品经营并驾齐驱的一项职能，也是创造企业优秀形象的重要方面。市场越繁荣，竞争越激烈，销售服务接待越重要。

项目一　学会分析顾客心理

由于受社会环境和人体内在因素差异的影响，顾客心理的形成和发生过程是十分复杂的。学会分析顾客心理，一方面可以帮助营业员认识和揣摩各种不同类型的消费者的心理特点，采取合适的服务态度和服务方法，满足消费者的物质和精神需要；另一方面，可以培养和训练营业员的心理素质，使营业员做到热情接待，周到服务，以树立商业企业的信誉和优秀形象，扩大商品销售。

❖ 分析顾客心理项目实训 ❖

情景设置

一位男顾客在皮鞋柜台前，挑了一双又一双，可就是拿不定主意。最后，他看着忙了好大一会儿的营业员和货架旁摆满的鞋，很不好意思地低下头说了声"对不起"！走了！

情景分析

从该案例中可以看出，顾客购买行为是复杂的。该顾客从热心的营业员手中试了一双又一双鞋，应该说是很想买的，可最终还是没能将鞋买下，这说明顾客在购物时其心理活动往往受到社会、美学、经济和自身等多方面因素的影响。

思考与启示

顾客购物时总是希望购买到自己满意的商品，所以当顾客挑选商品次数多、时间长，却没有购买时，营业员应该从多方面寻找原因，不能认为是顾客有意刁难。顾客在购买一种陌生商品时，因不会正确使用会延误营业时间。因此，营业员应运用所学的业务技能，主动向顾客介绍商品的性能、使用方法和特点，这样既可能尽快地做成生意，又能体现营业员优良的服务态度。假如商品的质量不好，营业员也应该实事求是地向顾客作出解释，在产品质量不影响使用的情况下，应努力促成交易，并及时把信息反馈给厂方，以便今后改进。对一些购买商品时拿不定主意的顾客，营业员应该正确把握顾客的心理，并给予正确的引导，以打消顾客的疑虑，加快营业速度。例如，营业员可以对这一类顾客说："您先买回去，如果觉得不合适，可以拿来退或换。"如不是上述情况，营业员也要做到主动、热情、耐心、周到，给顾客留下一个美好的印象，以吸引更多的回头客。因为良好的服务态度，将会招来更多的生意。反之，因为营业员不耐心，不仅可能做不成生意，而且还会和顾客发生矛盾，影响商店的信誉。

项目训练目标

1．了解顾客的一般心理活动，学会分析顾客的购买行为。
2．正确运用顾客心理，当好顾客的参谋。

项目训练准备

1．资料准备：视频资料、多媒体课件、教学案例。
2．训练方法：角色扮演、案例分析、情景教学等。
3．场地准备：货架、柜台、商品若干。
4．分组安排：学生分组，每组8～10人。

相关理论知识

一、顾客的一般心理活动

顾客的心理活动贯穿在购买商品的全过程之中，可分为认识、情绪、意志三个具体过程。

首先，顾客对商品的认识过程。顾客购买商品特别是新商品时，有一个从感性到理性、从感觉到思维的认识过程。如顾客走进商店一般是从店容店貌、营业员态度、商品这三个方面开始的。这三个方面感觉好或不好，是激发顾客开始心理活动的外部因素，它既是有形的，也是无形的，有物质方面的，也有精神方面的。

其次，顾客对商品的情绪过程。大体又可以分成喜欢阶段、欲望阶段、评价阶段和选定阶段。①喜欢阶段：顾客对商品的最初印象、关注度和兴趣。②欲望阶段：顾客对商品由喜欢引起一时的强烈的购买欲望。在这个阶段中，有些顾客就可能采取购买行为。但对大多数顾客来说，购买欲望还没有完全形成。③评价阶段：顾客在购买欲望的驱使下，对商品进行经济的、社会的、道德的和美的价值评价。④选定阶段：顾客经过对商品的评价，理智和感情集中到一个方向，于是对某种商品产生偏好，形成购买行为。

再次，顾客对商品的意志过程。这是一个与认识过程、情绪过程密切联系的过程，其特点是对人的行动起发动和制止两个方面的调节作用。顾客对商品的意志过程可分为几个阶段：①采取决定阶段，包括购买目的的确立、购买手段的选择等。②执行决定阶段，购买的决定一经作出，随即化为购买行动，进行商品的购买。③买后感受阶段，顾客购买商品以后，通过使用和亲友的评判，往往会对自己的购买选择进行检验和反省。这种对购买动机的重新考虑就形成买后的感受，这种感受决定顾客是否扩大购买。

二、顾客购买行为分析

顾客购买行为分析，就是对顾客的具体购买动机的心理分析，一般可以从顾客的共性和个性两个方面来进行分析。

就顾客的共性而言，常见的购买动机有以下几种：

（1）求实购买动机　重视商品的实际效用、功能、质量，讲究经济实惠、使用方便、经久耐用，而不大追求商品的外观、造型、色彩或者商标的名气、包装装潢等。这类消费者在选购商品时大都比较认真、细致，受商品外观和广告影响较少。

（2）求廉购买动机　这是一种以注重商品低廉的价格，希望付出很少货币而获得较多物质利益为主要特征的购买动机。这类顾客对价格特别重视，对价格变化的反应格外敏感，喜欢选购处理价、优惠价、折价的商品。

（3）求新购买动机　这是一种以注重商品时尚和新颖为主要特征的购买动机。这类顾客在购物过程中注重商品的外观、造型、式样、色彩和装潢等，追求新奇、时髦和与众不同，对陈旧、落后的商品不愿问津。

（4）求名购买动机　这是一种以追求名牌商品或仰慕某种传统商品的名望为主要特征的购买动机。这类顾客对商品的商标、牌号特别重视，喜欢选购名牌产品，多见于耐用品、服饰及化妆品的购买。

（5）求美购买动机　特别注意商品的包装、造型、色彩和艺术美，重视商品对人体的美化作用，对环境的装饰作用，对其身份的表现作用以及对精神的陶冶作用。

（6）感情购买动机　这是一种由于人的情绪（喜、怒、哀、乐等）和情感（道德、情操、群体、观念等）引起的购买动机。影响因素很多，如精美包装、新颖样式、艳丽色彩、广告宣传、展销表演和降价促销等。

（7）理智购买动机　这是一种对所购对象经过认真考虑，在理智的约束和控制下而产生的购买动机。顾客比较注重商品的质量，追求实用、可靠、价格便宜、使用方便、设计科学合理以及效率等。

（8）惠顾购买动机　这是一种顾客由于某些企业推销商品产生信任和偏好而产生的购买动机，也叫信任动机。在这种动机的支配下，顾客重复地、习惯地在某一推销商或商店购买。

以上列举的仅是现实生活中常见的一些有代表性的消费者购买动机，需要指出的是，在现实生活中消费者购买动机常常是多种动机共同作用的结果，因此不能孤立地看待上述各种动机。

从心理学角度来说，构成消费者千差万别的购买行为的主要心理基础，就是消费者的个性心理特征。人的心理个别差异是人们在各自不同遗传素质的基础上，在各自不同的社会环境和不同的教育环境下，从事不尽相同的社会实践活动的结果。正是这些众多的因素，使每个人具有不同的能力、气质和性格的个性差异，从而形成人的个性。

顾客购买行为除了受动机支配外，在实际购买时还总是带有个性特征。这种个性特征可以分为以下六种类型：

（1）习惯型　他们往往忠于一种或数种厂牌，对这些厂牌十分熟悉、信任，注意力稳定，体验深刻，形成习惯。购买时不必经过挑选和比较，行动迅速，容易促成重复购买。

（2）理智型　在实际购买前，对所要购买的商品事先经过考虑、研究和比较，购买时较为冷静和慎重，善于控制自己的情绪，不易受商品包装、商标及宣传的影响，喜欢细心挑选。

（3）经济型　这类顾客尤其重视价格，对价格反应特别敏锐，善于发现别人不易觉察的价格差异。有的顾客习惯于追求低价，惟有廉价商品才能使之得到满足。与此相反，也有的顾客喜好高档商品，信奉“一分价钱一分货”。

（4）冲动型　这类顾客易受商品外观或厂牌名称的刺激。购买时，喜欢追求美观、名牌和新产品，从个人兴趣出发，不大追求商品的用处、性能，因而易受广告宣传的影响。

（5）情绪型　这类顾客的购买决定往往由情感所支配。在性格上，他们的情绪兴奋性比较强，情绪体验比较深，想象力、联想力丰富，审美感觉比较灵敏，因而在购买行为上易为情绪所影响。

（6）不定型　这类顾客的购买行为多属尝试性质，其心理尺度尚不稳定。购买时没有固定的偏爱，一般是顺便购买或尝试购买，也有盲目购买的。

三、正确运用顾客心理

营业员每天要接待成百上千的顾客，因此必须研究分析顾客的心理，了解他们的爱好，为他们当好参谋。

1．正确判断顾客的来意

进店临柜的顾客从购买意图上分为以下三种：

（1）有明确购买目的　这类顾客目标明确，进店后往往是直奔某个柜台，主动向营业员提出购买某种商品的要求。对这类顾客，营业员要主动招呼，先行接待，即使一时没空，也要做到人未到话先到，尽量让他们减少等候时间。

（2）想买商品，但没有确定目标　这类顾客进店后脚步缓慢，眼光不停地环视四周，临近柜台后也不提出购买要求。对这类顾客，营业员不要忙于接近，应让他们在轻松自在的气氛下自由观赏，看到他们对某种商品有兴趣，表露出中意神情时，再主动打招呼，并根据需要展示商品。营业员不能用锐利的目光跟踪顾客，或急忙追问顾客买什么，甚至把商品递到顾客面前，挡住顾客的去路。这样往往会给敏感的顾客造成一种压迫感，使其产生疑虑心理，导致拒绝购买。

（3）无购买打算，仅想逛商店　这类顾客有的是单独逛商店，有的是结伴逛商店。进店后，有的行走缓慢，东瞧西看；有的行为拘谨，徘徊观望；有的专往热闹地方凑。对这类顾客，如果他们不临近柜台，营业员就不必忙于接触，但应该随时注意他们的动向，当其突然停步观看某种商品，表露出中意神情时，或在商店转了一圈，又停步观看某种商品时，营业员就应及时地打个招呼。

2、对不同性格倾向顾客的接待

（1）优柔寡断型　这类顾客在营业员反复说明、解释以后，仍优柔寡断，不能作出选购产品的决策。接待中，营业员对顾客要极具耐心，介绍商品要有根有据，具有说服力，切忌信口开河，贬低竞争对手，同时营业员应大胆热情地阐述自己的看法，根据经验说些顾客比较感兴趣的话题，帮助顾客作出购买决定。

（2）沉默型　这类顾客对营业员的推介始终金口难开，只是点头却不购买。接待中，营业员可先问多问，同时根据这类顾客的穿着与举止判断出他们对哪一类产品感兴趣。沟通时，营业员要轻声慢语地进行说服，同时使用鼓励性的语言，表情亲切地拉进和顾客的距离，从而推销产品。

（3）挑剔型　这类顾客对于营业员介绍的商品表示怀疑，不相信商品会有营业员说的那种效果。对待这类顾客，营业员不要加以反驳，更不能反感，要耐心地去听他讲，同时要对商品的完整知识有足够的了解，以应付顾客的提问。

（4）急躁型　语言和态度的选择要慎重，不能随便套近乎，动作要敏捷，避免让顾客等候。

（5）健谈型　耐心地倾听，不打断顾客的话，抓住机会让话题转到相关商品上。

（6）自我型　倾听并顺应这类顾客的自我意愿，在适合的时候征询他的意见，让营业员的建议成为他的主意。

（7）沉稳型　这类顾客似乎认真倾听了营业员的介绍，但就是迟迟不作出购买决定。明确表达出商品的卖点与他的个人特征相吻合，透露商品受欢迎或限量供应等供给不足的信息。

（8）好胜型　这类顾客总想证明自己是对的。营业员推荐商品时一定要尊重顾客的意愿和情绪，给顾客提建议时要充分自信，让顾客感受到营业员既谦虚又专业。

（9）理智型　这类顾客喜欢自己做主，不愿别人过多介入，购买时不动声色，善于比较，不急于作出决定。尊重顾客的意愿，夸奖顾客的眼光，从专业角度对商品的特征作补充说明。

（10）随意型　这类顾客没有明确的购买目标，愿意听取他人的建议。了解这类顾客的需求，让他感觉到营业员提出建议的出发点是为他着想，但不可过多推荐。

项目训练实施

分析顾客心理

1、***分析顾客心理项目训练步骤与实践***

（1）分析顾客心理项目训练步骤

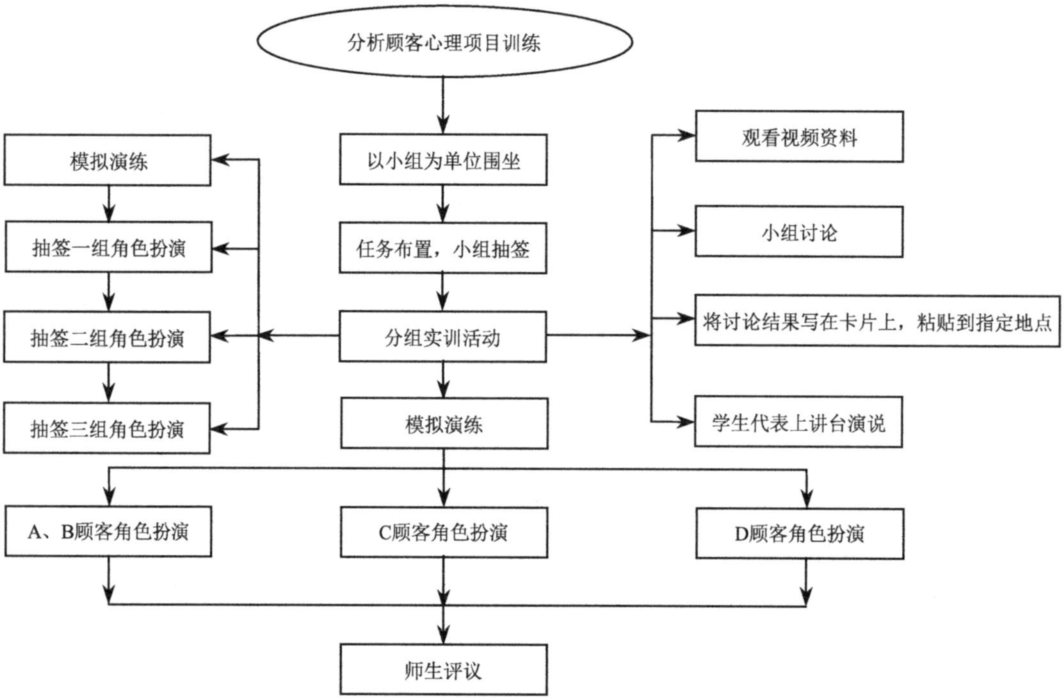

（2）分析顾客心理项目训练实践

实训一

观看顾客购物场景的视频资料（资料自选）。

要求：在老师指导下，通过顾客购物场景视频的观看，开展小组讨论。要求就视频中顾客购买时的心理活动和自己购物过程中经历的阶段，结合所学的顾客心理学知识，用六个以上的词组将各阶段的心理变化，按先后顺序加以排序，同时推荐小组代表，将讨论结果写在卡片上，并粘贴到指定地点，开展评议。

实训二

有 A、B、C、D 四位顾客分别来到不同的柜台、货架前，A、B 两位顾客进店后缓步参观浏览，时而沿柜观赏商品，时而结伴说说笑笑；C 顾客行进脚步缓慢、东瞧西看，多次转到某类商品前驻足细看；D 顾客脚步较快，到柜前，眼光集中到某类商品上，并向营业员示意，指名购买此商品。

要求：由学生通过抽签方式按情景、分角色扮演营业员及 A、B、C、D 四位顾客，小组围坐观摩，评选角色扮演者在接待顾客中的最佳方式、最佳用语。

实训三

彩电柜台前来了两位顾客，其中一人是另一位顾客请来当参谋的“顾问”。那位“顾问”在柜台前高谈阔论，大声地谈论彩电的这个不好、那个不好。营业员在一旁听了一会儿，觉得这位“顾问”讲的并不完全正确，于是主动上前，向顾客介绍商品知识。由于营业员与“顾问”讲的不完全一样，导致顾客无法决定，最终没有买成彩电。

要求：分析上述案例，试从顾客心理的角度分析原因，小组评议在上述案例中能让顾客满意的接待方式。

实训四

某服装企业在为老年人提供服装时采用了以下一些营销措施：

1）在广告宣传策略上，着重宣传产品的大方实用，易洗易脱，轻便、宽松。

2）在媒体的选择上，主要采用电视和报纸杂志。

3）在信息沟通的方式方法上，主要采用介绍、提示、理性说服，力求避免炫耀性、夸张性广告，不邀请名人明星。

4）在促销手段上，主要采用价格折扣、展销会等手段。

5）在销售现场，生产厂商派出中年促销人员为老年消费者提供热情周到的服务，为他们详细介绍商品的特点和用途。若有需要，还可以送货上门。

6）在销售渠道的选择上，主要选择靠近居民区的大商场，并设立了老年专柜或老年店中店。

7）在产品款式、价格、面料的选择上，分别采用了以庄重、淡雅为主，以民族性为主，以中低档价格为主，以轻薄、柔软为主，适当地配以福、寿等喜庆寓意的图案。

8）在老年顾客的接待上，厂家再三要求销售人员在接待过程中要以介绍质量可靠、方便健康、经济实用为主，在介绍品牌、包装时注意顾客的神色、身体语言，适可而止，不硬性推销。

某一天，在该厂设立的老年服装店里来了四五位消费者，从他们亲密无间的关系上可以推测出这是一家子，可能是专为老爷子来买衣服的。老爷子手拉一位十来岁的孩子，面色红润、气定神闲地走在前面，后面是一对中年夫妇。中年女子转了一圈，很快就选中了一件较高档的上装，要老爷子试穿。老爷子不愿意，理由是价格太高、款式太新，中年男子说：“反正是我们出钱，你管价钱高不高呢？”可老爷子并不领情，脸色有点难看。营业员见状，连忙说："老爷子你可真是好福气，儿孙如此孝顺，你就别难为他们了。"小男孩也摇着老人的手说："就买这件好了。"老爷子说："小孩子懂什么好坏。"但脸上已露出了笑容。营业员见此情景，很快将衣服装好，交给了中年女子，一家人高高兴兴地走出了店门。

要求：

1）这八个方面体现了老年消费者怎样的消费心理和购买行为？企业这样做的营销依据是什么？老年人和青年人、中年人等在消费心理、购买行为上有什么区别？这样的心理和行为是怎样形成的？

2）请分析这户人家不同的购买角色和营业员的销售技巧。

2、分析顾客心理项目训练注意事项

1）顾客心理是很复杂的，分析时要结合实际，灵活运用顾客心理学知识。

2）由于案例的描述仅是文字叙述，分析案例时，答案不唯一，要以理服人。

3）为巩固所学的顾客心理学知识，建议多搜集案例进行分析。

3、分析顾客心理项目训练评价评分表（见表 3-1）

表 3-1　分析顾客心理项目训练评价评分表

考评人		被考评人		
考评地点				
考评项目	分析顾客心理项目训练			
考核标准	考核内容	考核要点	分值/分	得分/分
	举止仪表	举止大方、神态自然	10	
	文明用语	符合职业岗位要求，接待用语规范	10	
	学习态度	学习基础知识，积极思考，分析资料	10	
	语言表达	普通话标准，声音清晰，和蔼可亲	10	
	案例分析	主题明确，层次清楚，内容有新意	20	
	活动参与	资料采集，参与讨论，应变灵活机智	20	
	团队合作	能和组员配合，共同模拟演练	20	
合　计			100	

注：考核满分为 100 分，90 分及以上为 A；80～89 分为 B；60～79 分为 C；60 分以下为 D。

项目二　掌握顾客沟通技巧

顾客是企业产品销售的市场，是销售方赖以生存和发展的"衣食父母"，善于与顾客沟通，能够更好地满足消费需要，扩大商品的销售。

❖ 顾客沟通技巧项目实训 ❖

情景设置

某商店柜台前来了一位年轻军人，他仔细地看了看柜台货架上琳琅满目的羊毛衫，又看了看营业员小陈。小陈从他的神情中能看出他想询问什么，可又没开口。于是，小陈就主动问道：“同志，你想买什么？”军人听后红着脸说：“我准备回家探亲，想给未婚妻买一件羊毛衫，可这么多羊毛衫我不知买哪一件。”营业员小陈详细地询问了她未婚妻的身高、年龄、体型等，并介绍了最时兴的款式，使这位年轻军人很愉快地买到了满意的商品。

情景分析

顾客看看商品，又看看营业员，想讲话，但又没有讲，这是营业过程中常见的一种需要营业员提供服务的现象。顾客想讲但又没有讲，说明顾客有一些顾虑。是什么顾虑呢？可能是想买的商品比较敏感，可能是对所购的商品拿不定主意，也可能是怕营业员不高兴。

思考与启示

营业员应想顾客所想，急顾客所急，最大限度地取信于顾客，使顾客把营业员当做可以倾诉的对象，放心大胆地说明情况。营业员应采取与其相对应的服务方式，使顾客的物质、精神需要得到较好的满足。

为做好销售工作，营业员要善于和顾客沟通，只要顾客来到柜台，不论是购买或是观看，都要主动热情地为顾客提供服务，以使“顾客是上帝”的宗旨落到实处，使企业取得良好的社会、经济效益。

项目训练目标

1. 了解与顾客沟通的重要性，掌握快速建立亲和力的方法。
2. 理解与顾客沟通的询问方式，学会倾听。

项目训练准备

1. 资料准备：视频资料、多媒体课件、教学案例。
2. 训练方法：模拟演练、案例分析、情景教学等。

3．物品准备：货架、柜台、商品若干。

4．分组安排：学生分组，每组 8～10 人。

相关理论知识

在与顾客建立良好和谐关系的过程中，沟通技巧及表达艺术的运用尤为重要。沟通技巧不仅可以使营业员与顾客的交流更顺畅，还可以充分地体现企业的形象和营业员自身的专业水平。

一、快速建立亲和力

良好的亲和力是建立信赖感的关键，也是整个销售环节最重要的开始阶段。

（1）主动创造融洽、宽松的气氛　营业员面容放松，说话的语气自然、肯定，体态、姿势自然得体。自然的微笑和轻声爽朗的笑声都会给对方最好的感染。

（2）找出感兴趣的话题　在沟通过程中，要找到彼此都感兴趣的共同话题和嗜好，可以通过询问的方式来寻找共同话题。只要顾客感兴趣就跟着他的话题聊下去，很快就能了解顾客的购买想法。

（3）与顾客状态一致　通常与自己最相似的人最容易被自己所接受，当顾客谈到某事时表现出情绪高涨，谈话中加以手势、表演，那么营业员的语调也要相应地提高，这样便于与顾客的言谈、举止、心境达到状态同步。

二、注意询问方式

通常，询问要注意三点：提问内容、提问时机、提问方式。此外，所提问题会在对方身上产生何种反应也需要考虑。询问方式分为两类，一种是开放式询问，另一种是封闭式询问。

（1）开放式询问　它是指不能只用“是”或“否”来回答的询问，而需要运用叙述、说明或论述来阐明问题。

1）请求表达看法、想法——您的意思是？

2）助于获取概要信息——您过去使用的产品是什么？

3）鼓励随意回答——你的工作领域是什么？

4）允许设定对话方向——对你十分重要的其他问题是什么？

（2）封闭式询问　它是指只用“是”或“否”就能回答的询问或有固定可选答案的询问。

1）限定问题回答——您以前使用过这产品吗？

2）有助于获取具体信息——您的电脑是来办公的吗？

3）确认理解——您现在的电脑是否存在问题？

4）允许设定交谈的方向——我可以为您演示本产品吗？

开放式询问有利于打开话题，营造一种友好的双向沟通氛围，有助于获得更多的信息，但时间不易把握。封闭式询问有助于缩短沟通时间，提高谈话的效率，但封闭式询问用得不好或过多会给人以压迫感，令话题难以继续进行下去。因此，不论是开放式还是封闭式询问，都要把握好发问时机。询问时，可以将开放式询问与封闭式询问相结合，注意封闭式询问不宜过多。

三、学会倾听

关注顾客的感受，挖掘顾客深层次的、真实的需求，能够增加顾客的信任感。有效倾听的技巧有以下几点：

（1）集中精力于顾客身上　这是有效倾听的基础，也是实现良好沟通的关键。要想做到这一点，营业员应该在与顾客沟通之前做好多方面的准备，如身体准备、心理准备、态度准备以及情绪准备等。疲惫的身体、无精打采的神态以及消极的情绪等都可能使倾听归于失败。

（2）不随意打断顾客的话　经常有营业员在顾客表达自己观点的时候，显得急不可耐，急于讲出自己心中所想，往往会打断顾客。打断顾客会让顾客的感情受到伤害，最重要的是可能会忽略掉顾客要讲的重要信息。

（3）适当的沉默，给顾客思考时间　长时间的沉默会让人感到尴尬，但营业员在向顾客提出问题后，确实需要保持一小段时间的沉默，原因很简单，因为并不是每一个问题，顾客都愿意回答或者知道如何回答，顾客需要时间来思考如何回答问题。

（4）谨慎反驳客户观点　顾客在谈话过程中表达的某些观点可能有失偏颇，但是营业员要记住：顾客永远都是上帝，他们很少愿意接受营业员的直接批评或反驳。如果营业员实在难以对顾客的观点做出积极反应，那么可以采取提问等方式改变顾客谈话的重点，引导顾客谈论更能促进销售的话题。

（5）了解倾听的礼仪　在倾听过程中，营业员要尽可能地保持一定的礼仪，这样既显得自己有涵养、有素质，又表达了营业员对顾客的尊重。通常，在倾听过程中需要遵守的礼仪如下：保持视线接触，不东张西望；身体前倾，表情自然；耐心聆听顾客的讲话，直至讲完；不要心不在焉；表现出对顾客的意见感兴趣；插话时请求顾客的允许，使用礼貌用语。

总之，在沟通时应避免口若悬河，避免与顾客辩论或企图说赢顾客，避免只顾销售商品等不良倾向，只有这样才能让顾客对营业员销售的商品信服。

项目训练实施

顾客沟通技巧

1．顾客沟通技巧项目训练步骤与实践

（1）顾客沟通技巧项目训练步骤

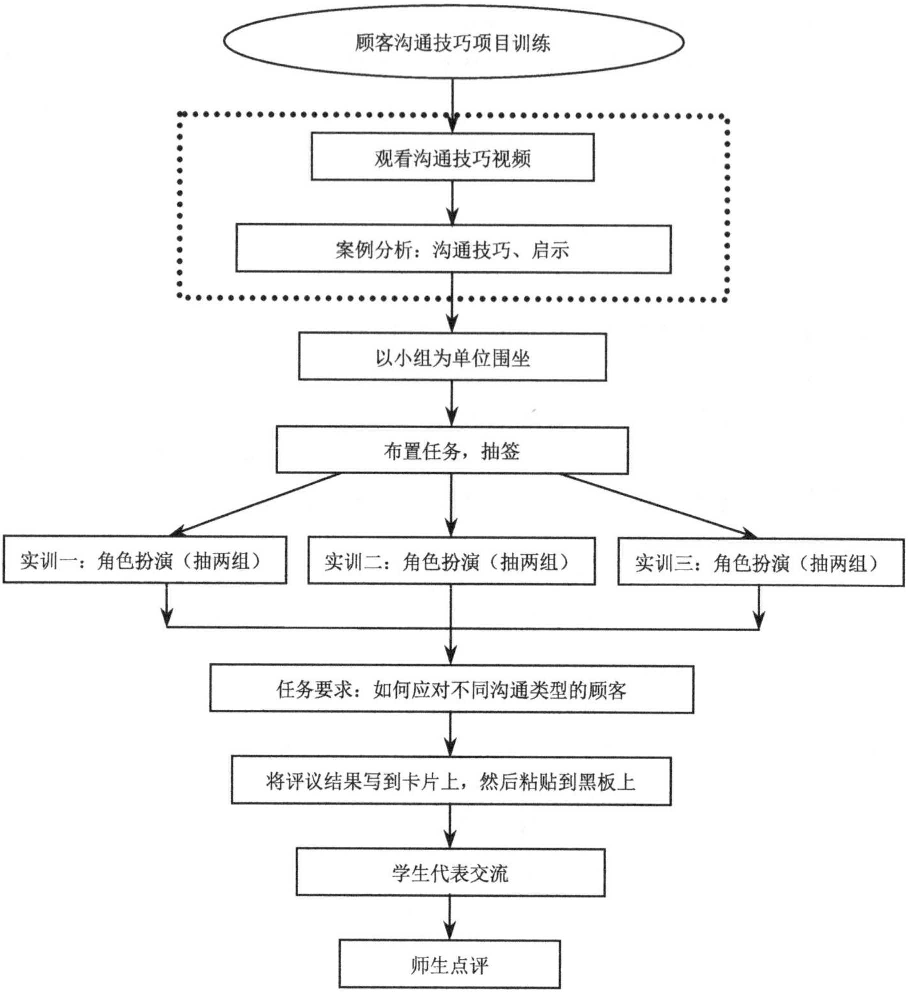

（2）顾客沟通技巧项目训练实践

以下资料按照顾客的讲话速度、喜欢用词和关注方向分类。

实训一

A 顾客（视觉型）来到某品牌电视销售区，说话速度快，音调高，手势多，喜欢用“看上去”、“看起来”等语言，关注商品重点，忽略商品细节。营业员应如何与 A 顾客沟通？

实训二

B 顾客（听觉型）来到某品牌电视销售区，说话声音平缓、抑扬顿挫，爱交谈，喜欢用“听起来”、“听上去”等语言，在乎商品细节，商品内容过问详细。营业员应如何与 B 顾客沟通？

实训三

顾客 C（感觉型）来到某品牌电视销售区，说话速度慢，音调低沉、有停顿，不善言辞，喜欢用“感觉是”、“感到”等语言，不在乎外观，注重感受情感心境，多提及感受、经验。营业员应如何与C顾客沟通？

2．顾客沟通技巧项目训练注意事项

1）需强调本实训活动没有标准答案和对错之分。

2）本实训活动兼有热场的作用，需多鼓励并给以正面评价。

3）开放式、封闭式询问要结合使用。

3．顾客沟通技巧项目训练评价评分表（见表3-2）

表3-2　顾客沟通技巧项目训练评价评分表

考评人		被考评人		
考评地点				
考评项目	顾客沟通技巧项目训练			
考核标准	考核内容	考核要点	分值/分	得分/分
	举止仪表	举止大方、神态自然	10	
	文明用语	符合职业岗位要求，接待用语规范	10	
	学习态度	学习基础知识，积极思考，分析资料	10	
	语言表达	普通话标准，声音清晰，和蔼可亲	10	
	案例分析	主题明确，层次清楚，内容有新意	20	
	活动参与	资料采集，参与讨论，应变灵活机智	20	
	团队合作	能和组员配合，共同模拟演练	20	
合　计			100	

注：考核满分为100分，90分及以上为A；80～89分为B；60～79分为C；60分以下为D。

项目三　学会推介商品

商品推介是商品经营过程中的重要环节，它是以诚信的品质、求实的作风、热情的服务、有效的方法以及娴熟的专业知识和技能，向顾客推荐和介绍商品或服务，从而使顾客购买到称心如意的商品，使商品经营实现良好的业绩。

❖ 推介商品项目实训 ❖

情景设置

一次，一位老大妈来商店购买棉毛衫，她问营业员：“棉毛衫缩不缩水？”在得到不缩水的回答后，挺生气地说：“怎么不缩水？上次我买的棉毛衫当时穿正合身，可洗过之后就小很多，而且穿不下了。”类似此种对营业员的商品介绍不满意的问题极容易出现。

情景分析

商品介绍是顾客接待的重要内容，因为它直接影响到顾客对商店的印象以及商品的了解程度，进而极大程度地决定着商品的成交率。从以上案例中，可看出顾客对营业员的商品介绍是不满意的。营业员应注意了解本柜台经营商品的产地、质量、性能和特点，并此基础上主动热情介绍商品，当好顾客的参谋。

思考与启示

顾客对商品介绍不满意的原因很多，有顾客方面的，也有营业员自身的，而且前者往往占很大的比重。但不管怎样，营业员应树立“宁可责己，不得怨人”的思想，多从自身找原因，看看是自己没说清楚，还是对方的接受能力太差，或是其他什么原因，并根据具体情况采取更加积极的补救办法。如果是老年顾客，理解较慢，则慢慢地重复一遍；如果是新到的商品，自己不太熟悉，则可以照着说明书与顾客一同学习、操作调试；如果是对方的文化水平低，或者自己一下子介绍得太多，顾客一时接受不了，则应一项一项地分开介绍，或以其他更为明了的方式说明。

项目训练目标

1．了解商品介绍的重要性及作用。
2．掌握商品介绍的方法和要求。
3．提高有效介绍商品的能力。

项目训练准备

1．物品准备：柜台、商品和单据若干，商品为洗化用品、食品、服装和家电等。
2．训练方法：事先在黑板注明实训流程及实训规则，教师现场指导。
3．分组安排：学生分组，每组 4～6 人，各组设组长一名。

相关理论知识

任何一位顾客在购买商品时，首先考虑的是商品对自己有何用处、效果怎么样，因此介绍商品最重要的一点就是要根据顾客的需求来介绍与推销。

一、推介商品的目的

1）让顾客了解有关商品的信息。
2）让顾客认同所需要的商品。

3）让顾客产生想要的欲望。

4）让顾客感到商品的实用性。

二、推介商品的内容

（1）商品基本知识　产品的品牌、产地、种类、功能、原料、工艺和使用方法等。

（2）商品行业知识　相关行业的生产、销售、竞争动态等。顾客都有从众心理，一般会选择热销的商品。

（3）必要时引用例证　包括所获荣誉证书、质量认证证书、数据统计资料、权威专家的推荐、广告宣传情况、媒体报到情况和以往顾客使用商品体验、评价的情况等。

三、推介商品的要点

（1）给顾客留下深刻印象　可利用一些动人的实例来增强推介商品的感染力和说服力。

（2）增加顾客参与感　尽可能地让顾客看到、触摸到、用到推介的商品。

（3）让顾客容易明白　过多的“专有名词”会让顾客觉得过于复杂，展示时要用顾客听得懂的话语。

（4）吸引顾客注意力　在了解顾客关心的重点后，能够有针对性地向顾客进行细致的推介。

四、商品推介方法

（1）直接讲解法　对顾客较为熟悉的商品，营业员直接明了地根据顾客的消费需求有重点地进行介绍。这种方法节省时间，符合现代人的生活节奏，也易于顾客对营业员产生信赖感。例如：

1）这种商品正在促销，价格很实惠。

2）您要的商品暂时缺货，这款在功能、价格上与您要的商品差不多，要不要试一下？

3）这款衣服色彩淡雅，跟您的肤色很相配，您穿很合适。

（2）实例说明法　通过其他顾客使用产品实例的说明，间接介绍该商品的优点、特点及效用。这一方法显然不是直接向顾客讲解，但顾客感到轻松并易于接受。要注意的是，实例要真实、实事求是，不能乱说一通。

（3）借助名人法　借助名人的影响力来推介商品功效和使用情况的方法。当顾客觉得某个人有威望时，就会相信他所作的决定、所买的产品。营业员运用这种方法时，一定要真人实事，不能胡乱编造。

（4）资料证明法　利用商品曾获得的荣誉证书、质量认证书、统计资料、专家评论、广告宣传、媒体报道等情况来推介商品。一般的产品销售往往采用这种方法，因为证明资料最容易令顾客信服，营销效果当然也会更好。

（5）展示解说法　将产品都展示在顾客面前，边展示边解说。生动的描述与说明加上产品本身的魅力，容易使顾客产生购买欲望。营业员在展示产品时要特别注意展示的步骤与艺术效果，注意展示的气氛。

项目训练实施

推介商品

1、推介商品项目训练步骤与实践

（1）推介商品项目训练步骤

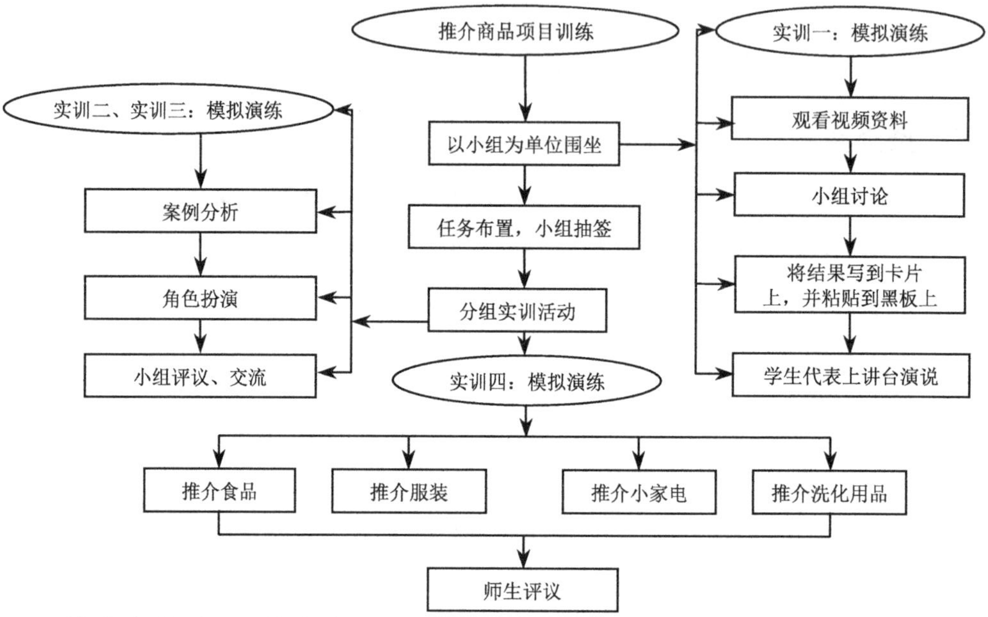

（2）推介商品项目训练实践

实训一

观看商品推介视频资料（资料自选）。

要求：在老师指导下，通过顾客购物场景视频的观看，开展小组讨论。

实训二

刚下完雨，一家著名商场里的顾客比较稀少，小赵、小李和小王三位营业员正在商场进口处做护肤品促销。她们连续几次上前对过往的顾客说：“请过来看看我们的新产品”、“请坐下来，我给您试用一下产品，不买不要紧”……顾客们摇摇头，匆匆走开了。这时，走来了一个怀抱婴儿的女士，那孩子大大的眼睛、粉红的小脸吸引了小赵，小赵不经意地脱口就说：“这个小孩长得真漂亮。”那女士听罢停下脚步，小李也上前问道：“几个月了？母乳吗？……”小王拿来凳子请女士坐下，她们谈起孩子的喂养问题。一会儿，小王接过女士手中的孩子，逗着孩子玩。女士说：“没想到带孩子这么累。”小赵说：“是呀，女同志有了小孩后，因为辛苦，所以老得特别快，尤其是刚生完小孩，人瘦下来了，皮肤也松弛了，护肤显得特别重要……”就这样，那位女士最终买了好几件护肤品。付完钱，她对自己的购买行为有些惊讶：“本来今天是给小孩买衣服的，怎么钱全花在了护肤品上？”

要求：进行案例分析。

实训三

顾客的目标是买太阳眼镜，有的是为了耍酷；有的是怕阳光过强，眯着眼睛容易增加眼角的皱纹；有的是昨天跟男朋友吵了架，哭肿了双眼，没有东西遮着红肿的眼睛，不方便出门。每个人的需求不一样，不管是造型多酷的太阳眼镜，如果镜片的颜色比较透光的话，那么这副太阳眼镜提供的耍酷功能是无法满足担心皱纹以及希望遮住红肿眼睛的两位顾客需求的。

要求：进行案例分析。

实训四

推介洗化、服装、小家电、食品等家用商品。

要求：营业柜组场景创设，营造氛围。在教师指导下，将学生分组，每组4～6人。各组经营不同类别的商品，小组成员要合理分工，轮流担任营业柜长，并通过抽签方式按商品类别进行商品介绍。

实训五

自选商品，每位组员在小组内演练一次商品推介技巧，其他组员认真倾听，演练者是否用了产品特性、优点、特殊利益等介绍商品，演练完后给予指正。

实训六

进行市场产品调研，在此基础上选择一品牌产品进行商品介绍。

2、推介商品项目训练注意事项

1）教师及组长对学生实际操作严格要求，引导学生按规范要求进行商品的介绍。

2）学生介绍家用电器商品时要注意安全。

3）学生之间可展开讨论，形成良好的学习氛围和工作环境。

4）建议学生到各大商场、超市兼职实习，了解现场营销人员介绍商品的方法。

3、推介商品项目训练评价评分表（见表3-3）

表3-3 推介商品项目训练评价评分表

考评人		被考评人		
考评地点				
考评项目	推介商品项目训练			
考核标准	考核内容	考核要点	分值/分	得分/分
	举止仪表	举止大方、神态自然	10	
	文明用语	符合职业岗位要求，接待用语规范	10	
	学习态度	学习基础知识，积极思考，分析资料	10	
	语言表达	普通话标准，声音清晰，和蔼可亲	10	
	案例分析	主题明确，层次清楚，内容有新意	10	
	商品推介	介绍全面，方法得当，用词正确	10	
	活动参与	资料采集，参与讨论，应变灵活机智	20	
	团队合作	能和组员配合，共同模拟演练	20	
合计			100	

注：考核满分为100分，90分及以上为A；80～89分为B；60～79分为C；60分以下为D。

项目四 学会促成交易

商品成交就是达成商品交易。这是顾客将购买决定变成现实行动的阶段。成交是商品销售工作的关键环节，是销售程序的最终目的。只有顾客购买了商品，销售工作的目标才算完成。因此，营业员必须掌握商品成交的方法，尽可能促成交易的实现。

❖ 促成交易项目实训 ❖

情景设置

一天，某顾客来到男子用品柜台，他这儿看看，那里瞧瞧，突然对飞利浦充电式电动剃须刀产生了兴趣，许久地注视着，反复观看。

情景分析

从顾客购买心理活动阶段来讲，一项完整的购买过程包括注意、兴趣、联想、欲望、比较、信任、行动和满意八个环节。从上述案例中可看出顾客许久地注视某个商品，说明该顾客已由注意阶段进入到兴趣和联想阶段，这个阶段的质量直接决定着商品的成交与否。营业员要做的工作是努力使顾客保持兴趣，并使其往有利于商品成交方面发展。因此，当顾客许久地注视着某商品时，营业员千万不要插话。但这不意味着营业员无事可做，营业员可以琢磨一下顾客的心理，如属于哪一类顾客、会有些什么问题等。当顾客从注视中转移过来时，营业员就要主动上前询问并解答问题。

思考与启示

对于这个案例，营业员不妨这样说："先生，您想买这剃须刀是吧？"在得到肯定回答后，有针对性地说明商品的价格、性能等。另外，告诉顾客对商品成交很有帮助作用的产品突出特点。例如，这种 300 元的剃须刀是刚上市的，价格高些，但产品质量确是上乘的，而且飞利浦公司实行全球维修，一年内保修等。假如顾客来到柜台买衣服，并注视某商品时，营业员不用着急问："您要些什么？"而应观察顾客身上所穿衣服的风格，然后判断他大概要哪类衣服，对所看的衣服会有些什么问题。最后待她的视线从服装上转移出来时，很自信地拿出一件衣服，并对她说："这件衣服很适合你！"假如顾客没有坚决反对之意，就分析这件衣服穿在她身上，能够表现出哪些与众不同的美感，随后再介绍质地、售价等。

项目训练目标

1．了解顾客的一般心理活动，学会分析顾客的购买行为。
2．正确运用顾客心理，当好顾客的参谋。

项目训练准备

1．资料准备：视频资料、多媒体课件、教学案例。
2．训练方法：角色扮演、案例分析、情景教学等。
3．物品准备：货架、柜台、商品若干。
4．分组安排：学生分组，每组 8～10 人。

相关理论知识

一、抓住成交时机

1、成交前的信号

顾客在购买商品时会表现出一些不同的购买信号，这些购买信号大多通过顾客的“肢体语言”表现出来。

1）顾客的话题集中在某个商品上，反复不断地问同一个问题。
2）顾客突然不再发问，不断点头。
3）顾客不讲话，开始深思考虑。
4）翻看价码卡，注意商品价格。
5）拿着一个样品不放，仔细地检查。
6）很小心地处理商品，已将其当做是自己的东西。
7）顾客开始询问是否有优惠。
8）以种种理由要求降低价格。
9）反复试用样品，索取说明书。
10）询问商品的使用保养方法，关注售后服务等问题。

2、应对的方法

成交时机出现时，为了促进及早成交，一般应采用以下四种方法：
1）不要给顾客再看新的商品。

2）缩小商品选择的范围。

3）帮助顾客确定所要的商品。

4）对顾客喜爱的商品作一些简要的说明，促使其下定决心。

二、促成成交技巧

（1）直接成交法　当发现顾客购买的时机已经成熟时，营业员直接或间接地请求顾客给出明确决定，如“现在就给您拿一台吧？”“您付现金吗？”这一方法简单明了，当顾客对关注的商品有好感并流露出购买意向时，就可用此法。

（2）假定成交法　对犹豫型顾客采用生动描述的方式，使顾客产生假定使用产品时的“美妙”情景，如“您看，如果您买了这款服装穿在身上，一定更俊俏。”“假设您用这台空调，制冷效果会很好，而且还会省很多电，不是很好吗？”

（3）选择成交法　当发现顾客购买的时机已经成熟时，不要问顾客买不买，而是问顾客一个选择性的问题，如“您要袋装的还是听装的？”向顾客提出选择性的问题时，尽量避免提出太多的方案，最好就是两项，最多不要超过三项，否则反而会容易失去成交机会。

（4）激将成交法　利用顾客怕买不到的心理，如“今天是优惠的最后一天”、“限量供应，每个区域就一套尺码”等，这种成交方法特别适合于营业员已经要求顾客购买，顾客仍然犹豫不决时。

（5）让步成交法　营业员通过提供优惠的条件促使顾客立即购买的一种方法，如“这段时间是店庆，如果您现在购买这款商品，可以优惠 10%。”

（6）保证成交法　顾客举棋不定时，营业员直接向顾客提出成交保证，对顾客承诺担负交易后的某种行为，使顾客立即成交的一种方法，如“我说得再好不如您亲自用一下好。您放心，您可以先试用一下，假如不满意可以无条件退货。”

（7）冷却成交法　顾客有意购买，但在款式、颜色上反复挑选，这时可暂时冷却一下，不再推销其他品牌，而是耐心帮助顾客挑选款式、颜色，促成交易成功。

（8）弱点成交法　摸清顾客的心理弱点，针对弱点打动顾客。例如，取悦顾客的太太或小孩等，“看这孩子多机灵，这套玩具很适合这么大的孩子开发智力。”

（9）对比成交法　营业员通过对同种商品或同一类商品的优缺点进行比较，进而达到说服顾客的目的，如“您的肤色这么好，这款跟刚才试的那款比，我觉得更适合您。”

（10）从众成交法　利用顾客的从众心理，通过部分顾客的购买行为吸引其他顾客购买的方法，如“您看今天的购货记录，早上已经有很多人买这台彩电了。”“前几天有好几位顾客也买了这个型号，对这几个功能非常满意。”

此外，还有成功故事成交法、赞扬成交法等。营业员在从事销售服务接待中，应帮助顾客作出决定，节省销售时间，提高工作效率。只要顾客关注商品，营业员就有责任采用不同的成交方法给顾客提供更多说服自己购买的理由，促成商品尽快成交。

三、达成销售要求

1）先了解顾客还有无其他要求，若需要则主动介绍相关优惠或促销政策。
2）当感到顾客基本满意时，应积极主动建议购买。
3）要主动，但不要催促，若顾客无反应，则了解其中原因。
4）若确认顾客无意购买，则应真诚感谢其光顾。

项目训练实施

促成交易

1、促成交易项目训练步骤与实践

（1）促成交易项目训练步骤

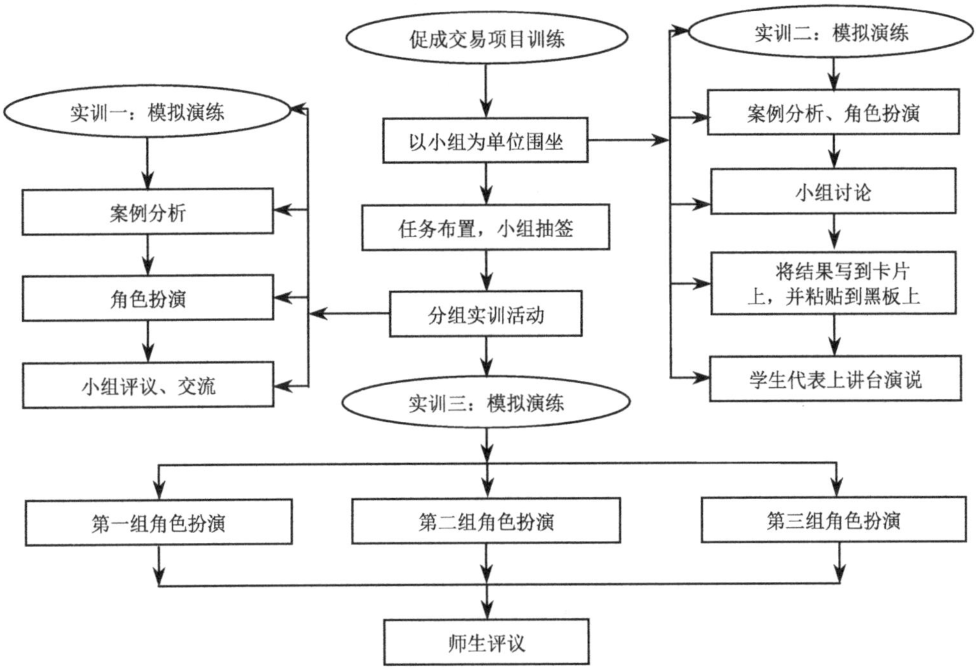

（2）促成交易项目训练实践

实训一

顾客有购买意向，但仍犹豫不决。
要求：列举可采用的方法，设计类似情景并分角色演练。

实训二

某服装店快要关门了，一对穿着得体的年轻夫妇仍乐此不疲地在店里挑选商品，她们看中了一款服装，营业员已经按正常折扣给她们打过折，但她们还是嫌价格太高，并且还价很离谱。

要求：进行角色扮演，要求采用赞扬成交法，让顾客按正常折扣价愉快地购买这款服装。

➘ 实训三

一位顾客正在家具店购买皮质材料做的高档转椅，顾客欣赏着高档椅，再看看价格，摇着头。当营业员上前询问时，顾客说："产品质量、款式都差不多，买个便宜的就行。"

要求：进行角色扮演，要求营业员采用成功故事成交法，让顾客接受建议购买高档转椅。

2、促成交易项目训练注意事项

1）可根据提供的资料，设想多种情境，加以讨论。

2）为更形象地展现资料中的情境，要求通过角色扮演的方式来进行。

3）建议利用课余时间，到商场或超市了解商场的安全工作。

4）教师要引导学生积极发言，允许学生有多种不同意见和见解，鼓励学生大胆发言。

5）引用现代化手段，采集尽可能多的有价值的信息，拓宽学生的思路。

6）学生组长要切实负责，使讨论形成活跃、积极的气氛，取得良好的效果。

3、促成交易项目训练评价评分表（见表3-4）

表3-4 促成交易项目训练评价评分表

考评人		被考评人		
考评地点				
考评项目	促成交易项目训练			
考核标准	考核内容	考核要点	分值/分	得分/分
	举止仪表	举止大方、神态自然	10	
	文明用语	符合职业岗位要求，接待用语规范	10	
	学习态度	学习基础知识，积极思考，分析资料	10	
	语言表达	普通话标准，声音清晰，和蔼可亲	10	
	案例分析	主题明确，层次清楚，内容有新意	20	
	活动参与	资料采集，参与讨论，应变灵活机智	20	
	团队合作	能和组员配合，共同模拟演练	20	
合　计			100	

注：考核满分为100分，90分及以上为A；80～89分为B；60～79分为C；60分以下为D。

项目五　掌握安全技能

在销售服务接待现场，营业员每天要接待数以万计的顾客，只有重视安全防范措施，才能有效地保障正常的经营秩序，保障顾客购物环境的质量和安全，展示现代企业的形象和风貌。顾客选择到商场购物，本身就是对商场的信任，要确保顾客购物的安全，保障顾客的生命财产安全。

情景设置

某位顾客在商店购买商品时，不小心被放在柜台前的箱子上的打包扣钩坏了裤子。营业员见状，立即向他致歉，并了解裤子的损坏程度，然后拿出自己备用的针线为其缝合。与此同时，营业员再次表示歉意。顾客见营业员的态度诚恳，并且做了力所能及的弥补工作，本想发出来的火也没了。

情景分析

从上述案例中可以看出，如果商店的商品堆放不科学、不合理，就极可能使匆匆忙忙的顾客受到伤害。一旦碰到这种事情，营业员首先应考虑到这是由于工作失误造成的，责任在商店这一边，而不能以物品不是自己放的或以顾客自己也有责任为理由推卸责任。应该像案例中营业员那样，积极地从顾客的角度着想，在表示歉意的同时，尽可能地为顾客做些弥补性的工作。

思考与启示

为提高店堂和设施的利用率，能够及时补足货源，满足顾客的购买需要，商店常常会在过道上、货架上堆放尽可能多的东西，使原本狭窄的过道更加狭窄，这不利于顾客购物的安全。从上述案例中，营业员应该吸取教训，科学合理地堆放货物，避免类似不安全的现象再次发生。

项目训练目标

1. 培养学生参与安全管理的能力和观察思维能力。
2. 学习在企业经营中应具备的安全职责。

3．懂得消防知识，了解商场的消防系统。

4．有防范意识，掌握防火、防盗、防骗等基本方法。

项目训练准备

1．物品准备：准备若干灭火器或有关灭火器的多媒体课件。

2．场地准备：销售操作营业室。

3．分组安排：学生分组，每组6～10人。

4．训练方法：每组设一名实训组长，设计必要的场景，组织思考讨论、归纳活动，并主持小组讨论评议以及填写实训报告工作。

相关理论知识

商贸零售企业安全是经营活动正常进行的基本保障，商贸零售企业安全工作的好坏，直接关系到顾客和员工的切身利益，也直接影响到商贸零售企业的服务质量和经济效益。

一、安全管理的目的

1）保护劳动者的切身利益。

2）保护企业和国家的财产。

3）维护企业的经营秩序。

4）维护家庭和社会的安定。

二、安全经营方针

安全第一，预防为主。经营必须安全，安全促进经营。

三、商贸零售企业安全管理的主要内容

（一）防火：做到一知三会

1．知道消防器材存放的地方，同时知晓商场的消防系统

（1）消防标识　消防标识是指店内外设置的有关消防的标识，是国家统一的标识，如“禁止吸烟”、“危险品”、“紧急出口”、“消防设备”等。

（2）安全通道　保持通畅、干净，不得堆放任何杂物堵塞通道。员工要熟悉离自己工作岗位最近的安全通道。

（3）紧急出口　紧急出口是店内发生火灾或意外事故，紧急疏散人员以最快时间离开时使用的出口。

（4）疏散图　疏散图是表示商场各个楼层紧急通道、紧急出口和紧急疏散通道的标识图。

（5）消防设施　消防设施是指用于火灾报警、防火排烟和灭火的所有设备，包括火灾警报器、烟感/温感系统、喷淋系统、消防栓和灭火器等。

2、会报警：全国火警电话 119

报警时应说明发生火灾的准确区域和时间、燃烧的物质、火势大小以及报警人的姓名、身份、是否有人员受伤等。

3、会使用灭火器

（1）泡沫灭火器　适用于扑救柴油、汽油、煤油等引起的火灾，也适用于竹、木、棉、纸等引起的初期火灾。其使用方法：用手指压紧喷嘴，然后颠倒器身上下摇晃，松开喷嘴，将泡沫喷射到燃烧物表面。

（2）二氧化碳灭火器　二氧化碳灭火器灭火后不留任何痕迹，不导电，无腐蚀性。它适用于扑救电气设备、精密仪器、图书、档案、文物等。其使用方法：拔掉保险销或铅封，握紧喷筒的提把，对准起火点，压紧压把或转动手轮，二氧化碳便会自行喷出进行灭火。

（3）干粉灭火器　干粉灭火器适用于扑救石油产品、油漆、可燃气体和电气设备等。其使用方法：撕掉铅封，拔去保险销，对准火源，一手握住胶管，一手按下压把，干粉便会自行喷出进行灭火。

（4）消防栓　消防栓适用于扑灭多种类型的火灾，水是分布最广、使用最方便、补给最容易的灭火剂。它不能用于扑救与水能发生化学反应的物质引起的火灾，以及高压电器设备和档案、资料等引起的火灾。其使用方法：将存放消防栓的仓门打开，将水袋取出，平放打开；然后将阀头接在水袋上，对准火源，双手托起阀头；最后打开水闸进行灭火。

4、会扑灭初起火灾

根据实际情况，暂定三种火警级别：一级火警，即有烟无火；二级火警，即有明火初起；三级火警，即火灾从时间和空间上难以控制。

（二）防盗

1）现金、票据的存放有防范措施。

2）销货款要一点一复，签字存封；大笔现金要随时转交总收款台。

3）营业余款、票据不在柜台过夜，交总收款台。

4）贵重物品打烊时放入保险柜。

5）四不准：不准在柜台上清点现金；不准手持现金在营业厅走动；不准与陌生人兑换零币；不准在柜台存放私人现金和贵重物品。

6）财务失窃，要保护现场，及时报告。

（三）防骗

1）支票随用随章，不发空白支票。领用支票，要严格履行手续。

2）接受顾客支票，要查对并记录身份证、介绍信、联系地址和电话等信息。数额较大的，要与对方银行验证。

3）接受信用卡，先查验身份证和止付金额后再压卡交易。

4）仔细识别钱币，发现假币要及时和保卫部门联系。

5）收款找零，唱收唱付。

（四）防人身意外事故发生

人身意外事故是指顾客或员工在卖场内发生的人身意外，包括意外事故伤害、一氧化碳中毒、电击以及因个人健康问题导致的突发性晕厥、休克等事件。

1）当发生意外时，要在第一时间进行报告。

2）如果有顾客晕倒、突发病发生，应立刻通知相关人员进行必要的急救处理，尤其是老年人、残疾人、孕妇及儿童，并迅速拨打急救电话120，请派救护车，由店内人员送顾客到医院就医。

3）如属意外伤害、重大伤害，员工应立即到医院就医，顾客应在客服经理的陪同下立即到医院就医，情况及时上报店经理和总部，以便更好地处理善后赔偿事宜。

（五）防骚乱

1）如发现卖场内有人捣乱，应立即通知安全员到现场制止。

2）阻止员工和顾客围观，维持现场秩序。

3）拨打 110 报警，将捣乱人员带离现场，必要时送交公安机关处理。

4）对捣乱人员造成的损失进行清点，由警察签字后作汇报。如有重大损害，要通知保险公司前来鉴定，作为索赔的依据。

5）发现有顾客在店内打架，应立即拨打内部电话，通知安全员到现场制止。

6）不对顾客的是非进行评论，保持沉着、冷静，要求顾客立即离开。

四、营业员的安全职责

1）学习安全知识，参加各种安全活动。

2）遵守各项安全法规。

3）积极提出安全、合理的建议。

4）正确使用各种机电设备和营业用具。

项目训练实施

安全技能

1．安全技能项目训练步骤与实践

（1）安全技能项目训练步骤

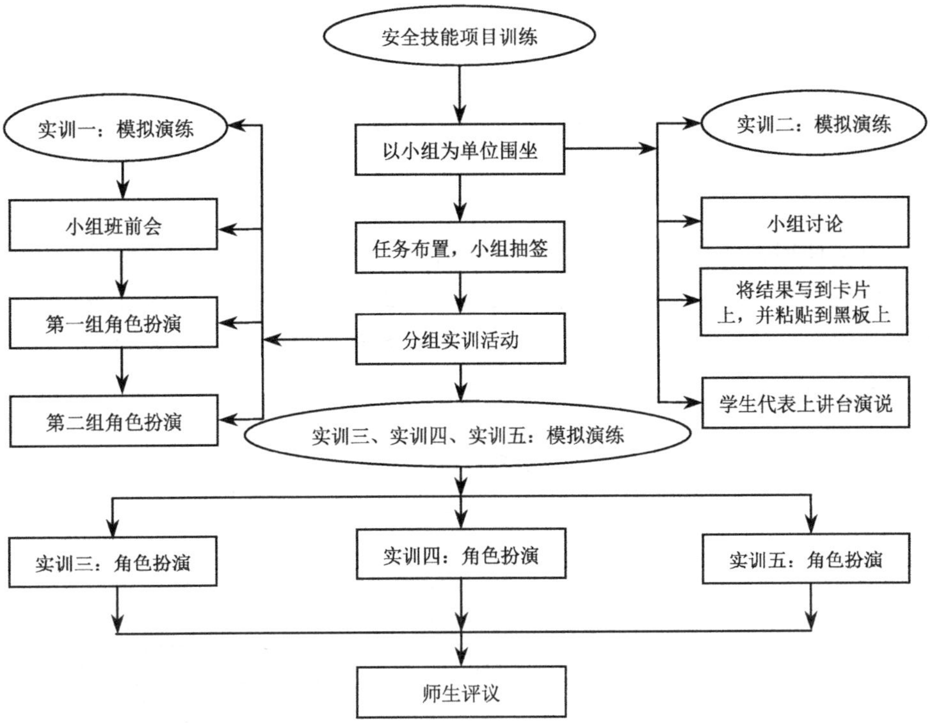

（2）安全技能项目训练实践

实训一

为加强消防安全意识，在班前会上小组消防安全员请大家说说商场的消防标识。

要求：以小组为单位，模拟召开班前会，完成消防安全员布置的任务，同时根据实验室提供的消防器材，相互交流使用方法。

实训二

某商城二楼服装部正围挡进行内部改造，由于电焊工操作不当，使火花溅到临近柜台的商品上。

要求：讨论遇到该情况如何处理。

实训三

营业中发现一位顾客偷拿偷换商品。

要求：讨论遇到该情况，应采取何种措施。

实训四

年老体弱的顾客在柜台前突然发生了意外（可设想多种意外）。

要求：讨论遇到上述情况，该如何处理。

实训五

商店停电，而顾客仍要选购商品。

要求：讨论遇到上述情况，该如何解决。

2. 安全技能项目训练注意事项

1）可根据提供的资料，设想多种情境，加以讨论。

2）为更形象地展现资料中的情境，要求通过角色扮演的方式来进行。

3）建议利用课余时间，到商场或超市了解商场的安全工作。

4）如果要使用消防器材，要有懂行的老师在一旁作指导。

5）引用现代化手段，采集尽可能多的有价值的信息，拓宽学生的思路。

6）学生组长要切实负责，使讨论形成活跃、积极的气氛，取得良好的效果。

3. 安全技能项目训练评价评分表（见表3-5）

表3-5　安全技能项目训练评价评分表

考评人		被考评人		
考评地点				
考评项目	安全技能项目训练			
考核标准	考核内容	考核要点	分值/分	得分/分
	举止仪表	举止大方、神态自然	10	
	文明用语	语言符合职业岗位要求	10	
		接待用语正确，态度和蔼可亲		
	学习态度	学习基础知识，积极思考，分析资料	10	
	语言表达	普通话标准，声音清晰，和蔼可亲	10	
	案例分析	主题明确，层次清楚，内容有新意	20	
	活动参与	资料采集，参与讨论，应变灵活机智	20	
	团队合作	能和组员配合，共同模拟演练	20	
合　　计			100	

注：考核满分为100分，90分及以上为A；80～89分为B；60～79分为C；60分以下为D。

模块四　店面布局与商品陈列技术

合理有效的店面布局与商品陈列，能够赋予商品特定的品牌文化与形象内涵，并可以加深消费者对品牌的印象与信赖，从而提高商品附加值，使企业获得更高的利润，增强企业的竞争力。良好的店面布局与商品陈列有利于维护商家的信誉，使消费者全方位地感受商品信息，形成潜在利润。

项目一　了解店面布局

店面布局主要包括店门设计、橱窗设计和照明设计等。营业员只有了解了店面布局的主要内容和基本技巧，才能在商品经营中更好地为顾客服务，从而提高销售业绩。

❖ 店面布局项目实训 ❖

情景设置

去过麦当劳的人大多都会有这么一种感受：在那里，人们不仅仅是为了吃一块汉堡，喝一杯咖啡，人们更多的是去寻求一种完全放松、休闲的感觉。麦当劳门面设计的金黄色“M”标识全球统一，早已为人们所熟识，其亲和力在顾客心目中也已根深蒂固。麦当劳店内的墙面上，挂有各种各样的卡通、乐园类图画，还有五颜六色的小旗帜、剪图、绿树、红花等，烘托出一种无拘无束的乐园氛围。麦当劳的桌椅摆放大体上比较随意，尤其是在不同的角落，巧妙地做到了因地制宜。为了照顾到顾客的各种闲情逸致，麦当劳还在店内专门设有报纸栏，以便有兴趣的顾客阅读。有些店内还备有小推车，以便使带着还不会走路的小孩前来光顾的顾客能够更方便，胜似在家一般。在麦当劳店内的过道边，设有“希望工程捐款箱”，箱上的标语是：“麦当劳与您共献爱心！”这些都在无形中提升了麦当劳的亲切形象。

情景分析

对于一个面积有限的快餐店来说，店内、店外的设计是烘托该店“性格”与气氛的首要因素。麦当劳的所有店面布局设计都是围绕随意、轻松、温馨的原则灵活进行的，因为公司意识到快餐店更重要的是一种休闲与放松的场所。

思考与启示

店面布局应充分地利用有限的空间资源，合理规划和实施总体布局，最大限度地吸引顾客购买和便利顾客购买。

项目训练目标

1. 了解店面布局的一般规律。
2. 掌握店面布局的基本技巧。

项目训练准备

1. 资料准备：资料图片，如图 4-1～图 4-7 所示。

图 4-1　资料图片一

图 4-2　资料图片二

图 4-3　资料图片三

图 4-4　资料图片四

图 4-5　资料图片五

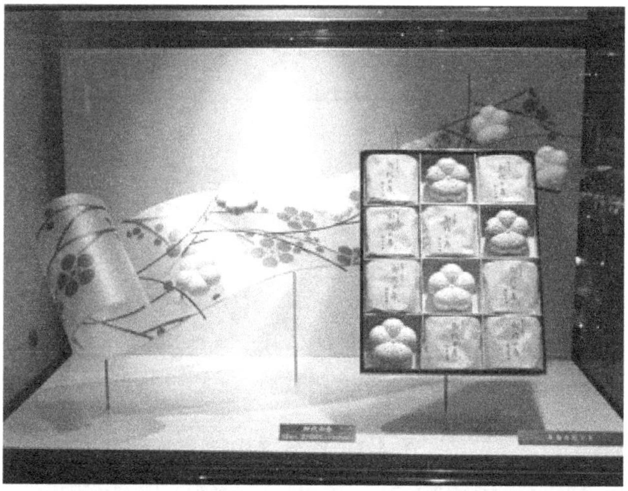

图 4-6　资料图片六

图 4-7　资料图片七

2．分组安排：学生分组，每组 4～6 人，各组设组长一名。

相关理论知识

店面布局主要包括店门设计、橱窗设计和照明设计等。

1、店门设计

店门的作用是吸引人们的视线，并产生兴趣，激发进店看一看的参与意识。怎么进去，从哪进去，就需要正确的引导，使顾客一目了然。在店面设计中，顾客进出门的设计是重要一环。将店门安放在店中央，还是左边或右边，这要根据具体人流情况而定。一般大型商场的大门可以安置在中央，而小型商店的进出门安置在中央是不妥当的，因为店堂狭小，直接影响了店内的实际使用面积和顾客的自由流通。小店的进出门应设在左侧或者右侧，这样比较合理。

一般来讲，门面设计应首先满足顾客方便使用的心理愿望，如店门一般应设在临街且明显的地方。地处闹市区的商店门面要有特色，才容易给顾客留下较深的印象；地处偏僻区的商店门面应相对高大或开阔，以便顾客从较远处即可看到商店的招牌门脸。同时，考虑到商店经营的具体商品，也应注意店门大小与招牌、橱窗的对比关系，即店门的开放度。一般有以下几种形式：

1）对于经营贵重商品（如金银首饰类）的商店，一般要求店门小些，装潢应庄重且不过分浮华。招牌应醒目高大，引人注意。橱窗则应小些，陈列物应简单大方，数量不多但精美华贵。这种总体设计会使顾客觉得高雅华贵。对于要求幽静、文雅的商店，也应采用这种大招牌、小店门、小橱窗的方式。

2）对于百货商场一类的大中型零售商店，在其门面装饰上要有雅俗共赏、纳八方来客的气势。一般应采用“三大”的设计方式，即大招牌、大店门、大橱窗。大招牌给人以大场名店的印象，易于吸引顾客。大店门既适应客流量大的要求，又给顾客以宽大敞亮的感觉。消费心理研究表明，豁达的购物环境有增强顾客购买欲望、激发顾客购买情趣、提高顾客购买信心和对商店产生信任感的作用。大橱窗可以使顾客未进店即可了解该店所经营商品的方方面面，有利于吸引更多的浏览者和过往顾客。总之，“三大”的设计是最具诱导性的门面设计，它主要适用于大中型商场。

3）对于农副产品、副食品类商店，门面的装饰一般对顾客并不重要。在这类商店中，顾客的实用心理最为突出，其他购物行为中的名望心理、显示心理等表现较少。不论是求高富裕型消费还是求廉节俭型消费，在这里都表现为对商品使用价值的兴趣。因此，这类商店只要有醒目、简单、朴素的大字招牌即可；橱窗甚至可以不要，装潢华丽的橱窗反而使人感到华而不实，起到适得其反的效果；对店门也无过多要求。

4）对于中小型的各类专业商店，其装潢最主要的是突出商品的特色。对招牌和橱窗的安排与布置要反映经营商品的特色，如“亨得利钟表店”等。对店门一般无特殊要求，应适应经营商品的需要，如家具商店的店门应大些。这类商店的总体装潢一般不要求豪华，因为到这类商店购物的顾客多属于专业购买或有目的购买，而游览者或观光者一般较少。

2．橱窗设计

橱窗既是商店门面总体装饰的组成部分，又是商店的第一展厅。它是以本店所销售的商品为主体，巧用布景、道具和画面装饰为衬托，配以适当的灯光、色彩和文字说明，进行商品介绍和商品宣传的综合性广告艺术形式。顾客在进入商店之前，都会有意无意地浏览橱窗。所以，橱窗的设计与宣传对顾客的购买情绪有着重要的影响。橱窗的设计首先要突出商品的特性，同时，又要使商品的布置适合顾客的一般心理规律，使顾客看后有美感和舒适感，从而对商品产生好感。好的橱窗布置既可起到介绍商品、指导消费、促进消费的作用，又可成为商店门前吸引过往行人的艺术佳作。橱窗设计结合顾客的心理愿望应主要注意以下几点：

（1）突出商品，传递信息　顾客观赏浏览橱窗，最主要的是希望获得商品信息或为选购商品搜集有关资料，而所需资料又必须是最新的，陈旧的资料不能引起顾客的注意，更无法激发顾客的购买情趣。因此，橱窗陈列的商品必须是主营商品、新颖商品，能够向顾客传递最新的商品信息，以满足顾客求知、求新的心理。特别是大中型综合商场的橱窗陈列必须强调趋时性，要经常更新变换，及时陈列畅销品、新潮时尚商品、应季商品，而滞销商品如不及时更换，则会影响整个商场在顾客心目中的形象。

（2）动静结合，以动引人　一般的橱窗陈列多以静物为主，即以商品实物陈列为主。在电子信息时代，利用电子灯光技术不断变换文字或商品造型，既可创造新奇，又可在不大的空间内宣传更多的商品。在这种橱窗面前常可吸引过往行人驻足。这种动态的橱窗布置一般会收到较好的心理效果。

（3）整体设计，激发联想　橱窗设计要使顾客有身临其境之感，触景生情并产生美好联想，似乎已享受到使用这些商品的欢快之情。整体设计的橱窗给顾客以亲近感，容易产生缩短商品与顾客之间距离的效果，增强顾客的占有欲和购买欲。优秀的橱窗设计还能促使顾客产生模仿心理。一套并不华贵的家具，经设计者的巧妙安排，创造出家庭生活的美感、意境。顾客一旦站在橱窗前，就会很快联想到这套家具适合自己，于是购买动机油然而生。

3、照明设计

合理科学地配置照明及装饰光源，既可吸引顾客的注意力，又可使顾客在舒适的环境中浏览商品。商店内光源一般可分为两大类：①基本照明光源；②兼作照明的装饰光源。基本照明光源一般起保持整个商店基本亮度的作用，这类光源一般不会对顾客购物心理产生特殊的影响。兼作照明的装饰光源是以装饰为主，兼有照明作用的光源，这类光源具有多种形式和作用，对顾客购物心理有较多的影响。

（1）霓虹灯　它是商店外观的重要构成部分，多以显示或补充显示该店招牌为主，并兼有宣传作用。霓虹灯不但是门面装饰的重要构成部分，还有一定的招徕作用。霓虹灯的设计应突出简捷、明快和醒目的特点，字形要大些，图案要简单，色彩要艳丽，应多以刺激性较强的红、绿、白强亮度光为主色，伴以动态的结构造型，以便吸引顾客。在许多大中城市的商业区，晚间五光十色的霓虹灯构成了多彩的夜景，吸引着大批顾客和过往行人。

（2）橱窗灯　这种灯光与商品布置陈列相适应，主要起美化店容、渲染气氛的作用。最需注意的是，灯光亮度与灯色造成的心理效应。由于橱窗灯离观赏人较近，一般不应使用强光，对比度不应过大，光线的闪烁运动变化不能过快或过于激烈，否则会使顾客感到眼花缭乱，从而造成心理反感。同时，应注意灯光的陪衬和破坏作用。如色调明快清晰的商品，灯光朦胧更具意境；色调较暗的商品，灯光则应明亮，以突出商品形象。常言道：“灯下不观色。”如灯下难分蓝、绿色，红灯下蓝色变黑等，都会造成顾客的错觉，破坏购物情绪或造成失误。当然，对于不同季节，也应注意灯光的心理效应。如在夏季应多使用冷色调灯光，而在冬季则应多使用暖色调灯光，这样才能与顾客的一般心理情绪相适应。

（3）柜台灯　它一般安装在柜台内，根据商品的不同特点及顾客的审美情趣，从不同角度照射，再配以其他装饰来反映商品美感。灯光多以白光为主，间或有其他光源。如金银首饰柜台用高级紫红绒作衬底，明亮的白色光线会给人以高贵、豪华、典雅的美感。而如果用一般的白底白光或无衬底白光，则会大失水准。由于柜台灯离顾客很近，所以不可用朦胧昏暗的弱光，也不宜用过于刺眼的强光，而应用明亮、单色或少色、不动或少动的光照。这样能使顾客有一个稳定洁净的购物小环境。如果灯光闪烁变换，则使人感到紧张不安，从而会影响顾客的购买情绪。

总之，光照的设计应与顾客通过视觉所反映的心理状态相适应。一般来讲，远光要强，近光要弱；远光多色交融，近光少色或单色；远光多变多动，近光少变少动或慢变慢动。这样才能适应大多数顾客的心理习惯。

项目训练实施

店面布局

1、店面布局项目训练步骤

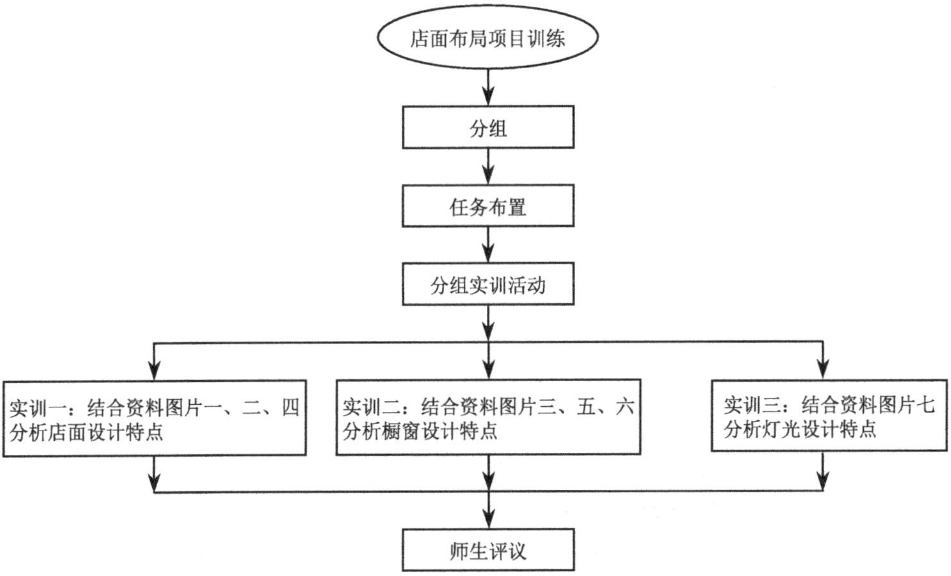

2、店面布局项目训练注意事项

店面设计成功的案例很多，同学们要去留心观察，通过不断的比较、实践逐步提高自己的审美能力、店面的布局水平。

3．店面布局项目训练评价评分表（见表 4-1）

表 4-1　店面布局项目训练评价评分表

考评人		被考评人		
考评地点				
考评项目	店面布局项目训练			
考核标准	考核内容	考核要点	分值/分	得分/分
	举止仪表	举止大方、神态自然	10	
	文明用语	符合职业岗位要求，接待用语规范	10	
	学习态度	学习基础知识，积极思考，分析资料	10	
	语言表达	普通话标准，声音清晰，和蔼可亲	10	
	图片分析	主题明确，层次清楚，内容有新意	20	
	活动参与	资料采集，参与讨论，应变灵活机智	20	
	团队合作	能和组员配合，团队意识强	20	
合　计			100	

注：考核满分为 100 分，90 分及以上为 A；80～89 分为 B；60～79 分为 C；60 分以下为 D。

项目二　学会商品陈列

商品陈列在现代商品销售中起着不可估量的作用，可以向顾客展示产品的特点，提升商品形象，营造品牌氛围，刺激顾客的购买欲望，还可以提高商品的销售量。通过本项目学习，学生要掌握商品陈列的基本方法。

❖ 商品陈列项目实训 ❖

情景设置

某超市在圣诞节来临之际，围绕“送一片平安给世界”这一主题，将整个卖场陈列重新调整布置，带给顾客耳目一新的感觉。例如，在超市的中心位置摆好一个圣诞展台，铺好地毯；展台中心布置好圣诞树，挂好彩灯；将商品装入礼品包装袜中，挂在圣诞树上；从每个品类的商品中挑选出精品各做一个堆头，并在每个商品上粘贴小蝴蝶结；将各商品堆头围绕着圣诞树排列；而且设置了与圣诞氛围相适应的背景音乐，就像制造了一个吸引顾客的圣诞剧场，从而成功地将营业额提升了 60%。

情景分析

该超市恰当地使用了商品陈列技术，带给顾客耳目一新的感觉，突出了圣诞节的热闹、温馨气氛，增强了超市的吸引力，促进了商品销售。

思考与启示

通过视觉来打动顾客的效果是非常显著的。商品陈列的优劣决定着顾客对店铺的第一印象，它对传播信息、加速流通、促进销售具有特殊的经济意义，成为零售商店、超级市场经营业务中一项重要的经常性工作。营业员应掌握常用的商品陈列方法。

项目训练目标

1. 了解柜台商品陈列的原则和方法。
2. 了解货架商品陈列的要求和方法。
3. 了解超市商品陈列的方法，并进行超市商品陈列实训。

项目训练准备

1. 资料准备：资料图片，如图 4-8～图 4-19 所示。

图 4-8　资料图片八

图 4-9　资料图片九

图 4-10　资料图片十

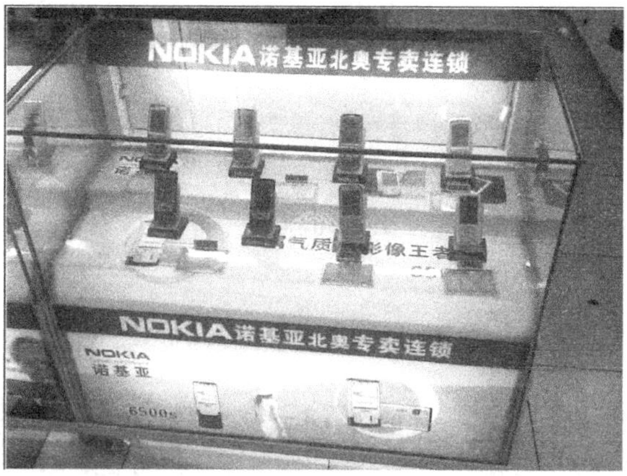

图 4-11　资料图片十一

图 4-12　资料图片十二

图 4-13　资料图片十三

图 4-14　资料图片十四

图 4-15　资料图片十五

图 4-16　资料图片十六

图 4-17　资料图片十七

图 4-18　资料图片十八

图 4-19　资料图片十九

2．物品准备：化妆品若干，柜台两节；日用品若干，货架两节。

3．分组安排：学生分组，每组 4～6 人，各组设组长一名。

相关理论知识

一、柜台商品陈列

柜台商品陈列是企业以商场营业厅为载体，以展台、货柜为依托，以顾客为对象，展示、介绍、销售商品的一种手段和方法。柜台商品陈列可以起到美化销售环境、向顾客推荐商品、传播信息、引导消费、促进销售、便利选购和提高工作效率等作用。

（一）陈列原则

1、陈列位置

1）黄金位置。

① 依陈列的高度把货架分为三段，即上段（对男士而言为 160 厘米以上，对女士而言为 150 厘米以上）、中段（对男士而言为 70 厘米至 160 厘米之间，对女士而言为 60 厘米至 150 厘米之间）、下段（对男士而言为 70 厘米以下，对女士而言为 60 厘米以下）。中段为手最容易拿到的高度，称为“黄金位置”，一般用于陈列主力商品或卖场有意推广的商品。

② 应将新品、热销、主推产品和企业形象视觉识别标志置于最抢眼的位置。

2）要利用主力商品作宣传，主力商品尽可能摆放在显著位置上。

3）要将特殊产品特殊陈列，如摆放在柜台上。

4）尽量不要在柜台内陈列促销品，促销品要用堆头、小桌陈列。

5）不宜在窄小的通道内作显眼、突出的陈列。

6）陈列的高度要适宜，既要引起顾客的注意，又不能太高。

2、分区定位

1）所有商品陈列应该按照陈列分类的规则摆放，这样有利于顾客在短时间内获取相关的信息。

2）同类商品应纵向陈列。

3）商品的货位需随时调整。

4）同一分区的商品要有陈列规律。

5）相关商品的货位尽量布置在临近或对面位置。

3、陈列时效

1）新品、常规宣传品的陈列时效为三个月。

① 使用宣传品应尽量在上市后的三个月内。

② 宣传品陈列要在上市后持续摆放三个月的时间。

2）特殊宣传品的陈列时效为一至两个月，尽量在时效内最大力度地使用，以达到陈列的最大效果。

3）宣传品陈列要根据公司指示及时维护和更新，一般完成更新时间最长为 3 天。

4）促销宣传品只有活动期间陈列。

5）重点产品由公司统一确定和通知，要确保重点产品的市场陈列到位。

（二）柜台内的产品陈列方法：以手机陈列为例

1、陈列产品的归类

（1）价格陈列　有的顾客是考虑好价格才来的，“我要买一个大约在 800 元左右的手机。”价格陈列就是把 1000 元以下的机型放到一个专柜，把 1000 元到 1500 元的机型放到一个专柜，把 1500 元到 2000 元的机型放到一个专柜，把 2000 元以上的机型放到一个专柜，这样的陈列可以很大程度地方便“想好了买什么价格手机”的顾客。这样的顾客会站在某个柜台前面仔细挑选，这使得营业员可以在一个地方说服顾客购买，增加销售成功的几率。

（2）品牌陈列　有的顾客是考虑好品牌才来的，“我要买摩托罗拉的手机。”品牌陈列就是将各品牌厂家归类，将某一品牌的所有系列摆放在一个柜台内。

（3）功能陈列　有的顾客是考虑好功能才来的，“我要买一个有短消息群发功能的手机，或者买一个双模手机。”功能陈列就是将功能差不多的手机摆放在一起。

（4）样式陈列　有的顾客是考虑好样式才来的，“我要买一个翻盖手机。”样式陈列就是将样式相似的手机摆放在一起。

（5）促销陈列　有的顾客是考虑好促销优惠才来的，“我要买一个促销的超值手机。”促销陈列是将特价机、促销机分类摆放在一起。

这些具有不同想法的顾客，面对不同的陈列很可能被打动。不同的陈列使顾客进入商店以后，走到相应的柜台前，营业员就可以“对症下药”，推荐机型，提高销售成功的机会。

2、产品陈列

（1）重点突出型　用 5～6 个手机机架，呈圆弧形排列，中间是最主推的机型，旁边依次放置次推机型和自然销售机型，并且在主推机型旁边放置大的产品说明牌，注明卖点，或者把有价格优势的价格标注出来，使主推机型成为绝对的中心，营业员要加以重点推介。

（2）双排密集型　用 8～10 个手机机架呈前后错开的方式排列。该种方式适用于有很多机型需要主推的厂家，在没有绝对主推机型的前提下，通过双排密集型陈列来平衡机型之间的销售，争取能够使每款机型的销售均衡发展。

（3）单排圆弧型　该种陈列方式适用于套餐手机，如“情侣手机”等。可以做成不同的陈列方式，针对不同的市场机会挖掘恰如其分的卖点。

3、柜台陈列风格

不同产品可以用不同风格进行陈列，归纳起来可以是海洋型、沙漠型和家庭型等方式。

1）海洋型的方式。它的特点：蓝色屏幕、商业定位。柜台陈列时可以用蓝色的绒布作为手机的衬底，用贝壳、模型鱼作为装饰品，用罩着蓝色玻璃纸的射灯照射手机，把蓝色的宣传单放在手机下面，介绍时可以说：“这是个可爱的蓝精灵，很漂亮的。”这样的陈列方式完全突出了产品的特点。

2）沙漠型的方式。可以用白色的丝绸作为衬底，上面撒上沙子，旁边放一些小型的仙人掌等植物，最好还有一队骆驼的模型摆放在沙子上，在沙子上面有一棵小树模型，树下面是一个摇椅，摇椅上是一个银灰色的手机。这样的柜台陈列适合于大手机，突出粗犷中有品位的概念。

3）家庭型的陈列方式。用木质的地板砖作为柜台的台布。在上面放一个小的钢琴模型，旁边放一个小床，一个身穿礼服的女布娃娃和一个身穿礼服的男布娃娃站在旁边，床上是两个手机并排躺着。这种方式适合女性目标消费群，突出了温柔的家庭气氛，适合于较小的彩色手机。

手机柜台的陈列已经越来越重要，以前的方式是把手机、礼品、小台卡、单页等集中放在柜台里面，但这种方式，已经有些落后。一定要根据手机的目标消费群，发挥自己的创造力，创造出适合特定手机的“柜台小世界”，这样才能达到柜台陈列最好的效果。

二、货架商品陈列

（一）陈列要求

1）80/20 原则：最畅销的 20%的品牌应该占据 80%的货架空间。

2）应占据最好的货架位置，货架整体位置应以客流量最大处（如店门入口、主通道、收银台等）为最佳位置。

3）货架纵向位置应以胸至腰部为最佳位置。

4）商品要摆在商店最醒目、显眼的地方。

5）保证存货“先进先出”，避免某些奶粉类快销品因长期存放而过期。

6）货架上的商品应保持清洁，减少商品的污染。

7）摆放商品的形式应充分显示产品的特征，讲求美观，重点突出。

8）陈列摆放的商品一律要有标签，标明价格。

9）柜台、货架陈列的商品必须经常更换，保持整洁美观。

（二）陈列方法

1、集中陈列

集中陈列是将同种类商品集中陈列在某一位置的陈列方法。这是最常用的陈列方法，通常用于周转快、有效提高销售额的、陈列在货架上段或黄金段的商品的陈列。

2、随机陈列

随机陈列是将商品随意摆放的陈列方法，通常用于特价商品的陈列。

3、盘式陈列

盘式陈列是将非透明包装商品的包装箱底部以上 2/3 部分切除，将包装箱底部作为托盘，以盘为单位的陈列方法。盘式陈列通常用于薄利多销、顾客可以整箱购买的商品的陈列。

4、端头陈列

端头陈列是将商品陈列在顾客流动量最大、往返频率最高的货架两端，使端头陈列的商品起到引导、提示、请求顾客购买作用的陈列方法。端头陈列通常用于高利润、推荐品、特价品、新产品和知名品牌的商品的陈列。

5、岛式陈列

岛式陈列是将商品摆放在特殊展台上，使顾客可以从四面看到商品的陈列方法。岛式陈列通常用于特价品、新产品、蔬菜、水果和冷冻食品等商品的陈列。

6、突出陈列

突出陈列是将商品面向顾客通道，超出陈列线，突出摆放在相关商品旁，使商品强迫式地映入顾客眼中的陈列方法。突出陈列通常用于新商品、推荐商品和廉价商品的陈列。

7、悬挂式陈列

悬挂式陈列是将商品悬挂在挂钩或网架上，以通过商品生动的形象，引起顾客注意的陈列方法。悬挂式陈列通常用于无立体感或扁、细长型的商品的陈列。

8、对比陈列

对比陈列是将相同商品按不同规格、不同数量、不同价格分别陈列在一个货架上，使顾客产生买得多就便宜的想法的陈列方法。对比陈列通常用于折让促销的商品的陈列。

三、超市商品陈列

（一）基本原则

1、方便顾客找到

超市商品是卖给顾客的，只有让顾客找到自己需要的商品才能实现销售，所以管理者要从顾客的角度考虑商品的布局和陈列。超市开业时，一般在超市入口都张贴有商品布局分布图，店内货架上方吊有品类指示牌以及一些其他的图文标识等，它们是无声的导购员，如路标一样。

2、方便顾客看清商品

如果把商品放到顾客看不到的地方、被其他商品挡住或商品正面不能朝外，就不会引起顾客的注意，也就无法进行销售。所以要给商品表现的机会，让每一种商品都正面朝外，增加露脸机会，这样就能增加销售机会；让商品各就其位，每一种商品都不能被其他商品挡住视线，酒香也怕巷子深，不露脸的商品很少有顾客会关注；货架底层不易看清的商品，可考虑倾斜式陈列以突出商品；货架太高的，上层陈列的商品可考虑重复出现。

3、方便顾客拿取

商品陈列只有做到了方便顾客挑选、方便顾客拿取商品，才能增加顾客的购买机会。对鲜肉、鲜鱼等生鲜商品，顾客喜欢挑选却容易脏手，附近没有简单的拿取工具或供顾客洗手的设施，顾客因担心脏手、不能自由挑选等顾虑，对商品易持怀疑态度或干脆放弃购买。设置洗手池或一次性手套、夹子等简单工具，可消除顾客的顾虑。

商品陈列不宜过高，过高会使顾客因不容易拿到或放回去商品而放弃购买。比较适合顾客拿取商品的货架高度是60～150厘米之间，高处商品尽可能做重复陈列，既能保持顶层的美观，又能保证顾客拿取。对易碎商品要有防护措施，打消顾客拿放商品的顾虑，可以增加销售机会。货架隔板之间缝隙的理想状态是商品与上层隔板之间的距离可以保证手掌能自由伸入。过小，商品不好拿取；过大，顾客很容易看到背板，不美观，同时浪费货架空间。

4、丰满陈列

俗话说“货卖堆山。”货架、地堆、端头上的商品必须丰满陈列。商品不丰满，会降低货架空间的利用率，导致仓库库存压力增大。商品不丰满，容易给顾客留下这些是“卖剩下来的商品”的不好印象。商品不丰满，影响了商品的表现力，影响销售。尤其是地堆、端头等特殊陈列的商品更要丰满，这些特殊陈列是超市的画龙点睛之笔，是超市的亮点。

商品放满了货架，但若是东倒西歪、凌乱不堪，仍然会给顾客留下不好的影响。如果没有库存，有两种处理方法：在空缺的地方，放置“此货暂缺”标志；或者把其他有关联性的同时销售比较好的商品填补上，这种操作一定要作记录，跟踪要货，否则容易使商品在店里消失。

5、先进先出

超市内商品，尤其是食品类商品，为了保持商品整体相对较好的保质期，在补充商品时应依照先进先出的原则来进行。补货时把里面的商品先拿出来，检查一下，如果保质期和待上架的一样，且货架和商品都干净，就直接上货。否则将商品拿下来进行清洁，把新商品补充在里面，然后把原来的商品放在外面。平时需加强对员工的食品安全教育，让员工形成一个良好的上货工作习惯。对生鲜、冷冻冷藏等保质期较短的食品更要注意先进先出。

6、关联性陈列

超市内的商品陈列，特别强调商品之间的关联性。这种关联不是简单地把服装鞋帽归类集中在一个区域陈列，可以以一个主题（如“情人节”“火锅节”等组合）进行商品陈列。关联性陈列要求在尽可能的情况下，使端头陈列的商品与相邻货架商品有关联，让端头发挥一定的导购作用，要求相邻地堆之间陈列也要注意关联，也要注意平稳过渡，如洁厕灵地堆紧挨饮料地堆让人看了很不舒服。好的关联陈列很容易在激发顾客购买A商品的同时，又购买计划外的B商品，甚至C商品。

7、同类商品垂直陈列

商品按不同小分类价格由低到高、从左向右横向陈列，同一小分类价格由低到高、从上往下纵向陈列。靠近主通道，由外往里，同类商品按畅销程度从高到低横向陈列。同一侧货架，从端架起，由外往里，同类商品按畅销程度从高到低横向陈列。两类以上商品，从货架两端，由外往里，同类商品按畅销程度从高到低横向陈列。

8、按业绩分配陈列

超市货架空间很宝贵，商品陈列不可能平均分配。销售好的商品排面大，陈列段位好，销售差的商品则相反，这样才能实现销售最大化，同时销售陈列是个动态过程，要不断分析销售情况，进行陈列调整。陈列排面和位置要以销售业绩为根据。商品陈列权和调整权以及商品的下架和新品的上架权要控制好，要让适合的专人控制监督。对特价优惠的商品，如果陈列在货架上，应适当扩大排面，调整到好位置，以实现预期效果。

9、唯一陈列

货架上商品陈列的位置应是唯一的，除了地堆、端架和专门促销区域等特殊陈列外，货架正常销售的商品应避免两个或两个以上的陈列区域。即使是厂家自制的展架、货架，也要慎重摆放，因为这些特殊陈列有可能与超市的整体布局不协调，而且多处陈列，不易管理和控制库存，浪费货架空间。

10、安全

商品摆放要考虑货架的承重能力，注意安全。轻小的商品放在货架的上方，较重、较大的商品放在货架的下方。要注意检查货架高处的商品和易碎的商品，并采取防护措施，地堆商品要注意不要超高超大，以不超过 1.4 米高为宜，地堆、货架附近不要堆放库存，这样一是造成店堂不清爽，二是存在绊倒顾客等安全隐患。

（二）超市陈列方法

1、纸箱陈列

纸箱陈列是将进货用的纸箱按一定的深度进行裁剪，然后将商品放入其中陈列。

适于此种陈列方法的商品：广为人知、深受顾客欢迎的品牌；预计可大量销售的廉价商品；中、大型商品；用裸露陈列的方式，难以往高堆积的商品。

2、投入式陈列

这种陈列方法给人一种仿佛是将商品陈列于筐中一样的感觉。

适于此种陈列方法的商品：中、小型且一个一个进行陈列处理很费工夫的商品；商品本身及其价格已广为人知的商品；嗜好性、简便性较高的商品；低价格、低毛利的商品。

3、突出陈列

突出陈列是超过通常的陈列线，面向通道突出陈列商品的方法。

适于此种陈列方法的商品：新产品、推销过程中的商品、廉价商品等希望引起顾客特别注意、提高其回转率的商品。冷藏商品应尽量避免选用此种陈列方法。

4、翼型陈列

翼型陈列是在平台的两侧陈列关联商品的方法。

适于此种陈列方法的商品：与主要通过平台进行销售的商品相关联的商品；通过特卖销售的少量剩余商品。

5、阶梯式陈列

阶梯式陈列是将箱装商品、罐装商品堆积成阶梯状（3 层以上）的陈列方法。

适用于此种陈列方法的商品：箱装、罐装堆积起来也不会变形的商品。

6、层叠堆积陈列

层叠堆积陈列是将商品层叠堆积的陈列方法。

适于此种陈列方法的商品：罐装等可层叠堆积的筒形商品；箱装商品；中、大型且具有稳定性的商品。

7、瀑布式陈列

瀑布式陈列方法给顾客一种仿佛瀑布下流的感觉。

适于此种陈列方法的商品：圆形细长的商品；预计单品可大量销售的商品。

8、扩张陈列

扩张陈列是超出一般的陈列线，向前扩张、延伸陈列商品的方法。

适于此种陈列方法的商品：新产品、重点商品、特卖品等希望引起顾客特别注意的商品；小、中型商品；希望加深顾客印象的商品。

9、搬运容器陈列

搬运容器陈列是直接利用在商品配送上使用的容器进行陈列的方法。

适于此种陈列方法的商品：价格广为人知的商品；可以直接用搬运容器陈列的商品；预计商品回转率较高的商品。

10、线状陈列

线状陈列是将商品陈列成线形的陈列方法。

适于此种陈列方法的商品：罐装饮料等筒形、长方形的商品；小、中型商品；轻量商品。

11、挂式陈列

挂式陈列是将小商品用挂钩吊挂起来的陈列方法。

适于此种陈列方法的商品：小、中型轻量商品；在常规货架上很难实施立体陈列的商品；多尺寸、多颜色、多形状的商品。

12、货车陈列

货车陈列是用带滑轮的货车进行陈列的方法。

适于此种陈列方法的商品：大、中型商品；重量商品；预计单品可大量销售的廉价商品；具有稳定性的商品。

13、交叉堆积陈列

交叉堆积陈列是一层一层使商品相互交叉堆积的陈列方法。

适于此种陈列方法的商品：大、中型且能放入箱、袋、托盘中的商品；预计毛利低，回转率、销售额高的商品；希望充分发挥展示效果的商品；陈列量大的商品。

14、空间陈列

空间陈列是利用展柜、货架上方等通常情况下不使用的空间进行陈列的方法。

适于此种陈列方法的商品：具有一定关联性的非冷藏商品；中、小型且在陈列上具有稳定性的商品；能够提高店铺形象的商品。

15、墙面陈列

墙面陈列是用墙壁及墙壁状陈列台进行陈列的方法。

适于此种陈列方法的商品：葡萄酒等瓶装商品；可吊挂陈列的商品；中、小型商品。

16、样品陈列

样品陈列是让顾客观看、触摸的陈列方法。

适于此种陈列方法的商品：不易变味、腐烂的商品；颜色、形状、容量易理解的商品；通过陈列，商品的价格优势容易传播的商品。

17、斜形陈列

斜形陈列是将商品相对陈列台斜着陈列的方法。

适于此种陈列方法的商品：高额商品、推销商品、畅销商品；陈列量小的商品；达到最低陈列量以下并希望将其售光的商品。

18、扇形陈列

扇形陈列是接近半圆形的陈列方法。

适于此种陈列方法的商品：陈列量较少的商品；预计商品的回转率不会很高的商品；希望主要通过陈列效果促进销售的商品。

19、箱形陈列

箱形陈列是在陈列柜中摆成三角形、四边形的陈列方法。

适于此种陈列方法的商品：葡萄酒、果汁等瓶装商品；小商品；在通常的货架中难以陈列的商品；高价格且希望突出其高级感的商品。

20、在库陈列

在库陈列是在卖场内设置库存的陈列方法。

适于此种陈列方法的商品：补充用的常规商品。

项目训练实施

商品陈列

1、商品陈列项目训练步骤

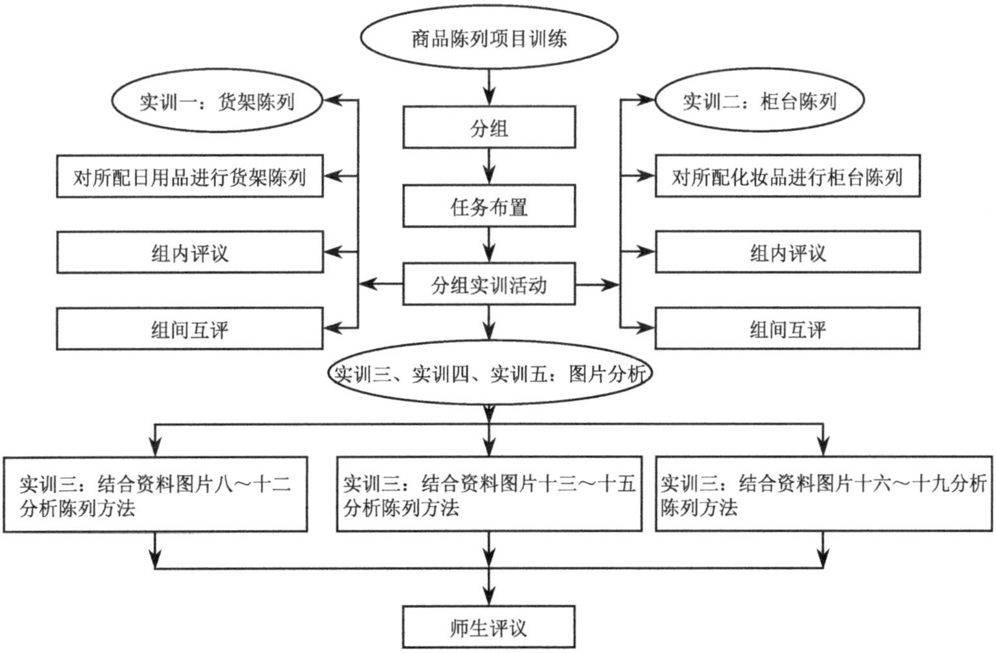

2、商品陈列项目训练注意事项

1）相邻商品的外形相似时要突出差异，陈列形状应美观、实用。

2）第一排商品陈列数目要适当，陈列饱满且不拥挤。

3、商品陈列项目实训评价评分表（见表 4-2）

表 4-2 商品陈列项目实训评价评分表

考评人		被考评人		
考评地点				
考评项目	商品陈列项目训练			
考核标准	考核内容	考核要点	分值/分	得分/分
	举止仪表	举止大方、神态自然	10	
	文明用语	符合职业岗位要求，接待用语规范	10	
	学习态度	学习基础知识，积极思考，分析资料	10	
	语言表达	普通话标准，声音清晰，和蔼可亲	10	
	图片分析	主题明确，层次清楚，内容有新意	20	
	商品陈列	陈列结合商品特点，在规范基础上有所创新	20	
	团队合作	能和组员配合，共同参与讨论	20	
合　计			100	

注：考核满分为 100 分，90 分及以上为 A；80～89 分为 B；60～79 分为 C；60 分以下为 D。

模块五　销售操作技术

5

随着市场经济的发展，消费者对服务标准的要求越来越高，市场上商业企业之间的竞争也越来越激烈，这要求营业员不仅要有良好的服务态度和服务热情，还必须熟练地掌握销售操作技术。销售操作技术的内容广泛，许多操作技术有较强的技艺性，有各自的特点。本模块的任务是学会拿放和展示商品技术，学会称量商品、捆扎商品，学会计价，开票和收款，了解点钞和人民币真伪鉴别，并掌握礼品包装技术。

项目一　学会拿放和展示商品技术

在零售企业商品销售工作中，销售服务技术的掌握水平对商品交易有着重要的作用。通过本项目的理论学习和实践训练，熟练地掌握销售服务操作技术，更好地为顾客服务，为社会主义市场经济服务。

❖ 拿放和展示商品项目实训 ❖

情景设置

一位营业员刚刚将一款新产品摆上柜台，就有顾客向营业员询问有关商品性能方面的问题。营业员对新产品还不了解，对顾客说："你自己看说明书，我也不知道。"听到这样的回答，顾客扭头就走了。

情景分析

从上述案例中可以看出，营业员必须对商品很了解，才能向顾客进行商品介绍。商品介绍是营业员的本职工作，熟悉商品并且正确进行商品拿放、展示和介绍是推销商品必备的基本技能。特别是新产品上柜展示时，营业员一定要熟悉该产品，这样才能尽快地将新产品介绍给顾客。

思考与启示

营业员在接待顾客过程中，商品展示的水平对促销产生着影响。营业员能否正确地展示介绍商品，对顾客能否增加购买商品的兴趣产生着影响，还会涉及商品的推销数量和服务质量，影响到顾客需求的满足和商店的经济效益。

营业员在接待顾客过程中要学会递拿、展示商品，以利于顾客挑选商品和商品的销售，提高商店的整体服务水平，树立良好的声誉。

项目训练目标

1. 了解商品应该如何递拿和展示。
2. 掌握商品递拿、展示的基本方法，并能进行展示。

项目训练准备

1. 物品准备：用于进行递拿和展示的不同类别的商品，展示商品的支架、展台、货架和柜台等。

2. 场地准备：一间能容纳 40 人的模拟实训室。

3. 分组安排：学生分组，每组 8～10 人。由教师先进行示范讲解，然后学生以组为单位练习。

相关理论知识

一、拿放商品

在卖场、柜台或货架销售中，商品的拿放是销售中的一个重要环节，是营业员售货过程中的操作技术，迅速、准确地拿放商品，既减少了顾客购物的等候时间，同时也提高了营业员的工作效率。

1、商品拿放技术的含义

拿就是营业员根据顾客的需要从柜台、货架或库房中拿取商品；放就是把想要的商品放在顾客面前，让顾客鉴别和挑选。营业员如果动作迅速，拿放得当，既节约了顾客的时间，又能体现出商品的全貌，从而激发顾客的购买欲；反之，动作迟缓，拿放不当，既耽误了顾客的时间，影响其购买，还有可能会损坏商品。拿放商品是一门技术。

2、拿放商品的基本要求

（1）注意观察，拿放商品要迅速、准确　有些顾客进入商店是有明确购买目的的。这类顾客一般走到柜台或货架前会主动询问有无某种商品，或用目光寻找所需商品，营业员应迅速作出反应，根据顾客的询问或顾客的目光落点，将顾客要购买的商品拿放到顾客面前，或者直接递给顾客。

（2）结合商品特征，拿放商品要注意安全　这里的安全一方面是指商品本身的安全，另一方面是指顾客和营业员的安全。例如，玻璃制品要求轻拿轻放，否则容易造成破碎。

（3）掌握方法，拿放商品要显示全貌　营业员把商品从货架上取出来，往柜台上放时显得优美，以吸引顾客的注意，使顾客产生购买兴趣，我们把这种动作称为“显示”。显示商品要让顾客看到商品的全部特点和外貌形状，以便挑选。只有掌握了正确的方法，在显示商品时才能做到使顾客看得清，又不使商品受到污损，能给予顾客一种享受。在商品销售过程中，有些经验丰富的营业员总结出许多要领，如：衣服先提衣领或左右手提肩部，再看衣里；帽子托在手，帽檐或前端朝向顾客；拿鞋子时，应注意右手拿右侧鞋，左手拿左侧鞋，并且要横放等。

（4）轻拿轻放，礼貌售货　营业员能礼貌地把商品拿给顾客，就会使顾客在精神上得到满足，感受到服务的热情，从而引起购买商品的欲望。一名合格的营业员应当自始至终文明礼貌地拿放商品，并贯穿于接待顾客的整个服务过程中。

二、商品展示

1、商品展示的含义

商品展示就是营业员根据商品的式样、规格、功能特征、音响、味道和不同商店的特性，通过一定的方法把商品向顾客展示出来，以刺激顾客购买欲望的技巧。各类商品经过有经验的营业员的成功展示，体现出它的艺术魅力，既让顾客更好地了解了商品，又使商品产生了强大的吸引力。

2、商品展示的分类

不同类型的零售店，其商品展示也有所不同。通常所见的零售店主要有便利店、专卖店、百货商店、大众零售商店和食品店等。零售店中的商品多种多样，通常把商品展示分为家用电器、通信用品、钟表、化妆品、数码照相器材、服装、床上用品、纺织品、针织品、文化用品、首饰工艺品、运动器材和体育用品等类别。

3、商品展示的基本要求

（1）注意观察，主动展示　当顾客临近柜台时，营业员要注意观察顾客的一举一动，从顾客的目光或语言中细心了解顾客的需求，并及时主动地拿放商品，在拿取商品的过程中展示商品。

（2）积极配合，鼓励参与　在购物过程中，让顾客自己动手，亲自参与展示商品，了解各种性能，会使顾客的兴趣大增，所以营业员应鼓励顾客亲自试用、展示商品，并在旁边积极配合和指导，这样容易使销售获得成功。

（3）熟悉商品，掌握展示技巧　商品展示的技巧可归纳为以下几种：

1）激起联想，诉诸感觉。顾客购买商品，主要是看中其用途。要使顾客了解商品的性能、优点，最好的方法是让顾客看到使用情况，在可能的情况下让顾客亲自试试。例如，食品诉诸味觉和嗅觉，音响设备和乐器诉诸听觉等。这些办法对刺激顾客的购买欲望影响很大。

2）任其选择，突出重点。展示商品的目的是为了便于顾客挑选、鉴别商品。因此，要多展示商品，又要展示重点。也就是说，展示商品时不只让顾客看一件商品，要让顾客看设计、质地、花色不同的几件商品，并突出重点，任其选择。

3）观察神态，提供信息。在商品展示过程中，营业员要善于观察，从顾客的神态和言谈中揣摩其心理变化，以便对展示的商品作出及时、适当的调整，并作必要的说明，迎合顾客的心理。

4）及时整理商品。营业员要把商品保管于最佳状态，对展示过的商品要及时整理，恢复原状，以便于再次展示。

5）重视姿势。营业员展示商品时的姿势，应以便于顾客观看商品为前提，一般把商品的正面或贴有商标的一面朝向顾客，这样既尊重了顾客，又让顾客增加了感性认识，便于顾客看清商品的特点和外貌。

6）勤学苦练，展示技巧熟练自然。商品展示这门技术，营业员应不断向别人学习，并刻苦努力训练，只有这样在实践中才能运用自如，为顾客服务好，为企业创造更大的效益。

4. 不同类型零售店的展示

（1）便利店的商品展示　便利店吸引的是那些不愿多花时间逛街的顾客，以及购买日常用品、一时冲动产生购买动机或需要购买紧急用品的顾客。所以，便利店的商品必须陈列在显眼处，高度适宜，取放容易，如放置于干净的隔板上，并且通道要整洁。在便利店中，商品摆放的重要性远胜于风格情调的营造。便利店的商品标牌要清晰易读，简单明了。

（2）专卖店的商品展示　根据位置与专卖商品的不同，专卖店对展示风格的要求也有所不同。由于是专卖店，其商品品牌就应当明确地展示出来，如图 5-1 所示。

图 5-1　专卖店的商品展示

时装专卖店的橱窗展示应该能够反映出最新的国际潮流。另外，还有一类满足实用性需要的专卖店——折扣型专卖店，这类专卖店所售的商品并不太注重高档、时尚，而更注重商品的价格与专业分类，如服装类品牌折扣店、饰品类折扣店、食品类折扣店、家庭用品类折扣店及纽扣拉链类折扣店等。

（3）百货商店的商品展示　20世纪70年代后期，一些百货商店趋向于自助服务。为努力控制成本，许多百货商店不再进行销售服务，这些商店要求其商品展示人员与员工以最吸引人的形式展示所有商品。展示人员、商品推销人员以及店铺设计人员的任务就是尽可能地使商店营造一种自助服务的氛围，但又要保持其独一无二的形象。“自助服务”要求货架从左到右、从前到后都要按行列有序地摆放在店内。按类别、颜色并用显眼的标志展示商品，可以强化这种有序的展示。货架可以帮助零售商最大化地呈现其商品。

高档百货商店趋向于时尚性，其展示人员也趋向于成为潮流引导者。这类商店让顾客乐于驻足、购物。商品展示人员用流行元素与主题对时髦抢眼的商品进行美妙的橱窗展示和内部装饰。

（4）大众零售商店的展示　大众零售商店也有很多展示活动，最常见的就是在销售环境下进行促进销售的产品展示，以满足目标顾客的需求。大众零售商店的目标是中低收入顾客，店内会储存大量的商品，整齐有序地码放在货架上，很容易看见。

大众零售商店较多地使用各种衣架，而非人体模特。它们使用系列商品自助式地面货架和台面展示。大众零售商店里的展示柜、货架、隔板、展示器材和装饰原件等都具有简朴、耐用、低成本、灵活和易保管等特点。

（5）食品店的商品展示　食品店依赖于自助服务。食品店的自助式货架安装成一排一排的，相似的产品放在同一组内，便于顾客找到。所有物品都放在顾客的视线范围内，放得过高或过低的产品，顾客看不到，销售就慢。而且顾客也不想花太多的时间从几个不同的地方寻找一种产品，如图5-2所示。

图5-2　食品店的商品展示

三、展示商品的几种主要方法

商店经营的商品品种繁多、形态各异、用途不同，展示的方式和方法也不相同。而且由于顾客购买心理千变万化，性格、习惯、爱好各不相同，同一商品对不同的顾客展示方式、方法也不一样。一般来说，展示商品可归纳为以下几种方法：

1、敞开式

敞开式是将商品敞开或展示开，向顾客展示商品全貌，引起顾客注意的一种展示方法。采用敞开式展示商品的关键是要展示商品全貌，不仅要让顾客看清商品的外表，还要让顾客观看到商品的内在质量和特征，使顾客全面了解商品，引起兴趣，产生购买欲望。针织品、床上用品、服装和鞋帽等多采用这种展示方法。

2、指导示范式

指导示范式是指通过营业员的示范操作来展示商品的方法。一些结构比较复杂、需要掌握一定要领的商品可采用这种方法，如钟、表、计算机、照相机、摄像机、打字机、洗衣机、微波炉和民用小家电等，需要由营业员进行现场操作示范，使顾客了解商品的特点及性能。

3、器械调试法

器械调试法是指通过器械、仪器或仪表显示商品性能的方法。有些商品的功能特性需要经过特定工具进行测试才能反映出来，如测试电池是否有电。营业员用器械展示商品时，一定要熟练掌握器械的使用操作方法，调试好器械，并向顾客解释说明器械显示的测试结果与商品质量、性能的关系。

4、表演展示法

表演展示法是指通过营业员亲自表演来显示商品的性能、质量和使用方法，主要用于乐器、儿童玩具、游戏机、家用调理机等商品的展示。服装类商品可通过一些专业服装模特的表演来展示，以便更好地表现服装的内在美，给顾客直观的印象。

5、试用展示法

试用展示法是请顾客品尝商品的味道和口感，感触商品质量的一种展示方法。其主要适用于食品、烟酒、饮料和可操作类商品的促销活动，可以让顾客试听、试玩、试看、试尝等，以充分显示商品的性能、优势和特点，博得顾客对商品的信赖。该方法尤其适用于食品行业新推出产品的促销。

6、局部展示法

局部展示法是指通过展示商品的关键部位来显示商品内在质量的一种方法。有些商品的内在质量不需要展示商品全部，只需要展示关键或核心部位，就可了解商品的主要特征。例如，电冰箱、空调等突出展示压缩机的功能，手表展示机芯的功能。有些商品是成双配对的，也可采用局部展示法，如鞋、手套等可只展示单只。

7、拆装展示法

拆装展示法适用于由几部分组成的商品的展示，如自行车、某些组合家具、各种拼装玩具等。营业员熟悉自己经营商品的结构，是做好拆装展示的前提条件。

8、商品演示法

商品演示法是指营业员通过对商品进行现场操作，使顾客了解商品的一种展示方法。现场操作的目的是吸引顾客，刺激顾客的购买欲。商品演示主要包括：①商品功能演示。②商品效果演示。③使用操作演示。

四、几类主要商品的展示

1、电视机、电冰箱、洗衣机等家用电器的展示

（1）电视机的展示　电视机一般是摆在货架上，以电视墙的方式展示的。当顾客注视某种型号的电视机时，营业员应及时在旁边给予介绍，介绍它的主要功能。在介绍过程中，营业员应不断调整功能键，以印证自己的说法，让顾客眼见为实，特别是在介绍与众不同的特点时，还要打开其他电视机相应的功能进行对比说明。

（2）电冰箱的展示　首先展示冷藏室与冷冻室的特点（如大小、食品分隔仓以及放置食品的注意事项）、制冷温度调节的方式和范围；然后说明电冰箱的耗电量和一些异常现象的解决方法。

（3）洗衣机的展示　目前，我国市场上出售的洗衣机主要有两种洗涤方式，即波轮式和滚筒式。营业员必须如实地介绍两种洗涤方式的优缺点。例如，波轮式洗衣机出现的时间较早，技术较成熟，价格较低，而且在洗涤过程中可临时加减衣物；滚筒式洗衣机较干净，用水量较少，对衣物磨损小，但价格较高等。让顾客根据自己的实际情况进行选择。

2、电话机、手机的展示

（1）电话机的展示　根据顾客的实际用途来展示商品。如是放在客厅使用的电话机，则应该重点介绍外形美观大方、功能齐全的型号，同时注意与其家具相配；如是在卫生间或厨房使用的电话机，则应介绍功能简单的挂机；如是在卧室使用的电话机，则要根据顾客的个人爱好介绍个性特点较强的无绳机型。当顾客侧重于某机型后，营业员应先介绍展示它的功能键，然后连上试机线拨通电话，让顾客了解通话效果。

（2）手机的展示　手机按其性能价格分为高、中、低三档。1000 元以下的手机多为低档手机，这类手机机型较老，功能较少，即将退出市场；1000 元至 3000 元的手机为中档手机，这类手机一般面世时间不长，外形比低档手机秀气，功能也较齐全；3000 元以上的手机为高档手机，这类手机一般是新面世的新机型，外观设计新颖、别致，为高收入阶层和新潮女性所喜爱。营业员展示手机时要注意几个重点：怎样验证手机是正牌产品，如何识别机身号码；介绍使用方法和各种功能键的转换；电池是否为原装配套，介绍更换电池或充电的注意事项；是否配有随机附件等。

3、化妆品的展示

顾客对化妆品的需求是巨大的。化妆品直接使用到顾客身上，选择不当，轻则达不到美容的效果，重则损害皮肤，给顾客带来不可弥补的损失，所以现在的化妆品销售有一种向专家型发展的趋势。营业员在给顾客介绍化妆品前应仔细询问有关情况，如顾客是否知道自己的皮肤类型；有无对化妆用品的过敏史；以前喜欢使用什么品牌的化妆品、效果如何等。然后再根据顾客的肤色以及着装的款式和颜色，拿出化妆品色表，推荐几款相宜的产品。最后选定两款产品以试用装在顾客的皮肤上（如手背）涂抹，进行皮肤颜色对比，以确定最适宜的颜色。各种香水的展示也是一样，先让顾客试闻，然后把顾客初步选定的两种香水喷到其手背上进行对比，以帮助其作出决定。

4、手表的展示

手表的展示主要采用手托法，要点是：稳拿轻放，快慢适当，示范讲解，仔细交代。营业员可用右手轻轻地把表拿好，平放在绒布上向顾客展示，或者将手表放在右手心中，左手托送，右手展示（见图 5-3）。在展示时，营业员要向顾客讲解怎样对针、日历和上发条等知识。对于较贵重的手表，一般每次只拿一件展示，以免丢失。遇到顾客要求自己检验挑选时，营业员应先交代清楚，并随时指导，以免顾客不熟悉操作而损坏手表。

图 5-3　手表的展示

5、服装的展示与折叠

现在的服装销售绝大多数采用货架和衣挂开放式陈列，有试衣间，服装的展示与以前大不相同，重点转移到根据顾客的身材、体型、肤色和着装习惯帮助其选择商品，并指导其进行服装的合理搭配。一般的做法是把顾客初选的服装，按其所穿型号拿出，让顾客站在试衣镜前，把衣服摆在其身前展示给顾客看。如果有好感，则努力劝说其进试衣间更换衣服，亲自试穿观看效果，直到满意为止；假如顾客是帮朋友买的，可以找一位身高、体型相似的工作人员试穿，以帮助顾客作出准确的判断。

开架式销售 T 恤衫、羊毛衫、裤子等服装时，一般采用悬挂和折叠摆放的方式销售。对顾客打开和摆乱的服装要及时整理和折叠。下面介绍 T 恤衫、羊毛衫和裤子的折叠方法。

（1）T 恤衫的折叠方法

1）先把 T 恤衫反过来，背面朝上平铺在柜台上，如图 5-4a 所示。

2）从肩至领边 1/2 处，由上至下同时折过来（见图 5-4b），袖子由上至下顺平（见图 5-4c）。

3）另一侧同样折过来，如图 5-4d 所示。要求上下宽窄一样，领子两边距离相等。

4）由下摆向上折过 1/6，再对折，形成三折，并整理、扶平，如图 5-4e 所示。

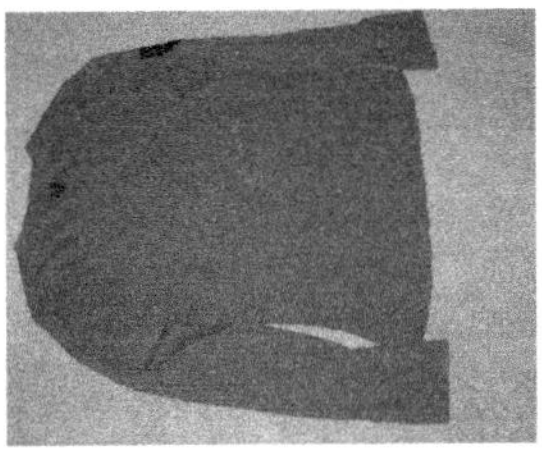
a）

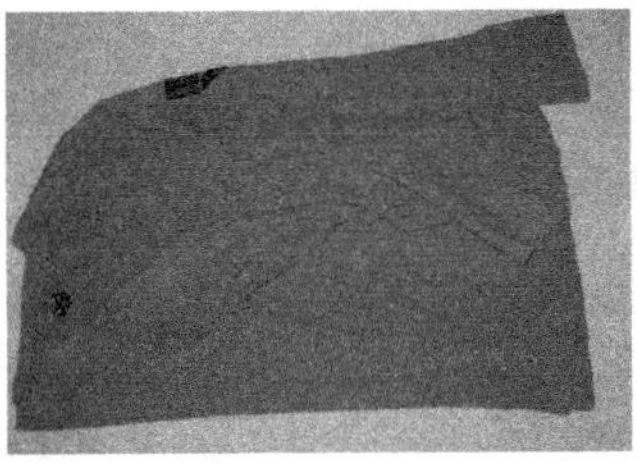
b）

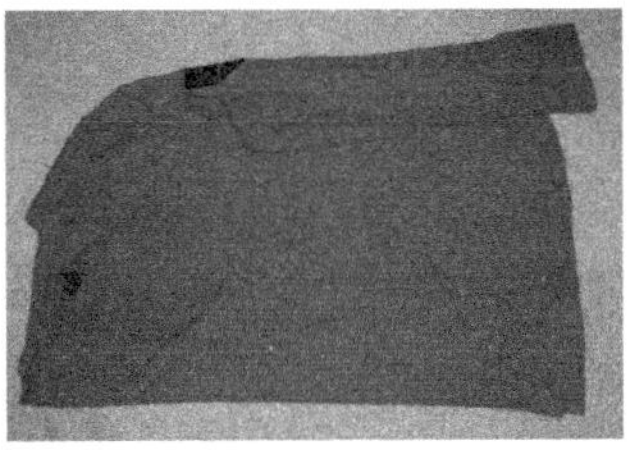
c）

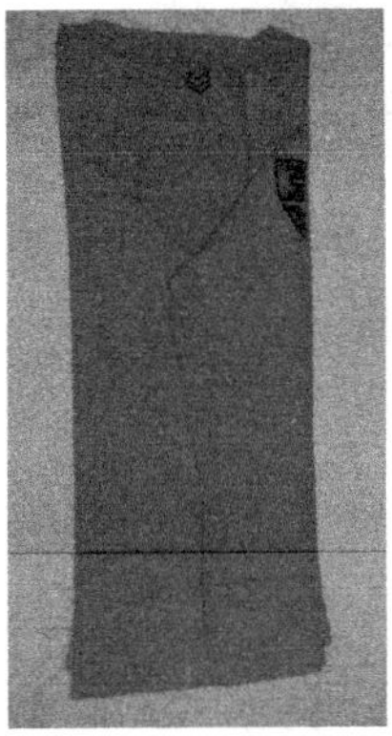
d）

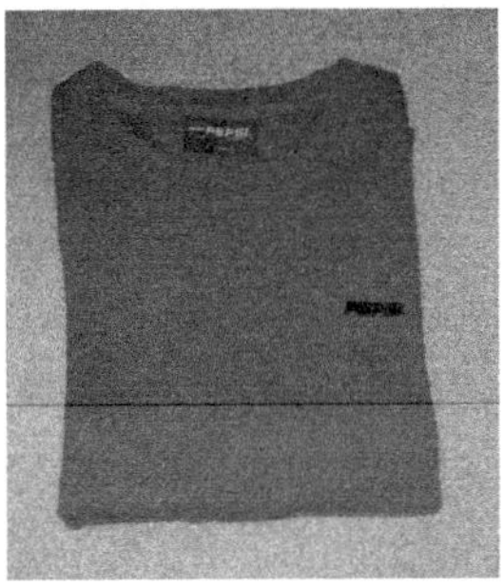
e）

图 5-4　T 恤衫的折叠

（2）羊毛衫的折叠方法　其方法同 T 恤衫，就是袖子折叠由上至下顺平后，只要对折就可以了，如图 5-5 所示。

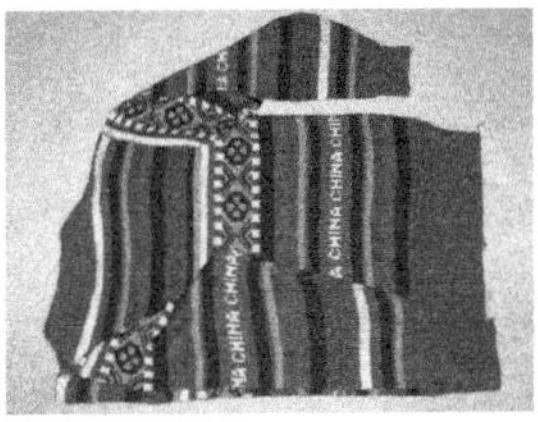
a）

b）

c）

图 5-5　羊毛衫的折叠

（3）裤子的折叠方法

1）将裤子中缝对齐置正中放在柜台上，扶平，如图 5-6a 所示。

2）由裤脚处向中拦腰对折一次，如图 5-6b 所示。

3）将对折后的裤子再对折，形成四折，如图 5-6c 所示。

a）

b）

c）

图 5-6　裤子的折叠

6、眼镜的展示

眼镜一般摆放在眼镜展示架上或在眼镜陈列柜台中展示，供顾客观看和挑选，如图5-7所示。

a）

b）

图 5-7　眼镜的展示

a）眼镜展示柜　b）眼镜展示架

总之，商品的拿放和展示是一门十分重要的技术，学好它可以使营业员更好地为顾客提供服务。

项目训练实施

拿放和展示商品

1、拿放和展示商品项目训练步骤与实践

（1）拿放和展示商品项目训练步骤

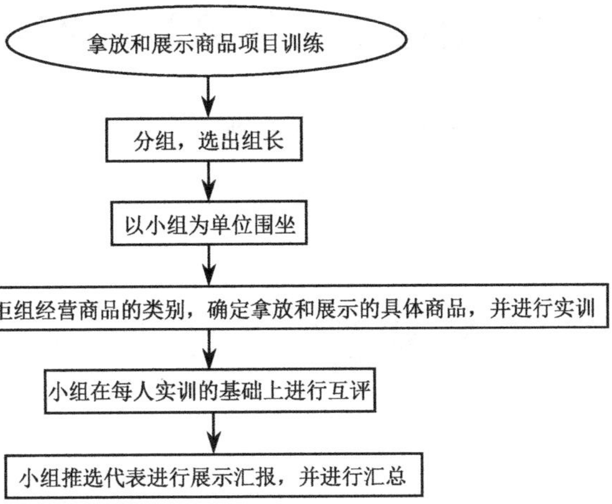

（2）拿放和展示商品项目训练实践

1）准备若干各种品牌的化妆品，在柜台进行化妆品展示。

2）准备若干食品，在柜台进行食品展示。

3）准备若干各种品牌、各种类别的服装，在货架上进行服装展示。

4）准备若干T恤衫、羊毛衫和西裤，在展台上进行服装折叠和展示。

2、拿放和展示商品项目训练注意事项

1）拿放和展示的商品是随着市场需求和生产力发展的水平、购买力的提高、消费的变化等不断变化的。

2）要充分考虑柜组经营的需要、商品的特征等实际状况。

3）拿放和展示的商品要结合卖场的具体情况。

4）培养学生拿放和展示商品的能力。

3. 拿放和展示商品项目训练评价评分表（见表5-1）

表5-1　拿放和展示商品项目训练评价评分表

考评人		被考评人		
考评地点				
考评项目	拿放和展示商品项目训练			
考核标准	考核内容	考核要点	分值/分	得分/分
	礼貌问候	是否礼貌、热情，是否询问需要什么	20	
	拿放商品	根据顾客需要快速、准确地拿放商品	20	
		将拿放的商品向顾客展示和介绍	20	
	展示商品	能对所在商店柜组经营的商品进行合适的展示	20	
		商品展示方法得当、合理	20	
合　计			100	

注：考核满分为100分，90分及以上为A；80～89分为B；60～79分为C；60分以下为D。

项目二　学会称量商品

称量商品是商品经营中的一项基本技能，能根据顾客需要进行快速的商品称量是销售工作中的基本要求。本项目的任务是练习商品销售中的商品称量。

❖ 称量商品项目实训❖

情景设置

张秉贵是北京百货大楼的营业员、全国著名劳动模范。他在平凡的售货员岗位上练就了令人称奇的“一抓准”、“一口清”技艺和“一团火”的服务精神，成为新中国商业战线上的一面旗帜，多次被授予优秀共产党员称号。

北京百货大楼曾是全国最大的商业中心，客流量大，张秉贵坚持为人民服务的信念，没有怠慢过任何一个人。他认为：“一个营业员服务态度不好，外地人会说你那个城市服务态度不好，港澳同胞会感到不温暖，外国人会说中华人民共和国不文明。”从为国家争光、为人民服务的政治信念出发，张秉贵在问、拿、称、包、算和收六个环节上不断摸索，练就了“一抓准”和“一口清”的过硬本领，接待一个顾客的时间从三四分钟减为一分钟。他通过眼神、语言、动作、表情、步伐和姿态等调动各个器官的功能，成了那个时代商业领域的服务规范。

商业零售业的简单操作，被张秉贵升华为艺术境界。在北京，传统的“燕京八景”名扬天下，而他的售货艺术被人们誉为“燕京第九景”。看张秉贵工作，也成了许多人的一种享受。有一位拄着拐杖的老人，经常来欣赏他售货。这位老人说：“我是个病人，每天来看看您站柜台的精神劲儿，为人民服务的热情劲儿，我的病也仿佛好了许多。”一位音乐家看他售货后说：“你的动作优美，富有节奏感，如果配上音乐，是非常动人的旋律。”随着张秉贵名声的传扬，来买他东西的顾客也越来越多。为了看他的表演，热情的顾客曾经将百货大楼的玻璃柜台挤碎。

↘ 情景分析

张秉贵以“一团火精神”为人民服务，在数十年的柜台生涯中，对待顾客主动、热情、周到、耐心，用胸中的“一团火”温暖了千千万万顾客的心。张秉贵对业务精益求精，他拿糖“一抓准”、算账“一口清”的售货技艺使人赞不绝口。

思考与启示

从上述案例中可以看出，平凡的营业员工作岗位也一样能成就一番事业。过硬的销售服务技术需要平时的刻苦努力训练，需要有敬业精神和吃苦耐劳的奉献精神，这样才能全心全意为顾客提供优质的服务，练就一副过硬的本领。

项目训练目标

1．了解称量商品在商业零售业中的作用。
2．掌握称量商品的基本方法，并能进行正确的商品称量。

项目训练准备

1．物品准备：用于进行称量标明商品价格的不同类别的商品、电子秤、塑料袋或纸袋。
2．场地准备：一间能容纳 40 人的模拟实训室。
3．分组安排：学生分组，每组 8～10 人。由教师先进行示范讲解，然后学生以组为单位练习。

相关理论知识

一、认识称量工具和称量商品的计量单位

称量工具有：弹簧秤、AGT 型案秤、电子秤。
我国法定质量计量单位见表 5-2。

表 5-2　法定质量计量单位

	质　量							
名　称	毫克	厘克	分克	克	十克	百克	千克（公斤）	吨
等　数		10 毫克	10 厘克	10 分克	10 克	100 克	1 000 克	1000 千克（公斤）

很多地区的顾客习惯使用市斤和市两。
换算关系：1 公斤=2 市斤=1 千克，1 市斤=500 克，1 市两=50 克。

1、称量工具

（1）弹簧秤　弹簧秤是通过内置弹簧的机械张力来衡量商品重量的一种称量工具，具有使用方便、价格低的特点，如图 5-8 所示。

图 5-8　弹簧秤

（2）AGT 型案秤　AGT 型案秤是通过杠杆平衡原理来称量商品重量的，它的使用比较复杂，但称量精度比弹簧秤高，如图 5-9 所示。

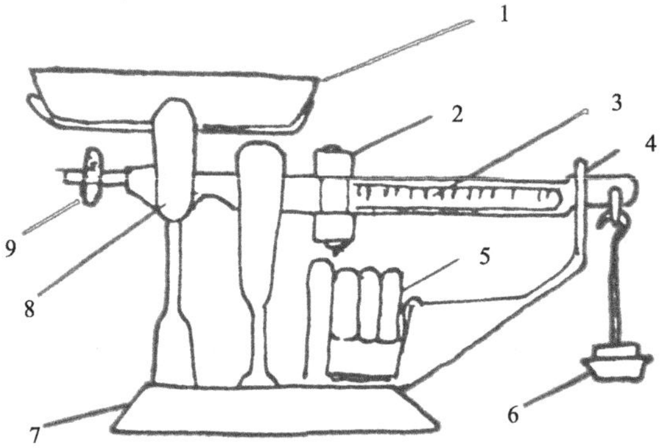

图 5-9　AGT 型案秤示意图

1—秤盘　2—游砣　3—标尺　4—视准器　5—增砣　6—增砣盘
7—底座　8—挡刀板　9—平衡调整砣

（3）电子秤　电子秤的全称是电子计价秤。电子秤是一种称量准确、使用方便的先进计量工具，具有精确度高、计算准确、省时省力和功能齐全等特点，如图 5-10 所示。

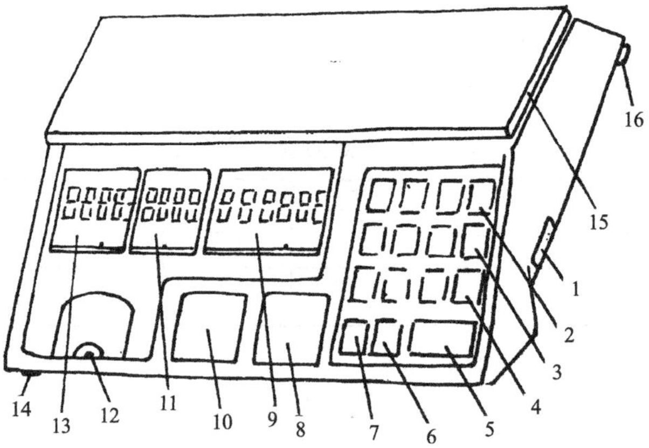

图 5-10　电子秤示意图

1—电源开关　2—打印键　3—校正键　4—找零键　5—清除键　6—累计键　7—数字键　8—去皮键　9—金额窗
10—置零窗　11—单价窗　12—水平仪　13—重量窗　14—调整脚　15—秤台　16—支撑脚

电子秤能在前后两面显示板上显示出单价、重量和金额。一面供顾客查看，一面供营业员查看。在对营业员的一面上，除显示数字外，还设有十键式的数值输入、消除、累计、去皮和置零等按键以及开关等各种旋钮。这样便于营业员对案秤进行调整，以保持其工作正常和便于操作。

2、使用称量工具时的注意事项

1）必须经常检查称量工具的准确性。秤具必须是符合国家计量标准的产品，不符合标准的不能使用。

2）秤具称量前应进行认真校对，发现不准，及时调整。在使用过程中，要注意经常性的检查。

3）使用各种秤具要注意掌握其称量范围。

4）要注意保养，防止称量失准。

3、称量操作举例

例如：王先生给营业员 100 元钱，要买单价为 48.00 元/千克的巧克力 500 克，单价为 24.80 元/千克的水果糖 1000 克。

营业员的操作过程如下：放上盛货盘→按“去皮”键→输入巧克力单价→放入 500 克巧克力→按“累计”键→倒空盛货盘→按“置零”键→输入水果糖单价→放入 1000 克水果糖→按“累计”键→按“找零”键→输入“100”元→按“找零”键→单价窗显示找零“51.20”元→按“清除”键，完成接待顾客称算业务。

项目训练实施

称量商品

1、称量商品项目训练步骤与实践

（1）商品称量项目训练步骤

1）单称一笔商品：放上盛货盘→按“去皮”键→输入所称商品单价→放入商品→按“累计”键→按“找零”键→输入所付钱款→按“找零”键→单价窗显示找零钱款→将所称商品和找零钱款交付顾客→按“清除”键。

2）秤两笔商品：放上盛货盘→按“去皮”键→输入所称其中一商品单价→放入商品→按“累计”键→倒空盛货盘→按“置零”键→输入所称另一商品单价→放入商品→按“累计”键→按“找零”键→输入所付钱款→按“找零”键→单价窗显示找零钱款→按“清除”键。

3）称三笔以上商品以此类推。

（2）称量商品项目训练实践

根据以下题目进行商品称量：

1）A 种梅子 38.00 元/公斤，李小姐称半市斤；B 种糖果 15.50 元/公斤，李小姐称1市斤。

2）A梅子26.00元/公斤，刘小姐称5元；B种糖果23.00元/公斤，刘小姐称10元。

3）刘先生给营业员50元，买单价为13.60元/公斤的果冻500克，单价为17.20元/公斤的水果糖750克。

4）A种水果糖35.50元/公斤，B种水果糖26.60元/公斤，C种糖果23.00元/公斤，D种糖果18.20元/公斤，王小姐购买A种糖果1市斤，B种糖果10元钱，C种糖果半市斤，D种糖果5元钱。

2、称量商品项目训练注意事项

1）称量迅速、准确，称量过程中没有洒落现象。

2）使用各种秤具时应注意必须经常检查其准确性。

3）严格称量范围，防止称量失准。

4）注意称量工具的保养。

3、称量商品项目训练评价评分表（见表5-3）

表5-3 称量商品项目训练评价评分表

考评人		被考评人		
考评地点				
考评项目	称量商品项目训练			
考核标准	考核内容	考核要点	分值/分	得分/分
	单笔称量一	能进行已知单价和所称重量的商品称量	10	
		称量过程中快速、不洒落，所抓放次数少（不超过3次）	10	
		能对称量的商品进行装袋或包装操作	5	
	单笔称量二	能进行已知单价和所付钱款的商品称量	10	
		称量过程中快速、不洒落，所抓放次数少（不超过3次）	10	
		能对称量的商品进行装袋或包装操作	5	
	多笔称量一	能进行2笔以上已知单价和重量的商品称量	10	
		称量过程中快速、不洒落，所抓放次数少（不超过3次）	10	
		能对称量的商品进行装袋或包装操作	5	
	多笔称量二	能进行2笔以上已知单价和所付钱款的商品称量	10	
		称量过程中快速、不洒落，所抓放次数少（不超过3次）	10	
		能对称量的商品进行装袋或包装操作	5	
合计			100	

注：考核满分为100分，90分及以上为A；80～89分为B；60～79分为C；60分以下为D。

项目三　学会捆扎商品

捆扎商品是商品经营中的一项基本技能，能根据顾客需要进行快速的商品捆扎是销售工作中的基本要求。本项目的任务是练习商品销售中的商品捆扎。

❖捆扎商品项目实训 ❖

情景设置

一位顾客匆匆忙忙和家人赶往外地看望亲戚，在转车的汽车站等车期间，她在车站商店给亲戚购买了六盒长方形礼盒装的蜂王浆、六听麦乳精和四瓶水果罐头。付款后，她请售货员用袋子将礼品装起来，售货员准备的袋子不牢，提不起来，也装不下。售货员建议她再买个尼龙网兜，这样牢固。但是尼龙网兜装这么多礼品不好提着走，顾客为难了。正在为难之时，来了另外一位顾客，看见这样的情况就问售货员有没有捆扎绳，售货员拿了卷出来。该顾客用绳子把一盒蜂王浆放在下层，中间放两听麦乳精，上面再放上一盒蜂王浆，捆扎成工字形，上面还做个提手。他把所有礼品捆扎成三个工字形礼品提盒，又把四瓶水果罐头捆扎起来。这样即方便了携带，又便于拿放，而且美观，便于送礼。买礼品的那位顾客连说："谢谢！"帮忙的顾客告诉车站的售货员："他也是售货员，学过商品捆扎。"车站售货员在一旁深有感慨地说："学会捆扎商品真管用。"

➘ 情景分析

从上述案例中可以看出，学会商品捆扎技术对营业员来说是非常重要的。车站的营业员不会商品捆扎技术，给顾客带来了不便。会捆扎技术的另一位顾客的出现解决了购买礼品顾客的难处，为其提供了方便。

➘ 思考与启示

该案例告诉我们，学会商品捆扎技术可以为顾客提供便利的服务，能满足顾客的需要，给顾客提携商品带来方便。商品捆扎技术是商品经营中的一项基本技能，是商品销售服务中必须具备的技能。营业员必须掌握基本的商品捆扎技术，为销售服务。

项目训练目标

1．掌握商品捆扎的方法。

2．能够根据具体的商品进行捆扎操作。

项目训练准备

1．物品准备：需进行捆扎的礼品，包括正方形礼品、长方形礼品、长方形礼盒、圆形盒状商品、捆扎绳和剪刀等。

2．场地准备：一间能容纳40人的模拟实训室。

3．分组安排：学生分组，每组8～10人。由教师先进行示范讲解，然后学生以组为单位练习。

相关理论知识

捆扎的基本工具有剪刀、捆扎绳等。常见捆扎的方法有十字捆扎、菱形捆扎、工字捆扎和米字捆扎等。

1、十字捆扎

该捆扎法简单、牢固、美观，并且便于携带，主要用于捆扎体积不太大，质量较轻的正方体、长方体商品，如糕点盒、鞋盒等，如图5-11所示。具体操作方法如下：

（1）结网　将商品盒平放在操作台上，左手握绳头约20厘米处，用食指将该处绳按压在盒面正中位置，右手拉住绳尾顺盒竖捆一周，回至绳头处；两绳十字交叉，右手继续拉住绳尾顺盒竖捆一周，回到盒面绳头处，两绳再交叉。

（2）打提环　左手拇指将绳头从十字交叉处下掖过并拉起，打一结，提环留10～15厘米长即可。

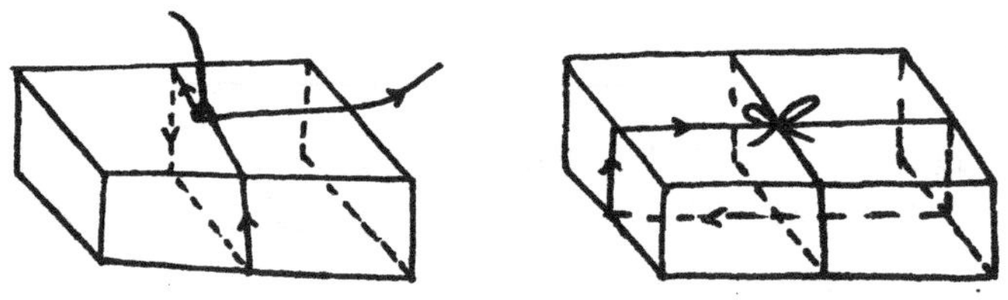

图5-11　十字捆扎

2、菱形捆扎

该捆扎法比较新颖、美观，主要用于捆扎糖盒、饼干盒或其他不怕倒放的方形商品盒，如图5-12所示。具体操作方法如下：

（1）结网　左手握绳头约20厘米处，右手握绳尾；左手拇指将绳按在盒子左侧中间，右手拉绳往盒内右下角的 A 点走，下压绕过右下角走至右侧中心点，沿 D 点处拉起绕过右上角至 E 点处下压，绕左上角回至左侧中间与绳头在盒侧面交叉；从盒底绕左上角至 B 点处下压，然后绕右上角至 C 点处拉起，绕右下角至内侧中间下压，从 F 点处绕左下角回到左侧中点，与绳头交叉。

（2）打提环　用右手食指将绳头从交叉处下穿过并拉起，打一结，拉齐两绳，在 10～15 厘米处打一活结，剪断绳尾。

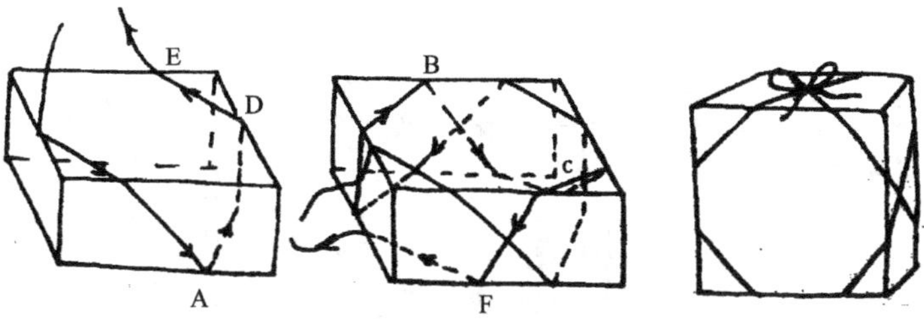

图 5-12　菱形捆扎

3、工字捆扎

该捆扎法主要用于捆扎质量较重的长方形商品盒，如图 5-13 所示。具体操作方法如下：

（1）结网　将商品横放于台面上，左手握绳头约两个盒长处，用拇指将绳压在左侧中间约为盒长的 1/4 处（A 点），右手拉绳尾由外向里竖捆一周回到左手处，与绳头作十字交叉；绳尾走盒底至右侧拉起，与绳头在右侧中间盒长的 3/4 处（B 点）作十字交叉；旋转商品，绳尾走盒底，竖捆一周回至绳头处，两绳交叉，绳头从下穿过交叉处拉起，与绳尾打一个结。

（2）打提环　两绳扭成一股，将绳尾剪断，留成环状，穿过 A 点回至 B 点打一活结。

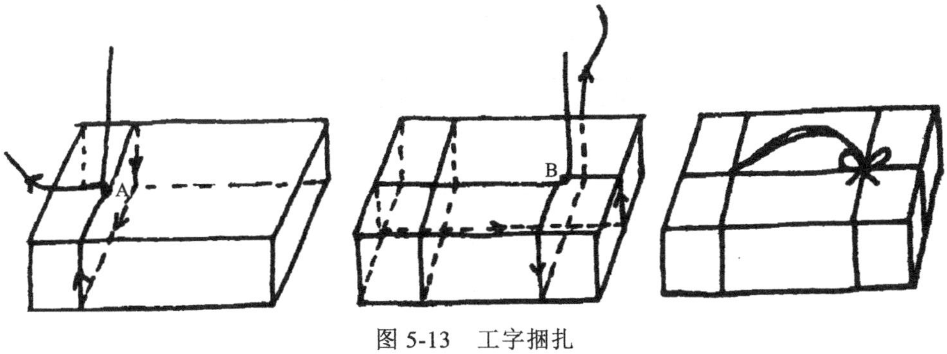

图 5-13　工字捆扎

4、米字捆扎

该捆扎法美观、牢固，但较复杂、不易掌握，主要用于捆扎圆形盒状商品如图 5-14 所示。具体操作方法如下：

（1）结网　左手握绳头约 20 厘米处，用拇指将绳压在盒左侧（A 点），右手握绳尾沿商品盒的直径方向（B 点）捆一周回到圆心（O 点），与绳头十字交叉（注意两手均衡用力，以防捆扎绳滑脱）；旋转 90° 角，沿 C 点方向顺盒而下，至 D 点拉起，捆一周回到圆心与绳头交叉；旋转 45° 角，沿 E、F 两点捆一周回至圆心处，与绳头交叉；旋转 90° 角，沿 G、H 两点捆一周回至圆心处，右手食指将绳头从 O 点下穿过并拉起，两绳打结。

（2）打提环　将两绳拉直，剪掉绳尾，在 10～15 厘米处打一个活结。

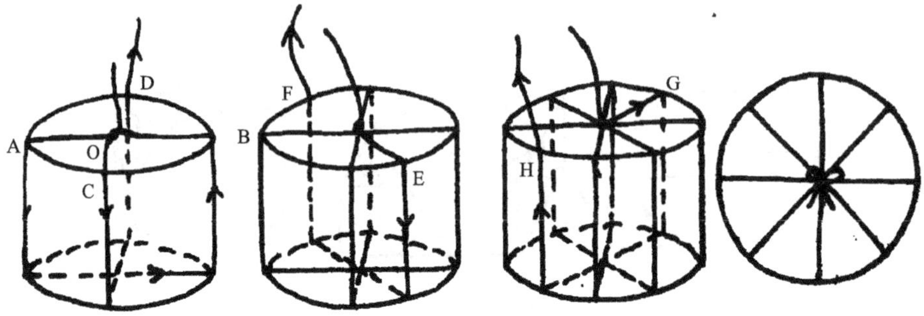

图 5-14　米字捆扎

项目训练实施

捆扎商品

1、捆扎商品项目训练步骤与实践

（1）捆扎商品项目训练步骤

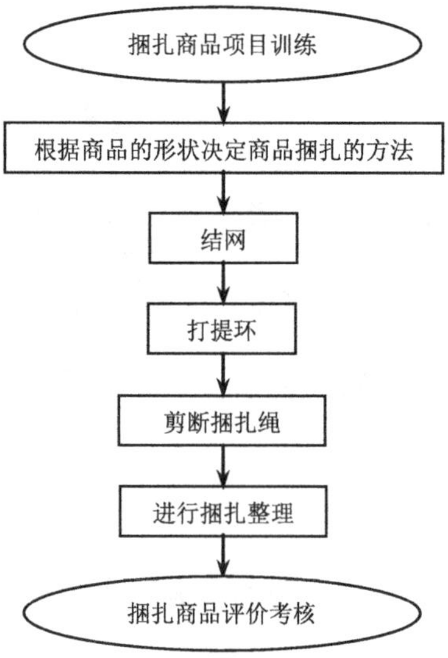

（2）捆扎商品项目训练实践

1）进行商品的十字捆扎。

2）进行商品的菱形捆扎。
3）进行商品的工字捆扎。
4）进行商品的米字捆扎。

2、捆扎商品项目训练注意事项

1）捆扎商品选择的方法和商品的形状要相适应。
2）在练习中既要按要求进行捆扎，还要注意捆扎速度。
3）捆扎的商品要美观、牢固，并便于提携。

3、捆扎商品项目训练评价评分表（见表5-4）

表5-4　捆扎商品项目训练评价评分表

考评人		被考评人		
考评地点				
考评项目	捆扎商品项目训练			
考核标准	考核内容	考核要点	分值/分	得分/分
	十字捆扎	是否会用十字捆扎法对正方形商品进行捆扎	25	
		捆扎步骤正确，捆扎商品美观，捆扎绳线条对称		
	菱形捆扎	是否会用菱形捆扎法对长方形商品进行捆扎	25	
		捆扎步骤正确，捆扎商品美观，捆扎绳线条对称，便于提携		
	工字捆扎	是否会用工字捆扎法对长方形商品进行捆扎	25	
		捆扎步骤正确，捆扎商品美观，捆扎绳线条对称，便于提携		
	米字捆扎	是否会用米字捆扎法对圆形商品进行捆扎	25	
		捆扎步骤正确，捆扎商品美观，捆扎绳线条对称，便于提携		
合　计			100	

注：考核满分为100分，90分及以上为A；80～89分为B；60～79分为C；60分以下为D。

项目四　学会计价

销售结算是零售企业商品销售工作中的重要环节。销售结算包括计价、开票和收款等。销售结算工作的好坏直接影响企业的声誉和效益。其服务质量的高低决定着顾客对商店的印象，是商品从流通领域进入消费流域的决定性环节。本项目的任务是学会商品销售中的计价。

❖ 商品计价项目实训 ❖

情景设置

2010年6月端午节期间，××商场××品牌服装正在进行促销——满400元减100元。顾客王某看中了一套服饰，试穿后很满意，想请营业员算一下怎样购买比较合算。衣服价格如下：上衣428.00元，裙子368.00元，背心248.00元。营业员按照服装标价签的价格算出上衣和裙子的价格是796.00元，可以减去100元，背心只要再付148.00元即可。顾客总付款为：796.00+148.00=944.00元。顾客认为营业员的算法不合理，796.00元再加点东西，如果超过800.00元就可以再减100.00元。旁边的计价开票员不耐烦了，对营业员说："你不要帮她算了，她买不起。"顾客听到后与开票员争吵起来。店长听到争吵声走来，了解情况后首先向顾客赔不是，然后帮助顾客挑选了一条68.00元的皮带，这样计算出上衣、皮带和裙子的价格是：796.00+68.00=864.00元，可以减去200.00元。背心只要付48.00元就可以了。顾客总付款为：864.00+48.00=912.00元。店长还请营业员记下顾客王某的联系方式，等新的饰品到后赠送给顾客一个，以表歉意。

➘ 情景分析

从上述案例中可以看出，正确的计价是服务质量的体现，会影响到商店的信誉。店长的介入缓解了顾客因购买衣服引起的不悦，通过赠送饰品提升了服务质量。这样做既能够向顾客提供优质的服务，又增加了顾客对商店的信任感。

➘ 思考与启示

营业员在接待顾客结算过程中，结算水平对顾客满意度的影响很大。店长帮助顾客合理挑选了一条皮带，顾客总付款由944.00元减少为912.00元，既增加了顾客购买商品的品种，还帮助顾客节省了钱，保护了顾客的合法利益。

营业员在接待顾客过程中要学会合理计价，特别是在进行商品促销活动时，能从顾客的利益出发，帮助顾客获得最大的利益，提升商店的整体服务水平，树立良好的声誉。

项目训练目标

1. 了解商品计价的要求，填写商品标价签。

2．掌握商品计价的基本方法，能进行正确计算。

项目训练准备

1．物品准备：用于计价的不同类别的商品，标明商品价格的标价签，需填写标价签的商品有关资料，开展促销活动的商品折扣率，标明的现金返还数和计算器。

2．场地准备：一间能容纳 40 人的模拟实训室。

3．分组安排：学生分组，每组 8～10 人。由教师先进行示范讲解，然后学生以组为单位练习。

相关理论知识

一、商品计价的要求与方法

所谓计价，就是营业员根据购买商品的数量、种类及单价计算应交商品货款的过程。计价是商品成交过程中的重要环节。正确计价是卖场营业员必须做到的工作职责。计价过程出现失误会给单位或顾客带来损失。

1、商品计价的要求

商品计价的基本要求是：一准、二快、三清。营业员在计算商品货款时，要做到金额计算准确、动作迅速，并要将计算结果报给顾客。计价的整个过程要当着顾客的面进行。对于老年人和残障人士，营业员要把计价过程和结果念给他们听或递给他们看，遇到顾客有疑问时应重新计算一次，并礼貌地做好解释说明工作，如自己的计算有误应真诚地向顾客道歉。

2、商品计价的基本方法

计算商品货款的方法有心算法、珠算法、计算器算法、电子秤计算法和电子收款机计算法。下面介绍零售商场工作岗位实践中常用的计算技巧：

（1）心算中的置算法　当顾客给出金额要一定数量的商品时，营业员特别是初学者会觉得很难计算，其实只要进行简单的置算，将大数换小，计算起来就方便多了。例如：李先生购买单价为 11.60 元/千克的糖果 10 元，营业员应给他称多少呢？可以知道 1000 克糖果价格为 11.60 元，每 100 克糖果价格为 1.16 元，每 10 克糖果价格约为 0.12 元，那么王先生所称糖果的重量约为 800 克+60 克=860 克。

（2）商品打折的计算　例如：某商品原价格为 580.00 元，现打 8 折，商场贵宾金卡可再打 9.8 折，贵宾白金卡可再打 9.5 折，请计算商品价格。

顾客购买该商品打 8 折，价格为 580.00 元×0.8 =464.00 元。

顾客购买该商品使用贵宾金卡，价格为 580.00 元×0.8×0.98=454.72 元。

顾客购买该商品使用贵宾白金卡，价格为 580.00 元×0.8×0.95=440.80 元。

二、合理使用计算器

营业员应根据自己的工作环境选择计算器。如果工作环境面积大，而且没有固定的工作位置，应该选择一台单手能舒服把持的、功能较少的计算器；如果工作环境面积较小，有固定的柜台放置计算器，则应该选择一台较大的、功能较全的计算器。较大屏幕的计算器便于自己和顾客观看，同时便于双手操作加快运算速度。

所有的计算器具都只是一种辅助手段，营业员要能在各种环境下准确、快速地计价，心算是最基本的技能。

三、标价签

服装标价签，如图 5-15 所示。

××商场

品名
COMMODITY 沙龙世基长袖 T 恤
产地
ORIGIN 深圳
单位　　　　等级
UNIT 件　　GRADE 一等品
规格
SPEC 165/84A—185/100Acm
成分
COMPOSITION 详见内标
零售价　　　　　　元
RETAILPRICE 428.00　　YUAN
物价员
SETTER 王岚

图 5-15　服装标价签样单

项目训练实施

一、商品计价

1. 商品计价项目训练步骤与实践

（1）商品计价项目训练步骤

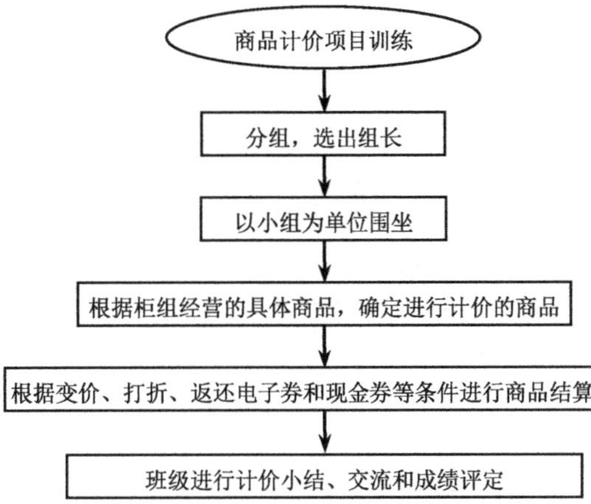

（2）商品计价项目训练实践

1）商店蜜饯 38.60 元/千克，王小姐要 10 元钱的，请问应该称多少？

2）红跑车糕点房各种面包开展促销活动，李小姐买了 3.50 元、5.00 元、4.50 元、4.80 元面包各一个，商店打 8 折，请问李小姐应付多少钱？

3）某商场一款裙子单价为 488 元，打 6 折，该款裙子是多少钱？若有商场贵宾卡可再打 9.8 折，该款裙子是多少钱？

4）商场精品女鞋部有三款鞋子原价分别为 468 元、528 元和 698 元，开展促销活动满 300 减 100，这三款鞋分别为什么价格？在星期六的下午限时特卖打 6 折，这三款鞋又分别是什么价格？

2．商品计价项目训练注意事项

1）柜组经营的商品价格是随着市场各种因素（如商品货源、市场变化、顾客购买习惯和要求、企业促销的需要以及季节变化等）变化而不断变化的。

2）要充分考虑柜组促销的实际状况。

3）在询问顾客是否确定购买时，态度要和蔼，并结合商场积分、打折等活动进行快速、准确的计价。

4）培养学生心算能力以及调查分析能力。

3．商品计价项目训练评价评分表（见表 5-5）

表 5-5　商品计价项目训练评价评分表

考评人		被考评人		
考评地点				
考评项目	商品计价项目训练			
考核标准	考核内容	考核要点	分值/分	得分/分
	礼貌问候	是否礼貌、热情，是否询问需要什么	5	
	根据顾客需要推荐商品	必要时向顾客推荐合适的商品	5	
		将推荐商品向顾客展示和介绍		
	根据顾客确认需要购买的商品进行计价	能快速、正确地计算出商品价格	70	
		礼貌地将计算结果给顾客看，并告诉顾客	20	
合　计			100	

注：考核满分为 100 分，90 分及以上为 A；80～89 分为 B；60～79 分为 C；60 分以下为 D。此项训练考核限时 5 分钟，每超过 1 分钟扣 5 分，超过 3 分钟成绩为 D。

二、填写商品标价签

1、填写商品标价签项目训练步骤与实践

（1）填写商品标价签项目训练步骤

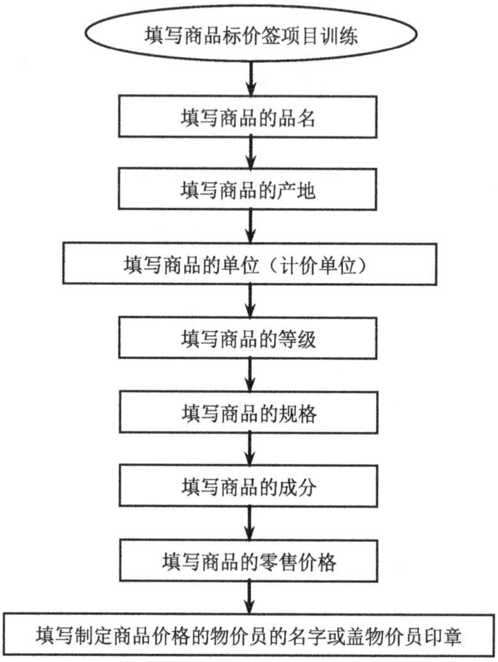

（2）填写商品标价签项目训练实践　根据以下资料进行填写标价签训练。

1）品名：迪扎娜·卡布连衣裙；生产商：杭州舍得服饰有限公司生产；面料成分：涤纶 68%，氨纶 32%；规格：均码；等级：合格品；款号：K0990087；零售价：429.00；物价员：王丽。

2）品牌：Teenie Weenie；品名：休闲裤子；款号：TTTC92225；面料成分：100%棉；质量等级：合格品；委托制造商：衣念（上海）时装贸易有限公司；价格：458.00；物价员：李立。

2、填写商品标价签项目训练注意事项

1）柜组经营的商品价格是随着市场各种因素变化而不断变化的，因此要及时更换标价签。

2）要充分考虑柜组促销的实际状况，标价签要体现促销价格。

3）培养学生的调查分析能力。

4）培养学生主动服务的意识，增强学生全盘思考的意识。

3、**填写商品标价签项目训练评价评分表**（见表 5-6）

表 5-6　填写商品标价签项目训练评价评分表

考评人		被考评人		
考评地点				
考评项目	填写商品标价签项目训练			
考核标准	考核内容	考核要点	分值/分	得分/分
	礼仪规范	是否文明、礼貌，符合礼仪规范	5	
	商品名称	商品名称填写正确	5	
	了解计价商品价格	了解商品的市场价格，填写的价格符合市场实际	10	
	填写操作	能快速、正确地填写出商品产地	10	
		能正确地填写出商品单位	10	
		能正确地填写出商品等级	10	
		能正确地填写出商品规格	10	
		能正确地填写出商品成分	10	
		能正确地填写出商品价格	10	
	物价员签字	物价员签字不遗漏	5	
	规范、整洁	商品标价签填写清晰	15	
合　计			100	

注：考核满分为 100 分，90 分及以上为 A；80～89 分为 B；60～79 分为 C；60 分以下为 D。此项训练考核限时 5 分钟，每超过 1 分钟扣 5 分，超过 3 分钟成绩为 D。

项目五　学会开票、收款

销售结算是零售企业商品销售工作中的重要环节。销售结算包括计价、开票和收款等。销售结算工作的好坏直接影响企业的声誉和效益。其服务质量的高低决定着顾客对商店的印象，是商品从流通领域进入消费流域的决定性环节。本项目的任务是学会商品销售中的开票、收款。

❖ 开票、收款项目实训 ❖

情景设置

某顾客在 2009 年年初花 345 元买了瓶酒，到 2010 年春节准备喝酒时发现酒全部漏光了，而酒瓶的包装是完好的。顾客带着该酒瓶和发票找到柜台，询问能否给予解决。

情景分析

商店营业员认真地察看了顾客带来的酒瓶，帮助分析了原因，应该是酒瓶质量问题。本着良好的售后服务和负责到底的精神，营业员告诉顾客因购买的时间较久，需要帮他与供货方联系协商看如何解决。

思考与启示

从上述案例中可以看出开具和保存发票的重要性。

商店的营业员在接待顾客结算过程中，正确地填写发票是非常重要的，它是顾客购物的凭证，能保护顾客的合法利益。

营业员在接待顾客过程中要学会正确地填写发票，这是经营者的义务，也是顾客购物的凭证。正确、快速地开票是营业员的基本技能，能提高商店接待服务的速度和经济效益。

项目训练目标

1. 掌握商品开票的要求和方法。
2. 掌握收款找零工作的要求和方法。

项目训练准备

1. 物品准备：空白三联缴款单、三联发票（发货单）一套，复写纸、购货单一份（内容包括各类商品共三种，列出详细商品名称、数量、单价、购货单位名称、开户行、经手人姓名及身份证号码等），空白转账支票一张（列出销货方单位名称及开户行名称），自备算盘（或计算器）、签字笔或钢笔（填转账支票用）。

2. 场地准备：一间能容纳 40 人的模拟实训室。

3. 分组安排：学生分组，每组 8～10 人。由教师先进行示范讲解，然后学生以组为单位练习。

相关理论知识

一、开票

开票是指营业员给顾客开具购物发货票或内部结算的零售小票，以及填写现金、转账支票的过程。商业零售专用发票有一式两联的（一联是售货方存根，另一联交给顾客收存），也有一式三联的（一联是售货方存根，一联是副联，一联交给顾客收存），可根据业务的实际需要选用或增加联页。商业企业开具的发票有两种，一种是开具给小规模纳税人的商业零售发票，另一种是开具给增值税一般纳税人的增值税专用发票。这里只学习开具商业零售发票。

目前，零售商业企业在商品经营中一般开具缴款单（一式三联），在收银台付款后打出的单据（电子发票）即是发票，需报销的顾客可凭收银单去服务台换开手工发票或电脑打印发票。

1、开具缴款单、发票的要求和方法

缴款单、发票是营业员在商品成交后交给顾客的售货凭证，是商店销售商品的原始凭证，也是顾客购买商品的凭证，对顾客调换商品、退货、维修、查验使用保质期和索赔，以及企业完善财务管理都有巨大的作用。发票具有法律效力，必须慎重对待。

1）必须有相应的交易活动后才能填写发票。填写时，日期、品名、规格、数量和单位要准确、清楚，字迹清晰、端正、规范。

2）必须按发票上的各栏目逐项填写，不得漏填和涂改，一旦错填必须作废。

3）必须加盖商店销售公章和有关人员的印章（签字）。如遇退货时，应收回原发票，并注销作废，由收银人员开红字发票冲销原销售金额。

发票一般是一式两联或三联的。填写时，先填年、月、日、客户名称，再填商品品名、规格、单位、数量和金额；如有两个以上金额，必须从上至下连续填写，不得漏白。填写完后金额栏下仍有空格的，在空格栏中划斜线或斜“S”，核实无误后再填写合计金额。合计金额用规范汉字写齐人民币大写数字，大写数字前有空位的填上“⊗”符号，后面有空位的用零补齐。大写金额中“元”以下没有角分时，应在“元”后面加“整”字；有角分时，则不写“整”字。大写金额中如有一个“零”，一定要写出来；如有连续两个以上的“零”，可以写一个，也可以都写。合计金额小写前留有空位的，应以“¥”字符拦头，以防增添或涂改。金额栏中的大小写数字要相符。最后签上营业员的姓名（发票必须加盖印章）。

发票的本数和页数均应按顺序使用。如有错写必须作废时，应在错写的发票上注明“作废”字样，附在原存根本上一并保存，不得撕毁。填写发票时，字迹要端正、清楚，不能写错别字，特别是不能涂改购货方的名称。

2、开具转账（或现金）支票的要求和方法

转账支票是单位、集团购买较大批商品或购买商品金额较大时支付货款的一种方式。它只能用于单位在同一地区进行商品买卖的支付，异地交易应采用汇票结算。采用转账或现金支票结算可以使支付变得简单、迅速，避免大量现金的流动与清点。在填写支票时必须准确无误，填写的支票不得涂改。如有错写，必须将支票作废；同时，也要注意填写的支票是否是遗失已被作废的支票，以防止支票使用中的失误。商店接收支票时，应及时了解购买单位账户上是否有足够的存款，以避免经济损失；接收支票时，要仔细检查购货单位的印章（如公章、财务主管人名章及会计、出票人章等）是否清晰真实，以防止伪造复印。一般的支票为一式两联，即支票联和存根联。其中，支票联由供货单位收取，作为货款收入凭证；存根联由购货单位带回，作为款项支出凭证。支票一般在购买活动结束时填写，填写时正联与存根联要一致，字迹要清晰、准确。

填写支票时，应先填写好出票日期（必须是大写），然后填写阿拉伯数字的购货金额。

如前面有空格，则用“¥”字符拦头，再填人民币大写数字；大写数字前不能留空；金额后如果没有角、分位，则用“整”字拦尾；大小写数字要一致。按事实填写款项的具体用途，最后填写签发人的姓名，并加盖单位、出票人和主管人员印章。

支票的背面由支票持有人（收款人）向银行解款（划拨款项），或在支票转让时填写背书使用。

二、收款

收取顾客货款和找零是完成一笔交易的重要环节之一。这个环节出现差错常会引起营业员与顾客的矛盾。收款找零工作的要求：

1）收款找零时要认真点数，仔细识别。在顾客交付货款时，要当着顾客的面点清钱款数额，并认真识别钱币的真伪。如果发现假币，要耐心地向顾客说明情况，按正常手续收缴，并向顾客出具收缴通知书，以免引起争议。找零时也要当面点清，并注意不要让破损钱币出柜，损害顾客的利益，引起不必要的矛盾。

2）坚持唱收唱付。营业员在收款找零时，必须坚持唱收唱付制度。收款时要向顾客说明应收的钱数，收到的货款经顾客认可后才能把货款放入钱柜中；找零时也要说清找回的钱款数，并经顾客认可。例如：顾客王小姐买了一支 48.00 元的口红，交给营业员一张面额 100 元的人民币。方法一：营业员接款后向顾客说：“谢谢！收您 100 元，您的口红是 48 元，应该找您 52 元。这是 52 元，请收好。”方法二：先付 2 元，同时念“还差 50 元”，再付 50 元，验证找给顾客的钱数是正确的。方法二采用的是分段倒读法。唱收唱付是零售商店必须遵守的一项制度，它可以避免或减少收付款时的差错。一旦出现差错。便于工作人员和顾客本人回忆寻找差错。同时也能引起临近工作人员和顾客的注意，便于证实或帮助寻找差错，从而尽可能地避免销售过程中的矛盾。

三、相关票据

1．购物缴款凭证

购物缴款凭证（见表 5-7）为一式三联。第一联：收银台留存。第二联：记账联。第三联：提货联。

表 5-7 购物缴款凭证

××商场（集团）股份有限公司

购物缴款凭证 NO 17799277

VIP 卡号： 20 年 月 日

不作报销凭证

商品编码	品名规格	单位	单价	数量	折扣率	实收金额
合计	拾 万 仟 佰 拾 元 角 分					¥

柜组： 营业员工号： 交易号：

2、**销售发票**

销售发票（见表 5-8）为一式三联。第一联：存根联。第二联：顾客联。第三联：记账联。

表 5-8　销售发票

××商业大厦有限公司销售发票

发　票　联　　23453241110005

开票日期　　　年　　月　　日　　NO　0041236756

客户名称				税务登记代码	234512345432123							
品　名	规　格	单　位	数　量	单价	金　额							备注
					万	千	百	十	元	角	分	
金额合计（大写）	万　仟　佰　拾　元　角　分											
销售单位	（加盖财务专用章或发票专用章）	开户银行		结算方式	银行（　） 现金（　）							

3、**转账支票**（见图 5-16）

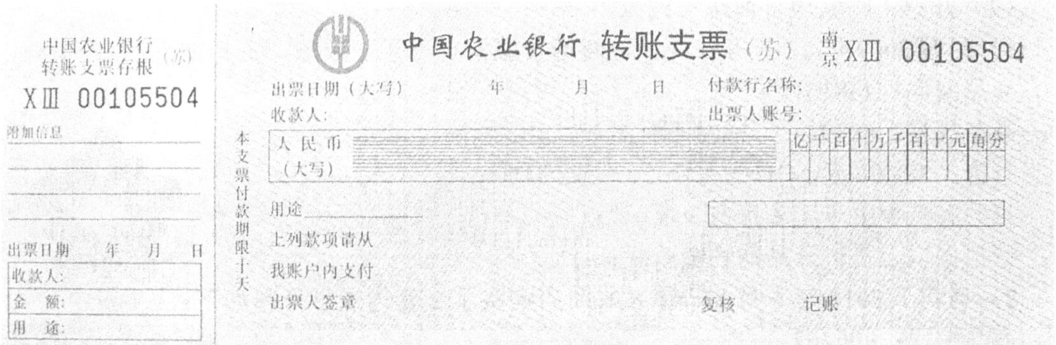

图 5-16　转账支票

项目训练实施

开票和收款

1、开票、收款项目训练步骤与实践

（1）开票、收款项目训练步骤

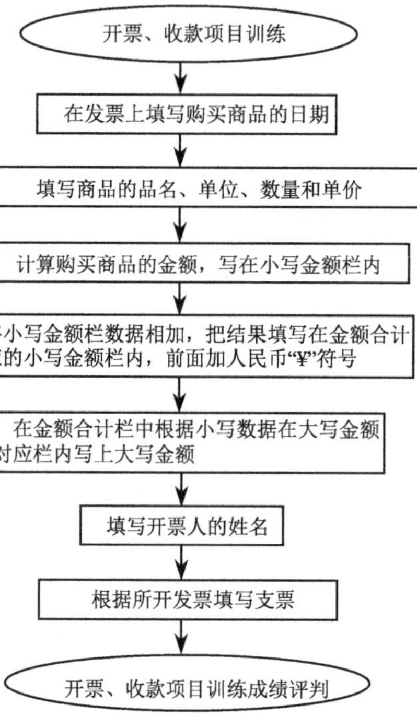

（2）开票、收款项目训练实践

1）顾客 2009 年 12 月 6 日在××商场女服柜台购买了衣服，资料如下：

商品编码：438161。

品名规格：8889。

单价：388.00 元。

该顾客持 VIP 卡，衣服打 9 折。

请根据以上资料开具购物缴款凭证。

2）李莉于 2010 年 6 月 8 日在××商店购买了 2 套内衣，资料如下：

商品编码：906462。

品名规格：292124。

售价：689.00 元。

商店开展促销活动，商品打 6 折。

请根据以上资料开具购物缴款凭证。

3）2009 年 10 月 30 日，××市溶剂公司小张到该市大润发超市购买办公用品，明细如下：

打印机一台，单价 1900 元。

圆珠笔 12 支，单价 1.3 元/支。

记事本 10 本，单价 4.5 元/本。

铅笔 8 支，单价 0.8 元/支。

拖把 2 把，单价 41.60 元/把。

开票人：李强。

根据以上资料，开具发票和支票。

2、开票、收款项目训练注意事项

1）学生以小组为单位进行开票练习。

2）在练习中既要按要求进行规范性的填写，还要注意正确性和速度。

3）填写票据不得涂改，票据正联与存根联书写要一致，字迹清晰、准确。

3、开票、收款项目训练评价评分表（见表 5-9）

表 5-9 开票、收款项目训练评价评分表

考 评 人			被考评人	
考评地点				
考评项目	开票、收款项目训练			
考核标准	考核内容	考核要点	分值/分	得分/分
	缴款凭证	填写是否清楚	60	
		是否按规定填写		
	支票	是否按照支票填写要求进行填写 是否符合支票填写规范	40	
合 计			100	

注：考核满分为 100 分，90 分及以上为 A；80～89 分为 B；60～79 分为 C；60 分以下为 D。

项目六 了解点钞

点钞是销售服务结算中的一项基本技能，是保证经营顺利进行和企业利润的重要环节，也是营业员必须具备的基本技能。本项目的任务是练习点钞。

❖ 点钞项目实训 ❖

情景设置

销售服务岗位中的收银工作，要求收银员上岗时要清点收到的货款，在下班前合计总额时要快而准。如果不能做到快速、准确地进行清点钞票，会使顾客增加等待的时间，影响销售。

思考与启示

作为营业员，必须掌握点钞技术，适应销售服务岗位的工作需要。根据工作需要，学会和掌握快速进行多指多张、单指单张等点钞方法。

项目训练目标

1．了解点钞技术在销售服务中的作用。
2．掌握点钞的基本方法，并能进行快速、正确的点钞。

项目训练准备

1．物品准备：
材料①：点钞券一扎（100 张左右）、捆扎条一卷。
材料②：点钞券一扎（110 张左右）、捆扎条一卷。
材料③：点钞券两扎（每扎 100 张）、捆扎条一卷、个人印章、点钞机。
材料④：1 角的硬币 100 枚、5 角的硬币 100 枚、1 元的硬币 100 枚。
2．场地准备：一间能容纳 40 人的模拟实训室。
3．分组安排：学生分组，每组 8～10 人。由教师先进行示范讲解，然后学生以组为单位练习。

相关理论知识

作为从事商贸经营工作的人员，特别是收银人员，掌握正确的点钞方法是收银付款、盘点结账工作快速、准确的保障，是收银员必须掌握的一项基本技能。点钞的方式有手工点钞和机器点钞。

（一）常用的手工点钞方法

1、手按式点钞法

手按式点钞法是指点钞人员在点数过程中要把钞票按在桌面上，才能完成点钞动作的方法，如图 5-17 所示。

图 5-17　手按式点钞法

（1）手按式单指单张点钞法　手按式单指单张点钞法是指直接参与捻点的只有一个手指，每次捻点只点出一张钞票的方法。该方法不但可以点清钞票的数量，还可以在点数过程中查看钞票的真伪和残损程度。其具体操作如下：

1）准备：先把整齐的钞票横放在桌面上，左手手心向上，用无名指、小指按住钞票的左上角，用右手无名指、小指按住钞票的右上角。

2）捻点：用右手拇指托起右下角的部分钞票，然后用右手食指捻动钞票，每捻起一张，左手拇指即往上推送到食指和中指之间夹住，如此不断重复，直到点完为止。

3）捆把：左手四指并拢在下，拇指在上，将钞票压成弯曲状，右手拿捆扎条放在左手四指下，用中指或食指将捆扎条压在钞票靠左手 1/3 处，右手食指和中指夹住捆扎条由里往外缠绕两周，回到左手拇指处，折一直角与缠绕的捆扎条呈垂直状，用右手食指将捆扎条从其下塞过绕两周，并拉紧，最后将钞票用双手展平。

（2）手按式多指多张点钞法　为加快点钞的速度，提高工作效率，多个手指参与捻点，一次捻点两张以上的方法称为手按式多指多张点钞法。

1）手按式两指两张点钞法的具体操作如下：

① 准备：左手如手按式单指单张点钞法一样压住钞票左上方约 1/4 处。

② 捻点：右手拇指提起钞票右下角往对角线方向弯曲，并把右侧钞票向下轻按成弧形，然后用中指向拇指方向捻起第一张；当第一张钞票与第二张钞票之间出现空隙时，右手手腕带动手臂向外侧扭转，同时将食指插入第一张与第二张钞票之间，捻起第二张，被捻起的两张钞票由左手拇指往前、向上推送到左手食指与中指间夹住，如此往复，直到点完为止。

③ 捆把：与手按式单指单张点钞法一样。

2）手按式三指三张点钞法的具体操作如下：

① 准备：与手按式两指两张点钞法一样。

② 捻点：其动作要领与手按式两指两张点钞法相似，只不过捻起第一张钞票的是右手无名指，其次是中指，捻起第三张钞票的是食指。

③ 捆把：与手按式两指两张点钞法一样。

2、手持式点钞法

使用该方法点钞不需要借助桌案来完成，在任何场合都可以使用，是常用的点钞方法，如图 5-18 所示。

（1）手持式单指单张点钞法

1）准备：把钞票整理整齐后，将一端竖直插入左手的中指与无名指之间，左手抓成拳状夹紧钞票，右手拿住另一端，由下往上、由里向外翻转钞票成弧形；在扭转过程中，使钞票的两侧形成一个自然的坡度，空出左手拇指捏住里角。

2）捻点：右手食指、中指靠在纸壁上，拇指往手心方向捻动第一张钞票，无名指勾住该张钞票往手心弹动，使其快速下落，从而完成第一张的点数动作，如此往复，直到点完为止，如图 5-19 所示。熟练者也可用右手拇指一次捻动两张或三张钞票，一次弹下两或三张，以加快点数速度。

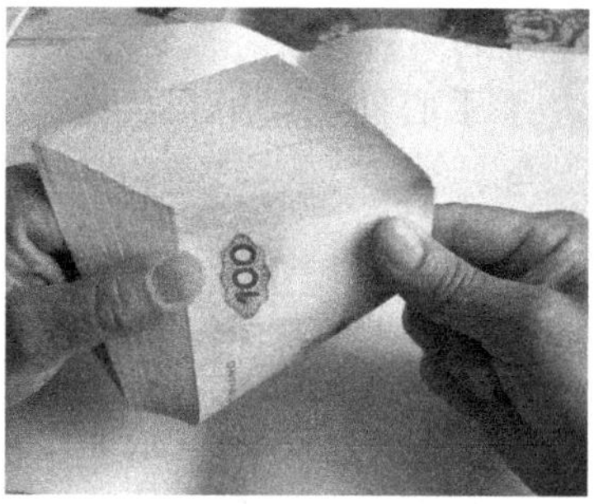

图 5-18　手持式点钞法

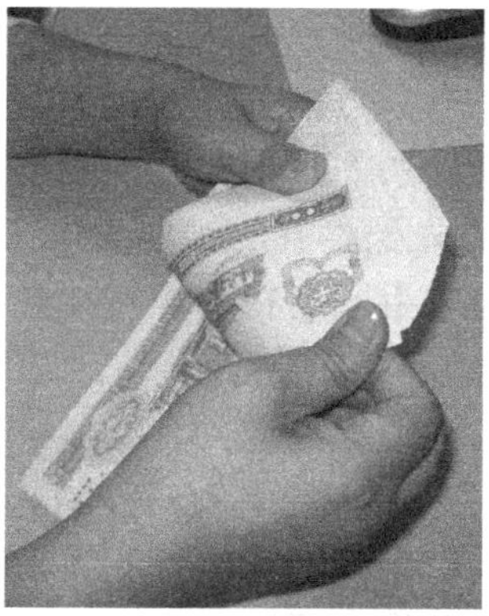

图 5-19　手持式单指单张点钞法的捻点操作

3）捆把：与前述方法一样。

（2）手持式多指多张点钞法　该方法在所有点钞方法中是速度最快的，人们在点数大量钞票或进行点钞技能比赛时多采用此法。手持式多指多张点钞法一般分手持式三指三张点钞法、手持式四指四张和手持式五指五张点钞法。

1）手持式三指三张点钞法的具体操作如下：左手如单指单张法一样握紧钞票，右手拿住另一端，由右向左弯曲钞票；左手空出拇指将钞票按在中指上，伸直食指靠在外纸壁上；右手拇指靠在内纸壁边上，用无名指捻住第一张钞票往下方滑动中指捻点第二张钞票，食指捻点第三张钞票，如此反复，直至点完为止。

2）手持式四指四张点钞法的动作要领与三指三张点钞法一样，只不过捻起第一张钞票的是小指，然后依次是无名指、中指和食指，一次点下四张钞票。

3）手持式五指五张点钞法的具体操作如下：

① 准备：将钞票如三指三张点钞法一样夹在左手上，右手拇指、中指和无名指从下

捏住钞票的两侧往上弯曲，并用食指钩住内侧，使钞票顶端向外弯曲，然后将钞票推送到左手拇指与食指间卡住，左手手心向右。

② 捻点：将右手悬空在伸出拇指和小指能够得着钞票两个上角的位置上，并在点数的过程中始终不要过多地移动；由拇指开始点数，右手拇指点钞票的里角，将钞票往下、往外拨动；第一张钞票落下的瞬间，右手食指捻点钞票的外角，将钞票往下、往里拨动，与拇指拨动方向交叉；中指、无名指和小指按食指方向依次拨动第三张、第四张、第五张钞票，如此往复，直至点完为止。

③ 捆把：与前述方法一样。

（3）手持式扇面点钞法因用此法点钞打开钞票时像一把扇子，故得名，如图 5-20 所示。手持式扇面点钞法主要用于盘点或清点复核新钞时使用。

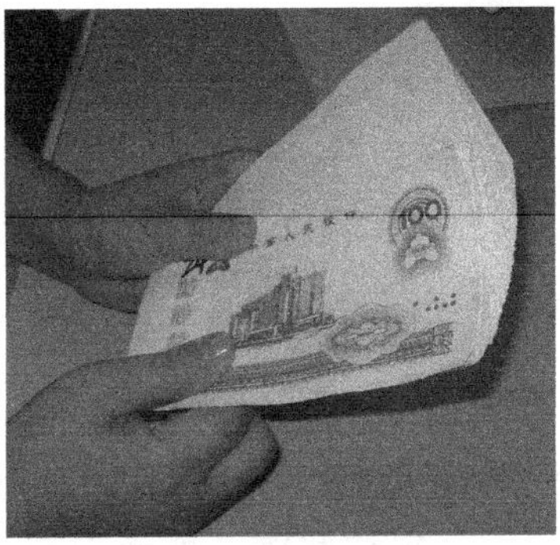

图 5-20　手持式扇面点钞法

1）准备：把钞票整理整齐后，用左手拇指和食指捏住钞票一端约 1/5 处，以该点为轴心，用右手不断地弯曲和伸展钞票，同时右手拇指往外推移，食指、中指和无名指往里拖动钞票，最终使其打开如扇形。

2）捻点票：用右手拇指一次压下五张钞票，并用食指接替压住，拇指再压下五张钞票，如此往复，直到点完为止。

3）捆把：与前述方法一样。

3、手工点钞的主要工序

（1）持钞　将待点钞票按不同点钞方法的要求拿在手中，为点钞作好准备。

（2）点数　左手持钞，右手点钞，眼睛紧盯捻动的钞票，同时脑中记数。手、眼、脑三位一体，协调配合，将钞票清点准确。

（3）扎把　将整点准确的一百张钞票蹾齐，用纸条捆扎牢固。

（4）盖章　将捆扎钞票的纸条上加盖点钞人员的名章，以明确责任。

（二）常用的机器点钞方法

机器点钞速度较快，在点钞的同时还能检验钞票的真伪，有利于提高收银员的工作效率，一般多用于钞票的复点。点钞机的种类和型号很多，但其功能主要都是点钞和鉴伪，如图 5-21 所示。在点钞过程中，点钞机检测到假钞时会报警。点钞机一般在电源开关打开时便具有点钞和紫光验钞功能，其他功能需要按相应功能键才能启动。

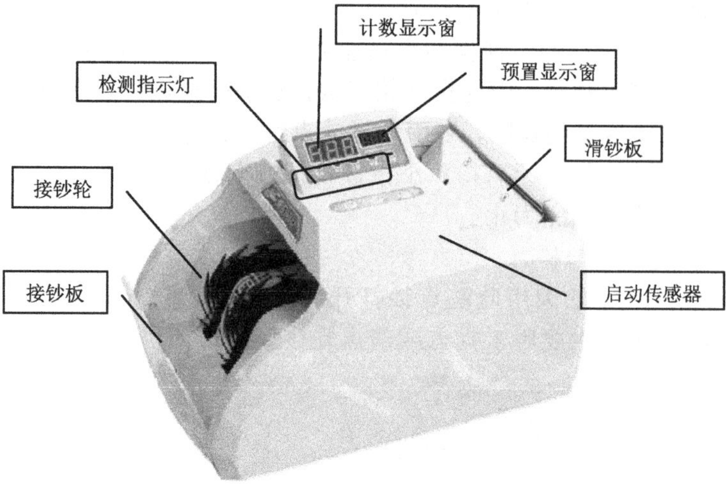

图 5-21　点钞机

1、*点钞机基本功能键*

（1）启动键　当停机后需要再次运行或使用手动键时，按此键。

（2）清零键　当需要清除当前计数值，即回到“0”重新计数时，按此键。

（3）光检键（或光检指示灯）　按动此键（或光检指示灯亮）可以清点任何不同面值无紫光反映的钞票。一般情况下，开启机器时紫光鉴伪功能也同时启动，无须设置。

（4）磁检键（或磁检指示灯）　按此键（或磁检指示灯亮）能混点不同面值有磁性反应的钞票。

（5）数码键（或数码指示灯）　按此键（或数码指示灯亮）可以混点 50 元、20 元、10 元和 5 元面额的第五套人民币。

（6）累加键　累加功能可连续累计清点钞票，直至数值显示为“9999”后即回到“0”重新计数。

（7）预置键　按此键，预置显示窗将会依次显示为“10”、“20”、“25”、“50”、“100”和空白字样，再按“+”或“-”键设置理想的数字，设置完毕就可以清点钞票了。若要取消预置数，则再按此键。

2. *点钞机操作方法*

（1）全数清点的操作方法　关闭所有检测功能键后可以进行全数清点。把纸币放于滑钞板上，机器会自动启动，直至滑钞板上纸币走空，清点数目会在计数显示窗上显示。如果要继续清点，取走接钞板上的纸币，并把另一把纸币放在滑钞板上，计数显示窗数值回到“0”，机器重新启动并点钞。如果不取走接钞板上的纸币，而在滑钞板上加放纸币，机器将自动启动且将新点的张数累加到原计数值上。

（2）累加清点的操作方法　按累加键，指示灯亮后表示机器处于累加点钞状态。清点完第一把纸币，如果要继续清点，不管接钞板上的纸币是否取走，只要把纸币放于滑钞板上，机器便会自动启动点钞，计数显示窗数值自动累加。

3、点钞机操作流程要点

1）打开电源，检查机器。

2）整理待清点的钞票，将待清点的钞票放在桌面右侧，按面额大小顺序排列，并根据清点的票面调整好滑钞板。

3）持钞。右手拇指在钞票下侧，食指在钞票中心，中指、无名指和小指在外面，捏住钞票。

4）拆把。右手食指将钞票中心向外推，拇指与中指、无名指、小指同时将钞票横捏成半弧形，左手将纸条抽去，右手拇指与食指夹在钞票的上侧边，松开中指、无名指和小指，这时钞票下侧弹回原处，自然形成斜坡形。

5）清点。将钞票轻轻放入滑钞板内，勿用力过大，造成塞钞，应使其自然下滑。目光迅速转向接钞轮，注意检查是否有夹杂券、破损券、假钞或其他异物，一旦发现应立即剔出。钞票全部下滑到接钞板后，看清显示数字是否与持把所标金额相符。若金额无误，将钞票取出、磁齐、扎把。在清点过程中要根据票面大小，随时调整接钞板的大小档次，以适应大小不同的钞票，使其整齐。

6）扎把。与手持式单指单张点钞法相同。

（三）清点硬币

1、手工清点硬币法

（1）摆放硬币　将要点数的硬币按面额大小挑选出来，将同一面额的硬币横向压放在一起。

（2）点数　用左手拇指、食指把住硬币两端，中指起辅助作用，每次点数五枚或十枚，将硬币翻向左边，点数完的硬币向左横放在一起。点数过程中，右手起辅助作用。

（3）封卷　包装纸要根据硬币的大小剪裁，纸的上端剪成燕尾形缺口。每卷包装硬币 100 枚。卷一分硬币用的包装纸，长为 12.5 厘米，宽为 17.5 厘米，中间凹处与底边为 9.8 厘米。卷二分、五分硬币用的包装纸，要适当放大些。将清点好的硬币两端用双手拇指与食指捏住，折叠部分包装纸，紧紧包住硬币。在桌面上将币卷往身体方向拉一下，拉时双手中指压住前面的纸，让包装纸紧紧裹住币卷，一边向前滚动币卷，一边用食指、中指将折叠部分的纸边沿币卷掖压一下。这样可以挡住币卷顺势往前滚动，将纸边压住裹紧，裹时双手拇指要顶住币卷的后面。左手的拇指同时掖压左面的包装纸边，使币卷左端面固定下来。左手从指尖到掌心在桌面上向前搓动币卷，边搓，右手的前三个手指边掖压包装纸边到币卷里面来，这样右手的封口就封好了。将币卷攥在右手中，开始封左面的封口，从纸角边处用左手的拇指、食指转着掖好左端封口。

2、工具清点硬币法

用硬币鉴别清分机清点硬币速度快、效率高。

硬币鉴别清分机使用高精度的电子计数传感器与可靠的硬币清分技术，能同时清分多种硬币，如图 5-22 所示。可根据需要自行设定批量值，并能自动剔除可疑硬币。

图 5-22　硬币鉴别清分机

项目训练实施

点钞

1、点钞项目训练步骤与实践

（1）点钞项目训练步骤

1）手工点钞项目训练步骤。

整理待清点的钞票 → 按要求清点的方法持钞 → 清　点 → 扎　把 → 计　数

2）机器点钞项目训练步骤。

打开电源，检查机器 → 整理待清点的钞票 → 持　钞 → 拆　把 → 清　点 → 扎　把 → 盖　章

3）清点硬币项目训练步骤。

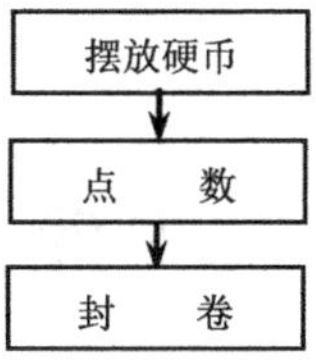

（2）点钞项目训练实践

1）清点材料①中的点钞券后进行捆扎。

2）将材料②中的点钞券清点出 100 张，并将其捆扎好，多余的整齐地放在一边。

3）将材料③中的点钞券进行机器点钞。

4）将材料④中的硬币进行清点。

2、点钞项目训练注意事项

1）在手按式单指单张点钞过程中，左手手指压住的票面面积应尽可能少，以便操作时查看钞票；在点数过程中，右手小指和无名指不可离开票面，否则钞票会移动、散乱。

2）在手按式三指三张点钞过程中，右手拇指提起钞票后，一定要使其形成一个弧度，以便手指的插入；右手手臂一定要上抬，使肘关节高于手腕；在点数时，手腕要有一个自然地从里往外的扭腕动作。

3）在手持式单指单张点钞过程中，左手始终抓成拳状，并用力夹紧钞票不使其散落；右手食指和中指始终靠在纸壁上，不要来回移动，那样既浪费时间，又会增加劳动强度，还影响点数动作的完成。

4）在手持式三指三张、四指四张点钞过程中，左手拇指按住钞票时不能太用力，以免右手无法拨动钞票；右手拇指应始终靠在纸壁上，几个手指在点数时不要分得太开，动作无需太大。

5）在手持式五指五张点钞过程中，右手手腕的位置应始终稳定，不可前后左右移动太大；点数到一定数量时，若左手已不能很好地握持钞票，则可改为单指单张法进行点数。

6）在手持式扇面点钞过程中，左手的拇指和食指持钞时不要捏得太紧，同时注意右手的用力方向，否则是打不成扇面的。

3、点钞项目训练评价评分表（见表 5-10）

表 5-10　点钞项目训练评价评分表

<table>
<tr><td>考评人</td><td colspan="2"></td><td>被考评人</td><td colspan="2"></td></tr>
<tr><td>考评地点</td><td colspan="5"></td></tr>
<tr><td>考评项目</td><td colspan="5">点钞项目训练</td></tr>
<tr><td rowspan="6">考核标准</td><td>考核内容</td><td colspan="2">考核要点</td><td>分值/分</td><td>得分/分</td></tr>
<tr><td>100 张点钞</td><td colspan="2">在 1 分钟内完成清点人民币操作，并捆扎、计数</td><td>25</td><td></td></tr>
<tr><td rowspan="2">100 张左右的点钞</td><td colspan="2">把需清点的人民币点出 100 张进行捆扎、计数，并把多余的人民币整齐地摆放在旁边</td><td rowspan="2">25</td><td rowspan="2"></td></tr>
<tr><td colspan="2">如果不足 100 张人民币，则计清点的实数，并进行捆扎</td></tr>
<tr><td>机器点纸钞</td><td colspan="2">能快速、正确使用机器进行人民币纸币的清点</td><td>25</td><td></td></tr>
<tr><td>机器点硬币</td><td colspan="2">能用机器进行硬币的清点</td><td>25</td><td></td></tr>
<tr><td colspan="4">合　计</td><td>100</td><td></td></tr>
</table>

注：考核满分为 100 分，90 分及以上为 A；80～89 分为 B；60～79 分为 C；60 分以下为 D。此项训练手工清点人民币考核每扎限时 1 分钟，超过 1 分钟成绩为 D。

项目七　了解人民币真伪鉴别

人民币鉴别是在销售服务结算中的一项基本技能，是保证经营顺利进行和企业利润的重要环节，也是营业员必须具备的基本技能。本项目的任务是练习人民币真伪鉴别。

❖ 人民币鉴别项目实训 ❖

情景设置

2008 年 8 月 25 日晚，便衣民警在城区和平路一带执行任务时，发现两名男子同驾乘一辆红色摩托车多次在较偏僻的路边商店停车，每次均用面额 100 元的人民币购买少量香烟，而且从不向营业员询问价钱，待营业员找回钱后迅速驾车离开。便衣民警发现情况可疑后立即分头行事，一方面跟踪这两名可疑男子，一方面到两男子购烟的商店了解情况，原来这两名男子所用的钞票是假币。

为了进一步查清假币的来源，便衣民警没有立即抓捕这两名可疑男子，而是对两人进行跟踪调查。8 月 26 日晚，这两名男子再次出现，并采取同一手法分别在城区江滨路、正东路和正西路等路段的百货商店继续使用假币。便衣民警一直跟踪两人至高要城区某旅店后采取行动，成功在其入住的房间内将苏某、王某两人抓获，并当场查获假币 3000 多元和一批作案工具。

情景分析

上述案例告诉我们，营业员在接待顾客服务中，如果不会鉴别人民币的真伪，就容易让使用假币者有机可乘，使经济受损。上述案例中的商店营业员就没有掌握鉴别人民币的方法，使犯罪嫌疑人使用假人民币的犯罪事实得逞。便衣民警的跟踪追查使该犯罪嫌疑人被抓获。

思考与启示

商店营业员在接待顾客结算过程中，鉴别人民币的真伪是非常重要的，它是营业员必须掌握的基本技能，既能保护顾客的合法权益，又不使商店的经济效益受损。学会人民币的鉴别方法是经营者的义务。

项目训练目标

掌握人民币真伪的鉴别方法。

项目训练准备

1．物品准备：在纸盒里放入 100 元、50 元、20 元、10 元真假人民币各 10 张。

2．场地准备：一间能容纳 40 人的模拟实训室。

3．分组安排：学生分组，每组 8～10 人。由教师先进行示范讲解，然后学生以组为单位练习。

相关理论知识

假币是指伪造、变造的货币。伪造的货币是指仿造真币的图案、形状、色彩等，采用各种手段制作的假币。变造的货币是指在真币的基础上，利用挖补、揭层、涂改、拼凑、移位和重印等多种制作方法，改变真币原形态的假币。收银员在进行收银工作时，应掌握人民币真伪识别的方法，进行验钞，发现假币时能正确处理。

1、人民币票面特征

2005 年版第五套人民币的票面特征：

（1）100 元券人民币的票面特征　100 元券人民币的票面主色调为红色，票幅长 155 毫米，宽 77 毫米。钞票正面主景为毛泽东头像，左侧为汉字“中国人民银行”、阿拉伯数字 “100”、汉字“壹佰圆”字样和椭圆形花卉图案。左上角为中华人民共和国国徽图案，右下角为盲文面额标记，正面印有双色异形横号码。钞票正面票面特征如图 5-23 所示。

图 5-23　100 元券人民币正面的票面特征

钞票背面主景为人民大会堂，左侧为人民大会堂堂内圆柱图案。钞票右上方为“中国人民银行”的汉语拼音字母和蒙、藏、维、壮四种民族文字的“中国人民银行”字样和面额。钞票背面票面特征如图 5-24 所示。

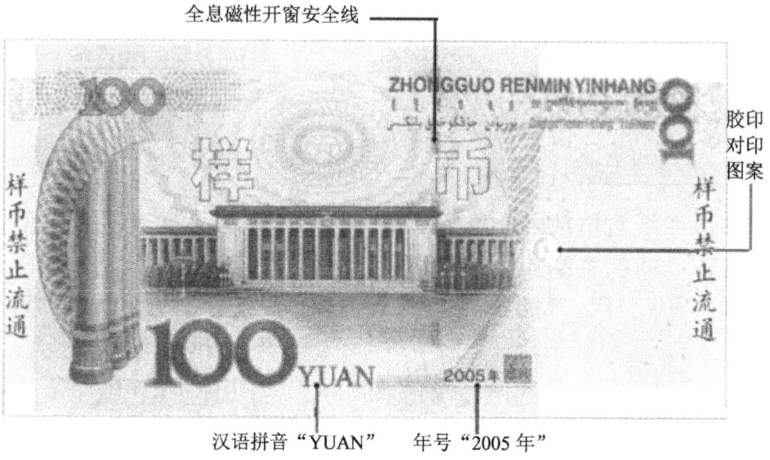

图 5-24　100 元券人民币背面的票面特征

（2）50 元券人民币的票面特征　50 元券人民币的票面主色调为绿色，票幅长 150 毫米，宽 70 毫米。钞票正面主景为毛泽东头像，左侧为汉字“中国人民银行”、阿拉伯数字“50”、汉字“伍拾圆”字样和花卉图案。左上角为中华人民共和国国徽图案，右下角为盲文面额标记，票面正面印有双色异形横号码。钞票正面票面特征如图 5-25 所示。

图 5-25　50 元券人民币正面的票面特征

钞票背面主景为布达拉宫图案，右上方为“中国人民银行”的汉语拼音字母和蒙、藏、维、壮四种民族文字的“中国人民银行”字样和面额。钞票背面票面特征如图 5-26 所示。

图 5-26　50 元券人民币背面的票面特征

（3）20 元券人民币的票面特征　20 元券人民币的票面主色调为棕色，票幅长 145 毫米，宽 70 毫米。钞票正面主景为毛泽东头像，左侧为汉字“中国人民银行”、阿拉伯数字“20”、汉字“贰拾圆”字样和花卉图案。左上角为中华人民共和国国徽图案，左下角印有双色横号码，右下角为盲文面额标记。钞票正面票面特征如图 5-27 所示。

图 5-27　20 元券人民币正面的票面特征

钞票背面主景为桂林山水图案，右上方为“中国人民银行”的汉语拼音字母和蒙、藏、维、壮四种民族文字的“中国人民银行”字样和面额。钞票背面票面特征如图 5-28 所示。

图 5-28　20 元券人民币背面的票面特征

（4）10 元券人民币的票面特征　10 元券人民币的票面主色调为蓝黑色，票幅长 140 毫米，宽 70 毫米。钞票正面主景为毛泽东头像，左侧为汉字“中国人民银行”、阿拉伯数字“10”、汉字“拾圆”字样和花卉图案。左上角为中华人民共和国国徽图案，左下角印有双色横号码，右下角为盲文面额标记。钞票正面票面特征如图 5-29 所示。

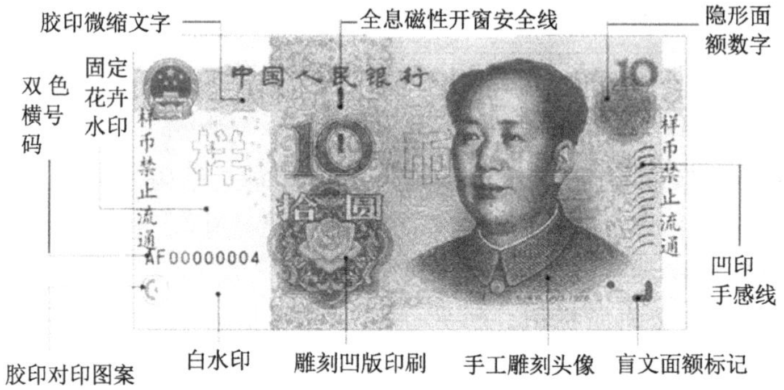

图 5-29　10 元券人民币正面的票面特征

钞票背面主景为长江三峡图案，右上方为“中国人民银行”的汉语拼音字母和蒙、藏、维、壮四种民族文字的“中国人民银行”字样和面额。钞票背面票面特征如图 5-30 所示。

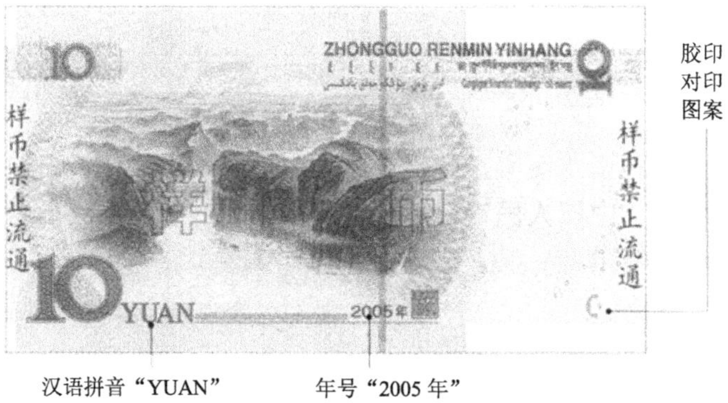

图 5-30　10 元券人民币背面的票面特征

（5）5 元券人民币的票面特征　5 元券人民币的票面主色调为紫色，票幅长 135 毫米，宽 63 毫米。钞票正面主景为毛泽东头像，左侧为汉字“中国人民银行”、阿拉伯数字“5”、汉字“伍圆”字样和花卉图案。左上角为中华人民共和国国徽图案，左下角印有双色横号码，右下角为盲文面额标记。钞票正面票面特征如图 5-31 所示。

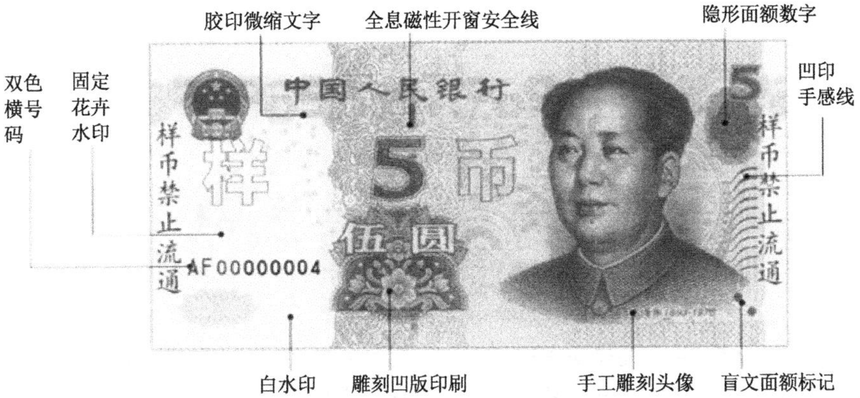

图 5-31　5 元券人民币正面的票面特征

钞票背面主景为泰山图案，右上方为“中国人民银行”的汉语拼音字母和蒙、藏、维、壮四种民族文字的“中国人民银行”字样和面额。钞票背面票面特征如图 5-32 所示。

图 5-32　5 元券人民币背面的票面特征

2、人工鉴别

伪造人民币最常用的识别方法：一看、二摸、三听、四比、五量。

1）一看，即看票面的颜色、轮廓、花纹、线条、图案、水印和安全线等。要点：①看票面的颜色、花纹、线条、图案。真币颜色鲜明，花纹线条粗细均匀，图案清晰，层次分明。②看水印。真币水印嵌于纸张内部，层次丰富，透过光线观察时，图形清晰可见，人像生动逼真，立体感很强。③看安全线。真币安全线嵌于纸张内部，纸与线融为一体。④看特殊防伪标记，如磁性特征。

2）二摸，即通过对票面的反复抚摸，观察其光滑程度、纸质粗细、厚薄、柔韧性、凹凸特点，即可发现真币有一种特殊立体感。要点：摸纸张手感，摸凹印图文。

3）三听，即通过抖动钞票使其发出声响，根据声音来分辨人民币真伪。人民币的纸张具有挺括、耐折和不易撕裂的特点。手持钞票用力抖动、手指轻弹或两手一张一弛轻轻对称拉动纸币，能听到清脆响亮的声音。

4）四比，即用真币和可疑票币进行局部、图案、花纹的对比，仔细观察，还可以从纸质、墨色、印刷技术方面进行对比。拿真钞与可疑票币作一比较，立见真伪。

5）五量，即用尺衡量钞票的规格尺寸。

3、仪器鉴别

验钞机，如图 5-33 所示。

1）为避免误判，首先将待验钞票整平，并将下列纸币剔除：污染严重的纸币、用胶布或不干胶纸粘合的纸币。

2）紫光检验，即根据待鉴别的钞票的版本选择相应的鉴别功能。验钞机每次开机都自动进入鉴别新版状态。验钞时，将待验的人民币正面朝上，进行紫光检验。

3）磁性油墨检验，即按下“磁性”按钮，其相对应的指示灯亮后，将钞票上附有磁性油墨的地方用手指压着在验钞机的磁头上左右摩擦。

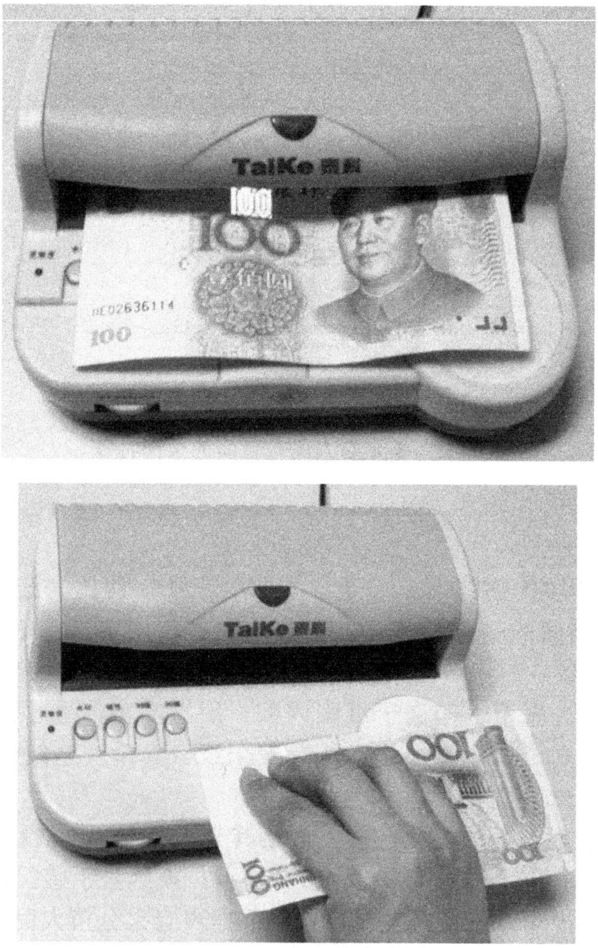

图 5-33 验钞机

项目训练实施

人民币鉴别

1. 人民币鉴别项目训练步骤与实践

（1）人民币鉴别项目训练步骤

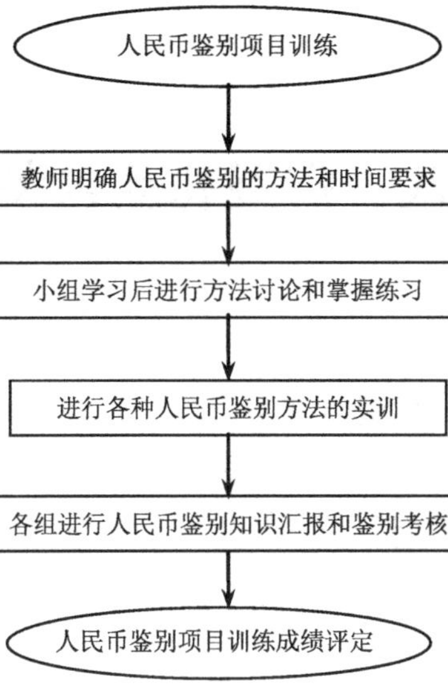

（2）人民币鉴别项目训练实践

1）从理论上对人民币进行鉴别。

2）对项目训练准备的人民币进行真伪鉴别。

2. 人民币鉴别项目训练注意事项

1）不能一次将纸盒中的所有纸币全部倒出。

2）鉴别时不得借助鉴别仪器。

3）鉴别时不得折损纸币，注意正确性和速度。

3. 人民币鉴别项目训练评价评分表（见表 5-11）

表 5-11　人民币鉴别项目训练评价评分表

考评人		被考评人	
考评地点			

（续）

考评项目	人民币鉴别项目训练			
考核标准	考核内容	考核要点	分值/分	得分/分
	鉴别人民币	了解人民币的鉴别方法	20	
		能根据所给人民币鉴别真伪	40	
		能对着人民币说出鉴别的特征	40	
合　计			100	

注：考核满分为100分，90分及以上为A；80～89分为B；60～79分为C；60分以下为D。

项目八　掌握礼品包装技术

礼品包装是人们在走亲访友馈赠礼品时所需要的服务。礼品通过包装可以显示出顾客的身份、地位以及礼仪等特殊含义。本项目的任务是练习礼品的正方形、长方形、三角形、圆筒形、心形包装和酒瓶的包装、礼品花的制作。

❖ 礼品包装技术项目实训 ❖

情景设置

2010年5月，顾客王某在商场工艺品柜购买了一件工艺品——胸花，准备送给过生日的朋友。他将购买的胸花送到服务台，请服务员进行商品包装。服务员询问了赠送对象、送礼的目的后，就根据胸花选择了包装材料，征得王某同意后进行了礼品包装。一件包装精致的胸花礼品盒制作好后，王某高兴地付了包装费，连说“谢谢”愉快地走出了商场。

➘ 情景分析

从上述案例中可以看出，随着经济的发展、收入的增加，人们更加注重公关和社会交往，人们赠送商品的品位在增加，对礼品包装的需求加大。该商场服务台工作人员根据顾客赠送礼品的对象和主题设计包装的方法收到了好的效果，使顾客的需求得到了满足，受到了顾客的称赞。

➘ 思考与启示

顾客购买不是为自己享用，而是作为馈赠亲朋好友以示礼仪的商品称为礼品。使商品外观更加精美、美观、高雅且富有情义的包装就是礼品包装。随着社会经济的发展，人们更加注重公关和社会交往，馈赠亲朋好友的需求在增加。掌握礼品包装技术能够更好地为顾客提供优质服务。能根据顾客送礼的对象、主题等进行包装设计并进行包装是营业员应该掌握的一项基本技能。在现代销售服务中，营业员必须学会和掌握礼品包装技术。

项目训练目标

1．掌握各种形状礼品包装的基本方法。

2．能进行各种形状礼品的包装，并在此基础上进行包装设计。

项目训练准备

1．物品准备：长方形礼盒、正方形礼盒、三角形礼盒、圆筒形礼盒、心形礼盒、瓶子、包装纸、彩带、透明胶、双面胶、裁纸刀、剪刀和订书机。

2．场地准备：一间能容纳 40 人的技能操作实训室。

3．分组安排：学生分组，每组 8～10 人。由教师先进行示范讲解，然后学生以组为单位练习。

相关理论知识

一、礼品包装

1．礼品包装遵循的原则

（1）实用　礼品包装可以使商品更安全，不易受损、受污。

（2）美观　在实用的基础上，包装追求美观化。运用精美、亮丽的包装纸、包扎绳和饰物装点，使礼品包装愈加美观。

（3）简洁　礼品的包装不要过于繁复，不能喧宾夺主，包装时以够为限。

（4）主题　每一次馈赠礼物都有一定的目的，代表一定的意义，不论是庆祝生日、祝贺婚嫁、节日问候、恋人情结，还是公司庆典，都有特定的涵义，礼品包装必须为主题服务，突出主题，起到深化主题、画龙点睛的作用。

2、礼品包装的工具、材料

（1）基本工具　剪刀、美工刀、订书机、胶带、量尺、透明胶和双面胶等。

（2）基本材料　包装纸是包装时所必需的最基本的材料。纸张有很多类型，如彩印包装纸、手揉纸、云龙纸、瓦楞纸、报纸、牛皮纸和自绘图纸等。纸张的质地、花纹、厚薄等都应该根据礼品的性质、用途和所要表达的意境来灵活运用。

（3）打包带　锻带、尼龙带和纸藤等。

（4）饰品　鲜花、干花、巧克力、洋娃娃和小玩具等。饰品可用来装点包装的外形，新颖别致的饰品往往能让礼品格外显眼。

（5）一般盒型　常见的礼品盒形状有长方形、正方形、圆筒形、扁圆形、三角形等。当然，也有一些奇形怪状的礼盒。

二、六种基本形状礼盒的包装方法

1、正方形礼盒包装

包装纸尺寸：长=周长+2 厘米；宽=（边长+高）×2。

1）将礼盒放在包装纸同方向的正中心处。

2）包装纸围绕礼盒一圈。

3）注意把接缝调整到边线处。

4）将礼盒一端左右两边的纸向内折，然后压紧，再将另两边用同样的方法向内折。

5）用十字系带法打一个丝带结。

6）整理后完成。

正方形礼盒包装及包装过程，如图 5-34 所示。

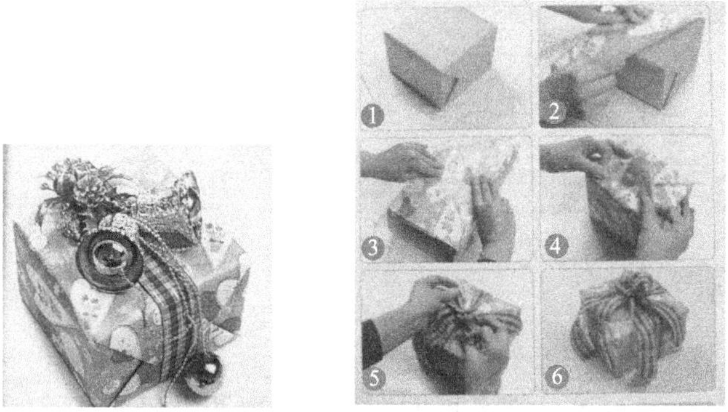

图 5-34　正方形礼盒包装及包装过程

2、长方形礼盒包装

包装纸尺寸：长=礼盒宽度×3+礼盒厚度×2；宽=礼盒长度+礼盒厚度×2。

1）根据礼品盒的大小裁剪包装纸。

2）把包装纸连续打两个折，覆盖在盒面长边的 1/3 处。

3）在内折的边线上，粘上双面胶固定。

4）把礼盒短边侧面的包装纸内折。

5）再把上、下包装纸沿边线分别向下、向上折。

6）用双面胶固定，把已准备好的缎带花结绑上即可。

长方形礼盒包装及包装过程，如图 5-35 所示。

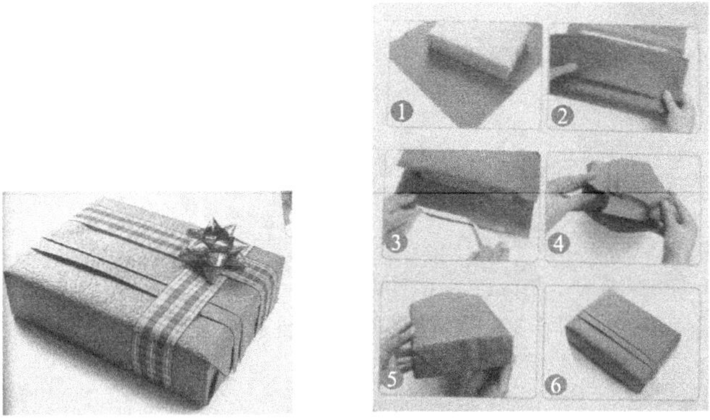

图 5-35　长方形礼盒包装及包装过程

3、三角形礼盒包装

纸张的尺寸：将礼盒的底边放在包装纸对角线处，两边纸折合，刚好覆盖住礼盒即可。

1）把礼盒放在包装纸的对角线上。

2）将纸的一角向上折起盖住盒面。

3）将礼盒一侧的包装纸沿盒的边线压下。

4）将底面的包装纸对准盒的边角向上拉起，超出盒面的包装纸向内折。

5）粘贴双面胶使其固定。

6）用同样的方法将另一边固定好，最后将缎带系在礼盒上就可以了。

三角形礼盒包装及包装过程，如图 5-36 所示。

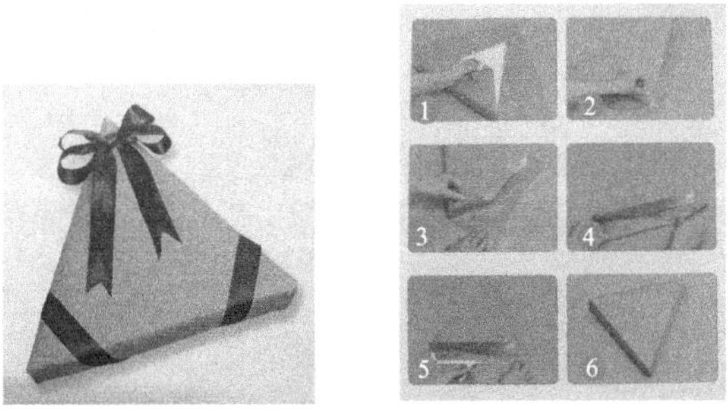

图 5-36　三角形礼盒包装及包装过程

4、圆筒形礼盒包装

纸张的尺寸：长=周长+2 厘米；宽=高+底面直径+10 厘米。

1）把长方形的包装纸固定在礼盒上，向前滚动。

2）包装纸两边线重合后，用双面胶固定。

3）将礼盒的一侧面均匀地折出扇形纹。

4）将另一侧面的包装纸围拢扎紧。

5）把多出的部分从中间剪开。

6）把剪开的包装纸整理成花结状，系上丝带花。

圆筒形礼盒包装及包装过程，如图 5-37 所示。

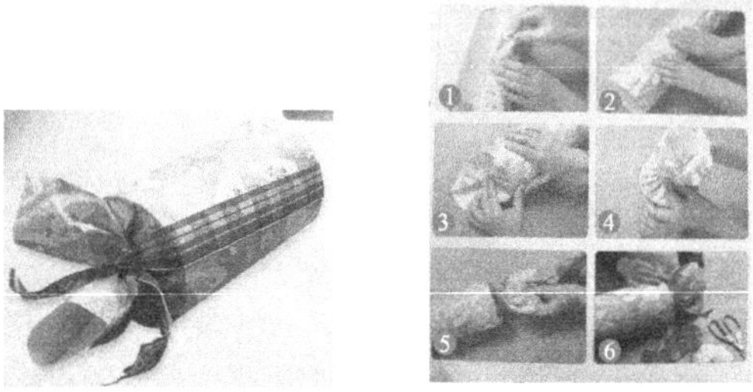

图 5-37　圆筒形礼盒包装及包装过程

5、心形礼盒包装

纸张的尺寸：根据礼盒的实际尺寸裁剪。

1）将所需要的材料和工具备齐。

2）测量出礼盒一面的实际尺寸。

3）裁剪出上下两张心形包装纸。

4）量出礼盒侧面的周长，按周长剪出包装纸。

5）粘贴上双面胶。

6）在侧面粘上裁剪好的瓦楞纸。

7）同样在礼盒的正反两面粘贴上瓦楞纸。

8）将已做好的丝带花固定在礼盒上面。

心形礼盒包装及包装过程，如图 5-38 所示。

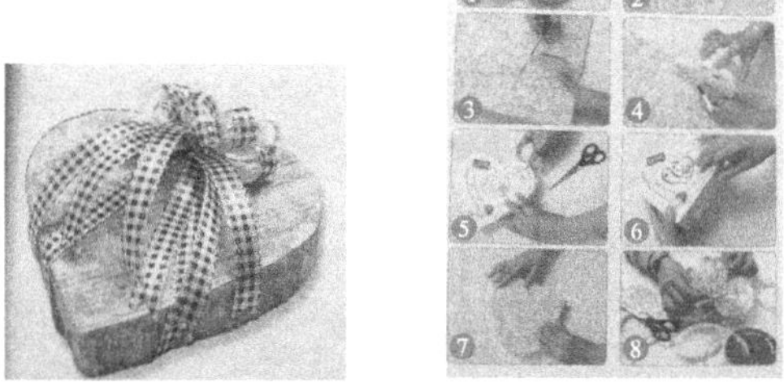

图 5-38　心形礼盒包装及包装过程

6、瓶子包装

纸张的尺寸：正方形包装纸边长=酒瓶的高×2+10 厘米。

1）准备好所需要的工具和材料。

2）取一张正方形包装纸，平铺在台面上。

3）再取一张不同颜色的包装纸与第一张层叠，注意要错开放置。

4）将酒瓶放在正方形包装纸的中心，并将包装纸向上拉起。

5）一边轻轻转动酒瓶，一边均匀地打出皱褶。

6）直至全部包装纸围拢在手中，用丝带扎紧。

7）整理后系上漂亮的丝带绳就可以了。

瓶子包装过程，如图 5-39 所示。

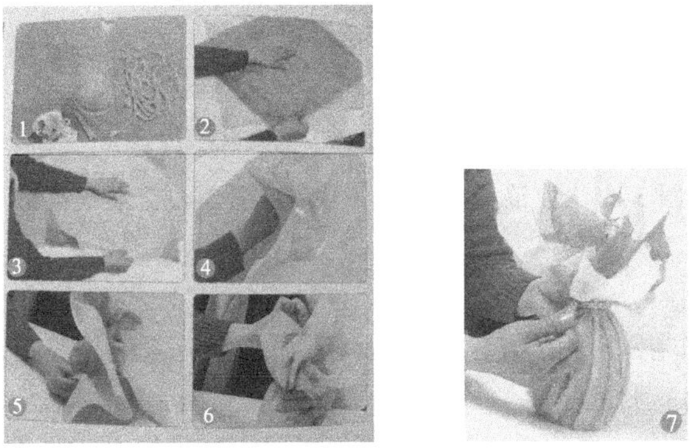

图 5-39　瓶子包装过程

三、礼品花的制作

1、绒球花的制作

基本制作方法：

1）将彩带做成 10 个重叠式的圆圈。

2）如图 5-40 所示剪去两角。

3）将切口处重叠好，再用细的彩带打结。

4）将圆圈自里向左右拉出即可。

图 5-40　绒球花

2、波浪花的制作

基本制作方法：

1）将彩带绕一空圈。

2）以空圈为中心在底部绕两个重叠式的圆圈，注意第二个圈比第一个圈大。

3）用订书机将空圈和底部的两个重叠式的圆圈从中间订合。

4）剪两个飘带订在下面或用双面胶粘上（见图 5-41）。

在图 5-41 的基础上，可加绕一圈制作另一种波浪花，如图 5-42 所示。

图 5-41　波浪花一

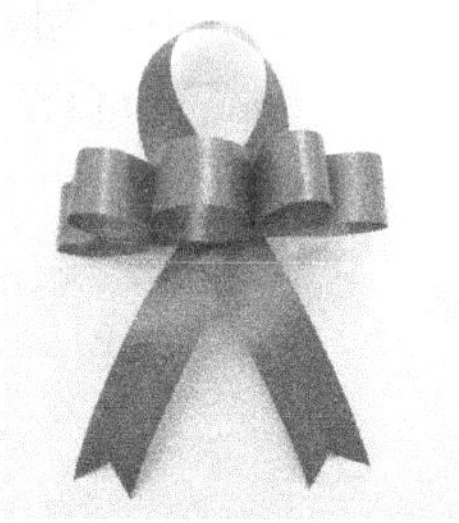

图 5-42　波浪花二

3、星星结的制作

基本制作方法：作出一层蝴蝶结后，以相同的形状、稍作变化的角度做 4 次重复来回的八角形，如图 5-43 所示。

图 5-43　星星结

四、礼品包装运用实例欣赏（见图 5-44）

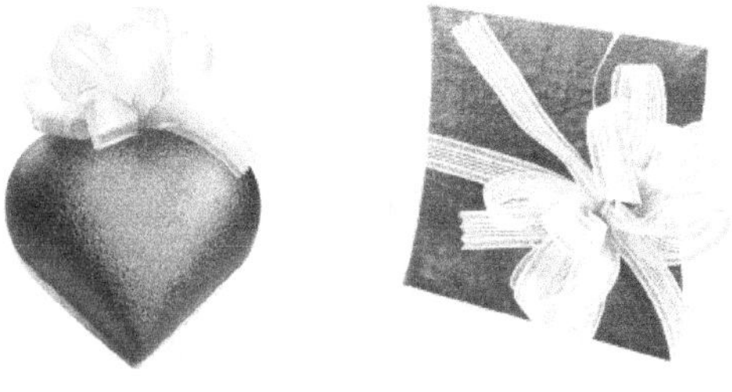

图 5-44　礼品包装运用实例

图 5-44　礼品包装运用实例（续）

项目训练实施

礼品包装技术

1、礼品包装技术项目训练步骤与实践

（1）礼品包装技术项目训练步骤

根据需要包装的礼品设计包装主题，确定包装形状

↓

根据确定的包装形状和主题选用包装材料

↓

裁剪包装材料进行礼品包装

↓

制作装饰花进行装饰，或者将装饰物进行粘贴

↓

进行包装整理，完成礼品包装

（2）礼品包装技术项目训练实践

1）根据所准备的材料进行装饰花的制作。

2）根据所准备的长方形礼盒进行长方形礼盒包装。

3）根据所准备的正方形礼盒进行正方形礼盒包装。

4）根据所准备的三角形礼盒进行三角形礼盒包装。

5）根据所准备的圆筒形礼盒进行圆筒形礼盒包装。

6）根据所准备的心形礼盒进行心形礼盒包装。

7）根据所准备的瓶子进行瓶子包装。

2、礼品包装技术项目训练注意事项

1）裁剪包装纸时要注意到礼品的形状和实际大小。

2）包装小巧、高级的礼品应选用高级包装纸。

3）包装时要尽可能结合礼盒的实际情况进行包装设计。

4）熟练使用包装辅料。

5）礼品包装是为礼品服务的，应突出包装主题。

3、礼品包装技术项目训练评价评分表（见表 5-12）

表 5-12　礼品包装技术项目训练评价评分表

考评人		被考评人		
考评地点				
考评项目	礼品包装技术项目训练			
考核标准	考核内容	考核要点	分值/分	得分/分
	包装设计	包装设计合理、美观大方	30	
	包装技术	棱角分明，线条流畅	20	
	包装对称	两侧对称，符合要求	20	
	包装饰物	彩带配置得当，设计新颖，富有美感，不脱落	30	
合　计			100	

注：考核满分为 100 分，90 分及以上为 A；80～89 分为 B；60～79 分为 C；60 分以下为 D。此项训练考核限时 15 分钟，每超过 1 分钟扣 5 分，超过 3 分钟、使被包装商品受到污损、未完成包装或因操作失误而出现松开、散开或破裂等现象成绩均为 D。

模块六　处理顾客异议和投诉技术　6

每一位顾客都希望购买到称心如意的商品，享受到贵宾般的服务。但人是千差万别的，每一位顾客都有不同的需求、不同的喜好、不同的消费习惯、不同的经济背景……因此，营业员在提供服务时会遇到各种各样的顾客，会面对各种各样的问题，甚至会受到批评、指责和刁难。这些问题一旦处理不好，就会令顾客产生不满意的情绪，这时再让顾客购买产品或服务将会很困难。所以，营业员必须善于适应顾客，学会妥善处理顾客提出的各类问题和意见，时刻注意与顾客保持良好的关系，根据不同的顾客采取不同的处理方法，使顾客满意，从而提高顾客的忠诚度和企业的形象。

项目一　学会处理顾客异议

在销售过程中，我们经常听到顾客的不同意见，如“价格太贵了！”“没听过这个品牌。”“售后服务有保证吗？”等。顾客往往会对自己感兴趣的商品提出各类异议，以期获得更多的商品信息，这些顾客往往是真心想买商品的人。有调查显示，提出购买异议的顾客中有64%最终购买了商品，而没有提出异议的顾客，其成交率只有54%。因此，处理顾客异议是营业员的一项重要工作。只有恰当地处理顾客异议，才能使销售成交最终成为可能。

❖ 处理顾客异议项目实训 ❖

情景设置

适逢国庆佳节，某家电商场进行促销活动。在某品牌冰箱柜台前发生了下面一段对话。

顾客：这台冰箱看起来不错，就是太贵了。

销售人员：你还觉得贵？这价格已经很合理了！

顾客：我就是觉得贵。

销售人员：那就没什么好说的了，价格又不是我定的。

顾客：那你们的冰箱质量怎么样？

销售人员：质量当然好，我还能蒙你？我们的产品可是经过国家有关部门检验合格的。看看，那里还有证书。

顾客：我家里那台还不是一样有证书？可是用了没多久，就整天轰隆隆的，吵死人了。

销售人员：那你换一台好了，买那些便宜货质量当然不好啦！

情景分析

顾客在购买商品时会考虑到质量、价格和服务等问题，有时会比较一下其他商家的产品，从而提出各种各样的异议。当顾客提出一些异议时，他们往往是真正关心这个产品，有一定的购买意向，只是对交易条件有不同看法，不知道商家及其产品能否满足自己的需求。因此，如果营业员对顾客提出的异议处理不当，就会失去顾客。

思考与启示

据统计，营业员每达成一笔生意平均要受到 179 次异议。可见，顾客异议是常见的现象。但是，许多销售新手面对顾客的异议常常望而却步。其实，顾客异议并不可怕，异议既是成交的障碍，也是成交的信号。因为这些异议恰恰说明了顾客对产品有渴望和需求，只是他还没有完全被说服。顾客需要更多的信息来确认作出的购买决定是正确的。所以，有异议表明顾客对产品感兴趣，意味着有成交的希望。

有效处理顾客异议，是使销售走向成功必须跨越的障碍。因此，营业员必须正确对待并妥善处理顾客所提出的有关异议。营业员对顾客提出的异议不能回避，应将其看做是与顾客交流的机会。只有通过与顾客交流，正确分析顾客异议的类型和产生的原因，并有针对性地采取不同的策略，妥善加以处理，才能消除异议，促成交易。

项目训练目标

1. 理解顾客异议的概念和分类。
2. 掌握处理顾客异议的时机和方法。
3. 提高处理顾客异议的能力，能根据实际情况灵活处理。

项目训练准备

1．资料准备：顾客异议处理的相关案例资料。

2．物品准备：黑色签字笔1支。

3．场地准备：一间能容纳40人的实训室。

4．分组安排：学生分组，每组5～6人。每组设1名实训组长，主持小组讨论、评议、评分和总结等全面工作。

相关理论知识

一、顾客异议的概念

顾客异议是指顾客针对营业员及其在销售过程中的各种活动所作出的一种反应，是顾客对销售品、营业员、销售方式和交易条件发出的怀疑、抱怨，提出的否定或反对意见。如“对不起，我没兴趣”、“太贵了”、“效果真像你说的那样吗”、“我不需要你们的产品”、“我已经选择其他的品牌了”等，这些被顾客用来作为拒绝购买销售品的问题，就是顾客异议。

顾客异议有真假之分。所谓真实异议，是指顾客对销售活动的真实意见和不同的看法，因此又称为有效异议。所谓虚假异议，是指顾客用来拒绝购买而故意编造的各种反对意见和看法，是顾客对销售活动的一种虚假反应，又称无效异议。

虚假异议的产生多是顾客拒绝推销的表现，并不是顾客的真实想法，可能是顾客为了争得更多的交易利益而假借的理由。即使营业员处理了所有的虚假异议，也不会对顾客的购买行为产生促进作用。因此，营业员一定要能够分辨异议的真假。如果能够理解顾客的真实想法，区分不同异议的原因，就能采取相应的措施进行处理，从根本上消除异议，有效地促进顾客的购买行为。

二、常见的顾客异议类型

1．需求异议

需求异议是指顾客主观上认为自己不需要销售品而形成的一种购买异议，如“我的皮肤很好，不需要用护肤品”、“这种产品我用不上”、“我已经有了”等。

2．财力异议

财力异议是指顾客以支付能力不足或没有支付能力为由而提出的一种购买异议，如“产品确实不错，可惜没钱买”等。这是顾客可以随时利用的异议，也是顾客认为最有效的异议。

3、权力异议

权力异议是指顾客以缺乏购买决策权为理由而提出的一种购买异议，如“我做不了主”、“领导不在”等。

4、价格异议

价格异议是指顾客以销售品价格过高为由而拒绝购买的异议，如“太贵了”、“我想买便宜点的”、“别人的比你便宜”等。在实际销售工作中，价格异议是最常见的。

5、产品异议

产品异议是指顾客认为销售品的内在品质、外观形态等方面不能满足自己的需要而提出的一种异议，如“这款式太陈旧了”、“这个产品造型太古板了”、“我不喜欢这种颜色”等。这也是一种常见的顾客异议。

6、营业员异议

营业员异议是指顾客对营业员不信任或反感而提出的一种异议，如“我要买老王的”、“对不起，请贵公司另派一名营业员来”等。通常，顾客不会直接表达出对营业员的异议，而是以其他异议为拒绝购买的借口。

7、货源异议

货源异议是指顾客自认为不应该购买某企业的产品而提出的一种购买异议，如：“我用的是××公司的产品”等。顾客可能对货源来路的真实性有疑问，或者不愿意接受信不过或不知名的企业、品牌的产品。

8、购买时机异议

购买时机异议是指顾客自认为购买销售品的最好时机还未成熟而提出的异议，如“我考虑考虑”、“我们再商量商量”、“过几天再说”等。

9、服务异议

服务异议是指顾客对销售品交易附带承诺的售货服务的异议，包括对服务方式方法、服务延续时间、服务延伸度、服务实现的保证程度等多方面的意见，如“我帮别人买的，如果不合适怎么办？”、“我要送到外地去，坏了怎么办？”等。

三、顾客异议产生的原因

正确认识顾客提出异议的原因是有效处理顾客异议的前提条件。顾客异议产生的原因是多种多样的，既有主观因素，也有客观因素，既有必然因素，也有偶然因素，如图6-1所示。

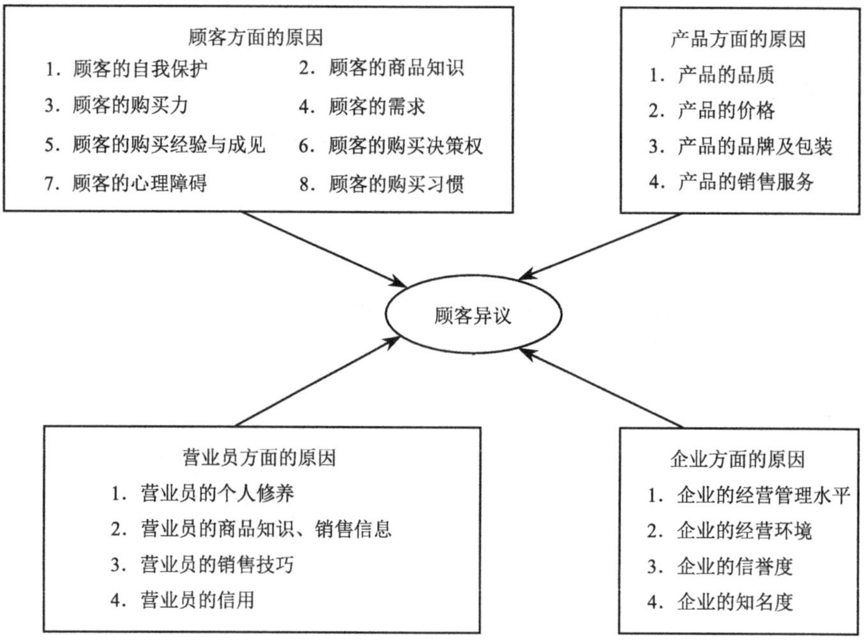

图 6-1　顾客异议产生的原因

四、处理顾客异议的原则

营业员处理顾客异议时应遵循以下原则：

1、正视顾客异议

异议是销售过程中的一种正常现象，也是销售走向成功必须跨越的障碍。营业员应将顾客异议看做销售成功的路标。只有正确地理解、对待顾客异议，保持真诚合作的态度，才能促使销售成功。

2、准确分析顾客异议

顾客提出异议总是有一定原因的。当顾客提出异议时，营业员应认真倾听，多提问，找出异议的真正原因，并站在顾客的立场上想问题，这样才能有针对性地处理异议，从而提高销售的成功率。

3、正确回答顾客异议

要巧妙、正确地回答顾客异议。回答顾客的异议应简明扼要，不要偏离正题，尽量避免用个人的看法去影响顾客。同时，也要学会适当地转换话题，分散顾客对某一方面异议的注意力。

4、尊重顾客异议

顾客的意见无论是对是错、是深刻还是幼稚，营业员都要尊重顾客的意见，不要随便打断顾客的话，更不要与顾客争论。与顾客争辩，失败的永远是营业员。

5、适时处理顾客异议

对于顾客提出的异议，营业员不一定要立即答复，应选择适当的时机。处理时机有以下几种情况：

1）在顾客提出异议之前进行处理。

2）在顾客提出异议时当即进行处理。

3）推迟处理。

4）不予处理。

有的异议是营业员必须答复的，特别是能够给顾客圆满答复的，应立即处理；有的异议是营业员不能自圆其说或是异议偏离主题的，营业员可不必马上答复，甚至可以不予理睬；有的异议早在预料之中，营业员应作好准备，在顾客提出异议之前及时解答，消除顾客的疑虑。

五、处理顾客异议的方法

顾客提出异议后，营业员要积极分析异议产生的原因，并运用一定的方法妥善处理，从而消除销售障碍，达成交易。因此，掌握顾客异议的处理方法十分关键。常见的异议处理方法有：

1、反驳处理法

反驳处理法是指营业员根据较明显的事实与充分的理由直接否定顾客异议的方法。从理论上讲，这种方法应该尽量避免使用，一般适用于处理由于顾客的误解、成见和信息不足等导致的有明显错误、漏洞、自相矛盾的异议。

2、有效比较法

有效比较法也称转折处理法，是指营业员不直接反驳顾客的异议，而是先承认顾客的看法有一定的道理，然后再通过与顾客对可以考证的、具有可比性的事件进行比较，使所销售产品的优点突显出来，以此打动顾客，最终消除顾客异议的一种处理方法。

3、转化处理法

转化处理法是利用顾客异议中积极的一面去克服消极的一面，将顾客拒绝购买的理由转化为说服顾客必须购买的理由，促使顾客产生购买欲望的一种方法。

4、补偿处理法

补偿处理法又称抵消处理法或以优补劣法，是指营业员利用顾客异议以外的产品优点或长处对异议涉及的产品短处进行补偿或抵消的一种方法。

5、委婉处理法

委婉处理法是指营业员针对某些不确切的、夸大的反对意见，先用委婉的语气把顾客异议重复一遍，使其变得较为确切、温和，甚至改变了它的性质，然后再予以答复的一种处理方法。当营业员还没有考虑好如何答复顾客的反对意见时，也可以采用此法。

6、合并意见法

合并意见法是指将顾客的几种意见汇总成一个意见，或者把顾客的反对意见集中在一个时间讨论的处理方法。

7、冷处理法

冷处理法也称忽视处理法，是指对于顾客一些无效的、无关的或者虚假的反对意见，营业员有意不理睬，以分散顾客的注意力，回避矛盾的处理方法。

顾客说："啊，你原来是××公司的推销员，你们公司周围的环境可真差，交通也不方便！"尽管事实未必如此，营业员也不要争辩。营业员可以说："先生，请您看看产品……"

8、询问法

询问法又称问题引导法或追问法，是指营业员利用顾客提出的异议，直接以询问的方式向顾客提出问题，引导顾客在回答问题过程中不知不觉地回答了自己提出的异议，甚至否定自己，同意营业员观点的处理方法。

9、预防处理法

预防处理法是指营业员在接近顾客之前，将顾客有可能提出的各种异议列出来，并仔细准备好处理方法，在销售过程中确信顾客会提出某种异议，就在顾客尚未提出异议时，自己先把问题说出来，继而适当地给予解释说明的一种处理方法。

10、定制处理法

定制处理法是指营业员按照顾客异议的具体要求重新为顾客制造与销售符合顾客要求的产品，从而进行顾客异议处理。这一方法很好地体现了现代市场营销观念中"按需生产"、"以销定产"的观点，是满足顾客需求的最好方法。

顾客异议千差万别，处理顾客异议的方法也不胜枚举，除了以上几种外，还有引申归谬法、岔开拖延法、例证法、反问法等。每种方法各有优缺点，适用情况也不一样。在销售过程中，营业员应根据不同情况灵活运用，甚至加以创新，以达到既实现产品销售，又满足顾客需要的目的。

项目训练实施

一、顾客异议分析

1、顾客异议分析项目训练步骤与实践

（1）顾客异议分析项目训练步骤

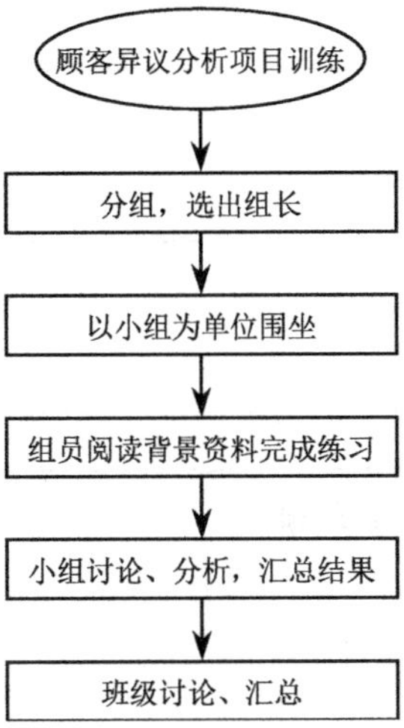

（2）顾客异议分析项目训练实践

1）小王是一家计算机科技公司的产品专员，负责公司代理的几大品牌产品的区域销售。以下是小王和客户在一次销售活动中的对话。请你阅读这段对话，分析客户提出了哪些异议，以及这些异议的所属类型。

小王：您已经详细地读过我公司的产品手册，刚才我也非常仔细地为您介绍了各种产品的性能，您还有什么问题吗？

客户：产品价格太高了。

小王：如果贵公司采购量足够大的话，我们可以给予适当的折扣。

客户：哦，那我可以考虑考虑，不过你们公司是个小代理商，不是吗？

小王：是的，我们公司是小了点，不过我们的信誉很好，服务也很周到，口碑也不错。

客户：不过你们的竞争对手的产品和服务也不赖啊！我已经拿到了它们的报价单，也了解过它们的信誉。

小王：我们的产品质量很好，价格也很合理，售后服务很完善，先生您还有什么可犹豫的呢？现在就买吧，您马上就可以享受到我们的产品带给您的高效与便捷。

客户：你还是先给我留些资料，我看看再说，好吗？

小王：可以。不过，我不明白您为什么现在不买呢？早买早受益，不是吗？

客户：我想还是谨慎点好。我得和我们系统集成部的负责人谈谈，征求一下同事的意见。

2）分析顾客异议的类型和异议产生的可能原因，填写表 6-1。

表 6-1　顾客异议分析表

顾 客 异 议	顾客异议的类型	顾客异议产生的原因
你们的饮料怎么这么贵啊？		
这要问问我老婆的意见。		
你们是新公司吧？		
让我好好想想。		

（续）

顾 客 异 议	顾客异议的类型	顾客异议产生的原因
我从来不用化妆品。		
又涨价了，我买不起。		
这鞋样式太老了。		
这东西如果坏了没地方修。		
算了，连你自己都不明白，我不买了。		
给我打个八折，我就买。		

2、顾客异议分析项目训练注意事项

1）学生在教师的指导下自由组合，5～6 人为一组，在小组推荐的基础上确定组长。

2）学生首先阅读背景资料，独立完成练习，然后在组内展开讨论，对分析结果进行汇总。

3）各组将汇总的结果在班内进行讨论、分析。

4）训练过程中，要注意顾客异议产生的原因是多样的，答案并不唯一。

5）训练过程中，教师要注意引导学生进行分工协作，培养学生的团队协作能力，提高学生分析问题的能力。

3、顾客异议分析项目训练评价评分表（见表 6-2）

表 6-2　顾客异议分析项目训练评价评分表

考评人		被考评人		
考评地点				
考评项目	顾客异议分析项目训练			
考核标准	考核内容	考核要点	分值/分	得分/分
	案例分析	能准确辨别顾客提出的异议	20	
		能正确分析顾客异议所属的类型	20	
		运用普通话	5	
		语言表述完整	5	
	顾客异议类型与成因分析	能正确分析顾客异议的类型	10	
		能合理分析顾客异议产生的原因	20	
		理由阐述充分、恰当	10	
		普通话标准	5	
		语言表达清晰、有条理	5	
合　计			100	

注：考核满分为 100 分，90 分及以上为 A；80～89 分为 B；60～79 分为 C；60 分以下为 D。

二、顾客异议处理方法

1、顾客异议处理方法项目训练步骤与实践

（1）顾客异议处理方法项目训练步骤

（2）顾客异议处理方法项目训练实践

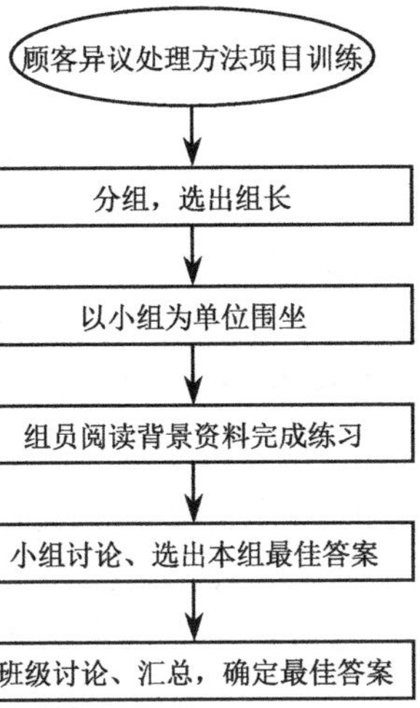

1）分析每种顾客异议处理方法的优缺点。

2）阅读以下资料，分析营业员使用了哪种顾客异议处理方法，并简要分析该种方法在化解顾客异议过程中的具体运用。

情景一

顾客：“你的产品不错，不过，现在我还不想买。”

营业员：“先生，既然产品很好，您为什么现在不买呢？”

顾客：“产品虽然不错，可它不值5万元啊！”

营业员：“那您说说这样的产品应该卖什么价格？”

顾客：“反正太贵了，我买不起。”

营业员：“先生，看您说的！如果连您都买不起，还有什么人买得起？您给还个价吧。”

情景二

顾客：“我家小孩根本就不认真读书，他连学校的课本都没有兴趣读，怎么可能看这种课外书呢？”

营业员：“是啊，现在的孩子的确没有我们小时候读书用功了，我们这套图书就是为激发小朋友的学习兴趣而特别编写的。图书内容丰富，形式新颖、活泼，对学校教材可以起到很好的辅助作用。”

情景三

在一次冰箱展销会上，一位打算购买冰箱的顾客指着不远处一台冰箱对身旁的推销员说：“那种××牌的冰箱和你们的这种冰箱是同一类型、同一规格、同一星级的，可是它的制冷速度要比你们的快，噪声也要小一些，而且冷冻室比你们的大12升。看来你们的冰箱不如××牌的呀！”推销员回答：“是的，您说得不错。我们冰箱噪声是大点，但仍然在国家标准允许的范围以内，不会影响您和家人的生活与健康。我们的冰箱制冷速度慢，可耗电量却比××牌冰箱少得多。我们冰箱的冷冻室小，但冷藏室很大，能储藏更多的食物。您一家三口人，每天能有多少东西需要冰冻呢？而且，我们的冰箱在价格上要比××牌冰箱便宜300元，保修期也要长6年，我们还可以上门维修。”顾客听后，脸上露出欣然之色。

➘ **情景四**

一位中年女士来到化妆品柜台前，欲购买护肤用品，销售人员向她推荐了一种高级护肤霜。该女士说："我这个年纪买这么高档的化妆品干什么？我只是想保护皮肤，可不像年轻人那样要追求漂亮。"销售人员回答："这种护肤霜的作用就是保护皮肤的。年轻人皮肤嫩，且生命力旺盛，用一些一般的护肤品即可。上了年纪的人皮肤不如年轻时，正需要这种高级一点的护肤霜。"该女士愉快地接受了销售人员的建议。

➘ **情景五**

某家具城节假日开展促销活动，削价处理一批存在瑕疵的儿童画板。一名顾客看了画板后说："这东西质量不好。"营业员从容地告诉他："这些画板的质量确实有问题，所以我们才削价处理。不但价格优惠很多，而且公司确保这些瑕疵不会影响到画板的使用效果。"

➘ **情景六**

有位营业员希望顾客在 15 天内付款，于是他对顾客说："先生，您一眼就可以看出我们公司产品的质量是可靠的，并且价格合理，在操作上也很有特点。您也知道，我们公司要维持合理的价格，既要凭借可靠的质量、高效率的操作，同时也要采用企业界的一般做法，如请求顾客在规定期限内付款。虽然顾客对此方面略有抱怨，但由于我们的产品物美价廉，实质上是增加了顾客的利益。"

3）以下是顾客对于购买产品的一些异议，请列出你对每一种异议的回答。

① 对汽车：你们的价格比××公司的高。

② 对打印机：这个东西看起来没有必要买。

③ 对人寿保险：我收入低，没有钱买保险。

④ 对清洁剂：我不相信这个品牌的东西。

⑤ 对化妆品：我需要和我的妻子商量商量。

⑥ 对服装：这个颜色已经过时了。

⑦ 对沙发：我喜欢这个款式，挺时尚的，可惜材料的品质不是最好的。

⑧ 对洗衣粉：我家的洗衣粉还没有用完，过一阵子再说吧。

⑨ 对微波炉：我不想买那么好的，一般的就可以了。

⑩ 对冰箱：东西倒是不错，可是我听说你们公司送货速度太慢了。

2、顾客异议处理方法项目训练注意事项

1）学生在教师的指导下自由组合，5～6 人为一组，在小组推荐的基础上确定组长。

2）学生分析各种顾客异议处理方法的优缺点及适用情况，思考在所提供的背景资料中该如何运用。

3）以小组为单位进行讨论，对每位学生的答案进行分析和评价，在此基础上进行筛选、汇总和整理，确定本组的最佳答案。

4）顾客异议处理方法没有统一模式，到底哪一种方法最有效、最可行，还要在实践中检验。

5）训练过程中，教师要注意培养学生的团队协作能力，提高学生分析问题的能力和语言表达能力。

3、***顾客异议处理方法项目训练评价评分表***（见表6-3）

表6-3　顾客异议处理方法项目训练评价评分表

考评人			被考评人	
考评地点				
考评项目	顾客异议处理方法项目训练			
考核标准	考核内容	考核要点	分值/分	得分/分
	顾客异议处理方法运用情景分析	能准确判断情景中运用的处理方法	10	
		能正确分析异议处理方法的适用情况	10	
		能合理分析异议处理方法的优缺点	10	
		理由阐述充分、恰当	10	
		运用普通话	5	
		语言表述清晰、有条理	5	
	顾客异议的回答	能正确判断顾客异议的类型	10	
		能正确分析顾客异议产生的原因	10	
		能选用恰当的顾客异议处理方法解决问题	20	
		语言表达符合营业员岗位规范要求	10	
合　计			100	

注：考核满分为100分，90分及以上为A；80～89分为B；60～79分为C；60分以下为D。

三、顾客异议处理

1、***顾客异议处理项目训练步骤与实践***

（1）顾客异议处理项目训练步骤

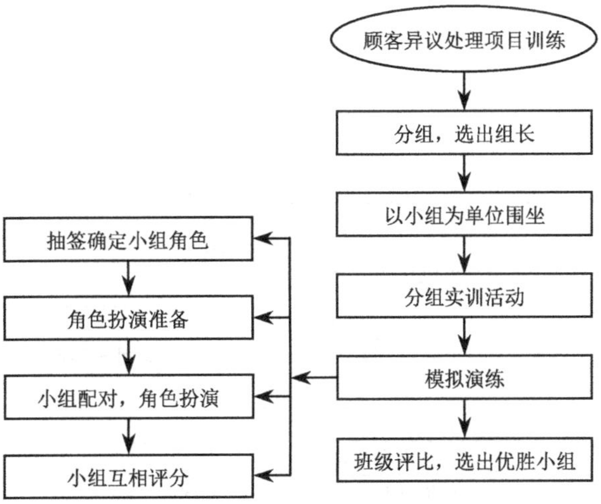

（2）顾客异议处理项目训练实践　分小组模拟柜组（柜组类别自定），根据本柜组销售商品的特点，分析在销售过程中可能会出现的顾客异议类型，并思考应对方法与策略，将本组的讨论结果写在表6-4中。

表 6-4　处理顾客异议的方法简表

柜组类别（商品名称）		顾客类型	
顾客异议类型	顾客异议	处理方法	
价格异议			
需求异议			
其他异议			

小组讨论有哪些价格异议，在表格顾客异议对应栏中列出顾客可能提出的异议，并在处理方法对应栏中列出处理异议的方法。顾客除价格异议、需求异议外还有哪些异议，可填写在对应的其他异议栏内，并讨论出处理异议的方法。

2、顾客异议处理项目训练注意事项

1）学生在教师的指导下自由组合，5～6 人为一组，在小组推荐的基础上确定组长。

2）以小组为单位进行讨论，根据本组的柜组类别、销售价格，列出可能出现的顾客异议类型及相应的异议、处理方法等。

3）柜组类别可由教师拟定，也可由学生自行拟定。具体方法由任课教师根据班级情况确定。

4）模拟训练在各小组间进行时，每组派出一个代表，每两组配成一对，一个扮演顾客，一个扮演营业员。

5）各组在评分时不能为本组打分，评分时要说明每组得分与扣分的理由，分析每组的准备内容及训练中的优势与不足。

6）训练过程中，教师要注意培养学生的团队协作能力，提高学生分析问题的能力、语言表达能力和灵活应变能力。

3、顾客异议处理项目训练评价评分表（见表 6-5）

表 6-5　顾客异议处理项目训练评价评分表

考评人		被考评人		
考评地点				
考评项目	顾客异议处理项目训练			
考核标准	考核内容	考核要点	分值/分	得分/分
	顾客异议的类型	能根据柜组的商品特点列出可能出现的顾客异议	10	
		能根据顾客的特点分析顾客异议产生的原因	10	
		顾客异议的种类全面、合理	10	
	顾客异议的处理	处理方法得当	15	
		体现以顾客为中心，站在顾客立场处理问题的原则	15	
		问题归纳全面、具体	10	
	情景表演	表演自然、大方、得体	5	
		表演内容符合实际	15	
		用语规范，符合岗位工作要求	5	
		组内分工明确，具有团队合作精神	5	
合　计			100	

注：考核满分为 100 分，90 分及以上为 A；80～89 分为 B；60～79 分为 C；60 分以下为 D。

项目二　学会处理顾客投诉

在购买商品后，顾客可能因为各种原因产生不满或抱怨情绪。据调查：在所有不满意的顾客中，只有4%的顾客会正式提出投诉，而正是这4%的顾客最有可能成为企业的忠实顾客。所以妥善处理顾客的投诉是赢得新顾客、保留老顾客的法宝。

❖ 处理顾客投诉项目实训 ❖

情景设置

一天，王先生带着儿子逛庙会，儿子吵着要买一辆 35 元的玩具小汽车，王先生便随手买了一个。可是到了第二天，不知道什么原因，车轮不转了。王先生非常无奈，只好安慰儿子说："没办法，这是地摊货，过几天再买一个好的给你。"

过了两天，王先生在一家玩具店看到了同一款式的小汽车，就花了 40 元钱又买了一辆给儿子。儿子很高兴地玩了起来。可是到了第二天，车轮又不转了。王先生认为玩具车的质量有问题，于是便前往玩具店调换。没想到营业员肖某却说："是你的小孩使用不当造成的，别找其他理由。"并以"当场验货，货出店门概不负责"为由不予调换。王先生非常生气，立即到客服中心进行投诉。客服经理陈某问清缘由后，立即代表商店向王先生表示道歉，并同意给王先生换一辆玩具汽车，最后还双手把小汽车交给王先生。事态终于得到了平息。王先生临走时感慨道："经理就是经理啊，水平不一样，这样解决问题才会令消费者满意，在这样的店买东西才让人放心啊！"

➘ 情景分析

每一位顾客选择商店进行购物，都是抱了很大的希望，想满足自己某方面的需要。但是每一位顾客对产品与服务的需求各异，在与顾客交往的过程中，顾客的不满与投诉是不可避免的，关键是看营业员如何去面对。俗话说："好事不出门，坏事传千里。"顾客的投诉处理得不好，只会慢慢毁坏商店的形象，最终砸了牌子。处理得好，能适时"化干戈为玉帛"，赢得顾客的心。

思考与启示

顾客不满的原因纷繁复杂，有的是顾客自身的原因，有的则是产品质量导致的，也有的是因营业员没有提供优质服务而造成的。但是，不论导致不满的原因是什么，营业员都可以通过自身的努力来减少这类不满，使顾客由不满意转为满意。

美国华盛顿特区的技术援助研究项目（TARP）提供的统计数字显示：96%的顾客根本懒得提出投诉，他们直接把生意转给别人做了，而那 4%会提出抱怨、投诉的顾客，其实正是最忠实的顾客。因此，顾客的投诉不是麻烦，而是弥补问题的机会。对于顾客投诉，营业员要迅速作出反应，正确、有效地进行处理，对出现的问题进行及时补救，从而提高顾客的满意度，赢得忠诚的顾客。是否能够使顾客满意，关键在于处理这些问题的态度和方法。

项目训练目标

1．掌握处理顾客投诉的态度。
2．掌握处理顾客投诉的步骤与技巧。
3．提高处理顾客投诉的能力。

项目训练准备

1．资料准备：顾客抱怨与投诉的相关案例。
2．物品准备：黑色签字笔 1 支。
3．场地准备：一间能容纳 40 人的实训室。
4．分组安排：学生分组，每组 5～6 人。每组设 1 名实训组长，主持小组讨论、评议、评分和总结等全面工作。

相关理论知识

一、处理顾客投诉的态度

面对顾客的投诉，营业员要明确：首先，正是这些顾客的投诉使我们知道了自己在产品或服务方面存在的问题，明确了改进的方向，有助于我们不断提升服务品质。因此，要感谢这些顾客的“挑刺”；其次，绝大部分顾客在投诉获得圆满解决后都会成为忠实的顾客，并有可能成为商场的免费广告。因此，营业员对待顾客投诉的态度应该坚持以下几点：

1、少一点抱怨，多一点感谢

顾客的投诉为我们指明了改进的方向，应该对投诉的顾客心怀感激。

2、少一点争论，多一点自省

不要与顾客争辩。面对投诉，重要的是解决问题，而非调查对错。争论无益，自省才能不断提升品质。

3、少一点借口，多一点行动

面对顾客的投诉，不要为自己的过失找借口，应该用行动去弥补过失。

4、少一点迟疑，多一点迅速

投诉处理贵在神速，不要使顾客的不满扩大化。

5、少一点呆板，多一点灵活

处理投诉不能生搬硬套有关规定或方法，应该灵活处事。

二、处理顾客投诉的步骤

不论是商场的销售人员、管理人员还是客服专员，在受理顾客投诉时的处理原则是一致的，其主要目的都在于使顾客的不满与抱怨得到妥善的处理，在情绪上受到尊重。因此，在处理顾客投诉时应遵循下列步骤：

1、有效地倾听顾客的抱怨

当顾客不满时，只有把自己的怨气发泄出来才会平静，这种现象就是心理学上所谓的“心理净化”。因此，在受理投诉后，营业员要给顾客发泄的时间，并且认真倾听顾客的抱怨，及时记录下顾客所叙述的细节和重点内容，找出问题的症结。

2、道歉

不论责任是否属于商场，营业员都应诚心地向顾客道歉，并对顾客提出的问题表示感谢。因为道歉可以让顾客知道我们很在意给他带来的麻烦，并且想尽快改正。道歉表明了营业员对待顾客的诚意，使顾客感到自己受到重视。

3、立即复述顾客的问题

要使顾客获得满意的处理结果，营业员对问题的理解就一定要和顾客的理解相符。因此，在顾客叙述完问题后，营业员可以根据自己的理解对顾客的话作一个总结，然后复述给顾客听。这样的反馈可以使顾客知道营业员在听他说，并且明白了他的问题。

4、表达同理心

顾客进行投诉不仅仅是为了解决产品或服务的问题，得到经济补偿，也是为了获得情感补偿。如果营业员能够在弄清顾客所反映的问题后，站在顾客的立场上表示理解，会使顾客获得心理上的安慰，从而相信商场能够站在他的立场上解决问题。

5、提供解决方案

把握问题的重心，根据问题的严重程度和顾客的期望提出解决方案，并诚恳地征求顾客的意见。若顾客对解决方案不满意，则进一步与顾客沟通，了解顾客的需求，尽快作出修正，直至获得顾客的同意。

6、执行解决方案

当双方都同意解决方案后，就应立即执行。执行得越早，顾客的满意程度越高。若不能当场解决，营业员必须明确告诉顾客原因、具体的处理时间和办法、经办人的姓名，并且请顾客留下联系方式，以便追踪处理。

7、跟踪服务

执行解决方案后务必确定顾客是满意的。营业员可以通过电话、电子邮件或信函等方式，向顾客了解解决方案执行的效果。若发现顾客对解决方案不满意，则要继续寻求更可行的解决方案。

8、总结反思

对于顾客的投诉与处理经过要作好妥善记录，以便反思投诉处理的得失，追查问题的根源，迅速改善造成顾客投诉的各项因素，以防止类似事件再次发生。

三、处理顾客投诉的技巧

（一）积极倾听的技巧

要妥善处理顾客的投诉，就要弄清顾客投诉的原因、投诉的目的，在此基础上才能针对顾客的问题作出正确的反应，给出令其满意的解决方案。所以，营业员一定要仔细倾听顾客的话，做到不仅听顾客说出来的，还要从中听出顾客不想说出来的，或想说又表达不出来的意思。

1、耐心听，不要打断顾客

以诚恳的态度耐心聆听顾客的抱怨，不要中途打断，让顾客充分发泄心中的怨气，从而使顾客的心情逐渐平静下来。如果对某些细节还不是十分了解，在顾客说完后再提问。

2、用心听

将全部注意力集中到顾客身上，不仅要听讲话的内容，还要注意顾客的表情和声调，理解顾客的需要和担心。

3、学会回应

在倾听的时候，营业员应以专注的眼神及间歇的点头来表示自己正在仔细地倾听，让顾客觉得自己的意见受到重视。

4、勤动笔

倾听事情发生的每一个细节，并用纸、笔记录问题的重点，以便作出有效的分析，确认问题的症结所在。

积极的倾听及举例，见表 6-6。

表 6-6　积极的倾听及举例

积极的倾听	举　例
1. 点头 用表情和姿势告诉顾客你在听，让顾客放心，鼓励顾客讲话	是吗？ 是这样啊！
2. 表示认同 使顾客放心，获得信赖	这确实很糟糕。 我很理解您的感受。
3. 询问顾客商品的状况 详细确认 明确顾客的想法和意图	这个问题从什么时候开始的？ 请再详细说明一下可以吗？
4. 确认 明确自己的理解是否正确 明确顾客的理解是否正确	您是在三天前发现问题的，是吗？
5. 总结 总结讲话中的重要内容 确认顾客和你的理解一致	您提出两点意见对吧？也就是…… 您说的总结起来就是……对吗？

（二）说话的技巧

1、建议使用句式

1）用“我理解……”平息顾客的不满，如“我非常理解您的心情！如果我是您也会这么想。”

2）用“我会……”表达服务意愿，如“我会把您的问题反映给经理。”

3）用“您能……吗？”提出要求，如“您能给我看一下发票吗？”

4）用“为了……”以节省时间，如“为了您的账户安全，我们不能在电话里告知您的密码。”

5）用“您可以……”来代替说“不”，如“您可以找经理谈，他可以解决这个问题。”

6）用“我”代替“你”以纠正错误，如“对不起，刚才我说得不够清楚。”

2、避免使用句式

1）“你可能不明白……”

2）“你肯定弄混了……”

3）“你应该……”

4）“我们不会……我们从没……我们不可能……”

5）“你弄错了……”

6）“你别激动……”

7）“你不要叫……”

8）“你冷静一点……”

3、禁忌用语

1）“这种问题连三岁的小孩都懂。”

2）“一分价钱一分货。”

3）“不可能，绝不可能发生这种事。”

4）“这种问题不关我的事，请去问……”

5）“这个问题不太清楚。”

6）“这是本店的规定。”

7）“这事儿没法办。”

8）“没看我正忙着吗？一个一个来。”

9）“别人觉得挺好呀！”

10）“我们一直都是这么卖的。”

11）“你先听我解释。”

12）“你也有不对的地方。”

13）“你怎么这么讲话？”

14）“你爱到哪儿告到哪儿告去。”

15）“你去找消协吧，这是它的电话。”

（三）常用的解决方案

服务顾客永远是第一位的，受理投诉后就要迅速解决问题。对于一般的投诉，通过更换发票、去掉零头、退还零头或者调换商品等措施就可以轻松解决，使问题得以补救。但有些时候，因为损坏或错误无法弥补，营业员可以考虑给予补偿性关照。补偿性关照的方法有以下几种：

1）打折。

2）免费赠品，如礼物、商品或服务等。

3）个人交往。

4）付出额外成本，如答应顾客周二送到的货还没送到时，可免费连夜派专人送去。

如果顾客仍不满意，一定要征求顾客的意见。这时，即便错在顾客，也要尽量按照顾客的要求做，满足他们的要求。当营业员不计对错地满足了顾客的需求时，便会得到一位忠实的顾客。

项目训练实施

一、拓展分析

日本的松下幸之助在未建立起他的电器王国之前，便在公司成立了“顾客抱怨中心”负责处理顾客的不满。

松下幸之助的“顾客抱怨中心”并不像一般企业那样用来打发不满的顾客，而是由他亲自主持。每周星期六下午和星期日上午，松下幸之助都在公司内等候由秘书安排好的顾客，和他们面对面地沟通，听取他们的不满和建议。

对此，公司有许多人不理解，认为是小题大做。如果你是松下幸之助，你会坚持这么做吗？为什么？

二、倾听技巧

1．倾听技巧项目训练步骤与实践

（1）倾听技巧项目训练步骤

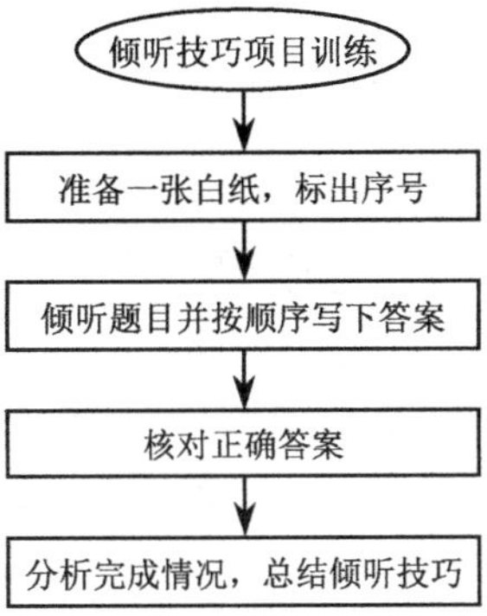

（2）倾听技巧项目训练实践

1）每位学生准备一张白纸，在纸上标出序号。

2）学生合上书本，注意倾听教师报出的题目，并按顺序写下答案。

3）教师与学生核对答案，分析完成情况，总结倾听技巧。

2．倾听技巧项目训练注意事项

1）倾听训练题目由教师自行选择，可以是一道道单纯的问题，也可以是短文与问题的结合，形式不限。

2）无论是何种形式的题目，教师均按每分钟125～250字的正常语速念题，只念一遍。

3）每位学生独立写出答案，不要互相讨论。

4）答题要迅速，在听完题目后立即写下答案，不要长时间思考。

5）提高学生的倾听技巧，强调倾听应该是积极主动的，边听边想，不是被动地接受。

3．倾听技巧项目训练评价评分表（见表6-7）

表6-7　倾听技巧项目训练评价评分表

考评人		被考评人	
考评地点			
考评项目	倾听技巧项目训练		
考核标准	考核要点	分值/分	得分/分
	正确回答问题	80	
	理由表述正确	10	
	答题迅速、准确	10	
合　计		100	

注：考核满分为100分，90分及以上为A；80～89分为B；60～79分为C；60分以下为D。

三、说话技巧

1. 说话技巧项目训练步骤与实践

（1）说话技巧项目训练步骤

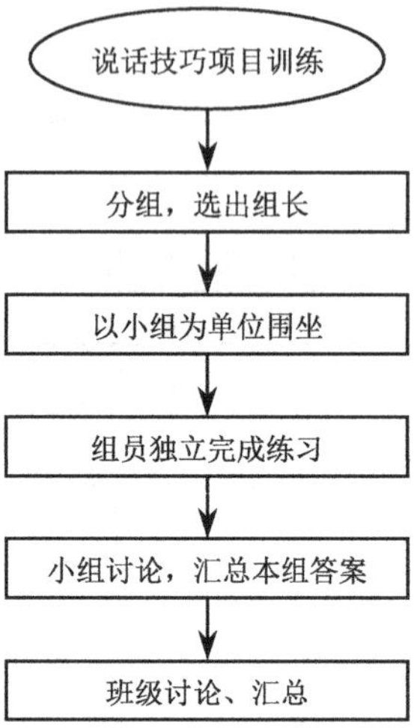

（2）说话技巧项目训练实践

以下是一些营业员对顾客的要求所作的回答，你认为是否合适。如果不合适，请你将下列回答转变为恰当的句式，并思考两种回答方式所起的作用有何不同。

1）没看到我们很忙吗？这会儿没时间来处理，你等等吧。

2）你应该先预约一下，不然我们安排不过来。

3）你必须在 5 点之前赶过来，否则来不及处理。

4）你应该把发票和机器一起带来，否则我们不能给你更换。

5）我做不了主，你必须跟主管谈谈。

6）你的表格填错了，当然没办法帮你办理，你重填一下。

7）我尽可能把你的情况反映给厂家。

8）那不是我们该管的，你必须到鉴定机构申请鉴定。

2. 说话技巧项目训练注意事项

1）学生在教师的指导下自由组合，5～6 人为一组，在小组推荐的基础上确定组长。

2）学生先独立完成练习，然后在组内讨论，汇总本组答案。

3）训练过程中，要注意运用恰当的句式，用顾客喜欢听的句式来说话。

4）训练过程中，教师要注意培养学生的团队协作能力，提高学生的说话技巧。

3、**说话技巧项目训练评价评分表**（见表 6-8）

表 6-8　说话技巧项目训练评价评分表

考评人		被考评人	
考评地点			
考评项目	说话技巧项目训练		
考核标准	考核要点	分值/分	得分/分
	能运用恰当的句式表达意见	80	
	体现以顾客为中心、为顾客服务的原则	10	
	运用普通话	5	
	说话态度和蔼，面带微笑	5	
合　　计		100	

注：考核满分为 100 分，90 分及以上为 A；80～89 分为 B；60～79 分为 C；60 分以下为 D。

四、处理顾客投诉

1、**处理顾客投诉项目训练步骤与实践**

（1）处理顾客投诉项目训练步骤

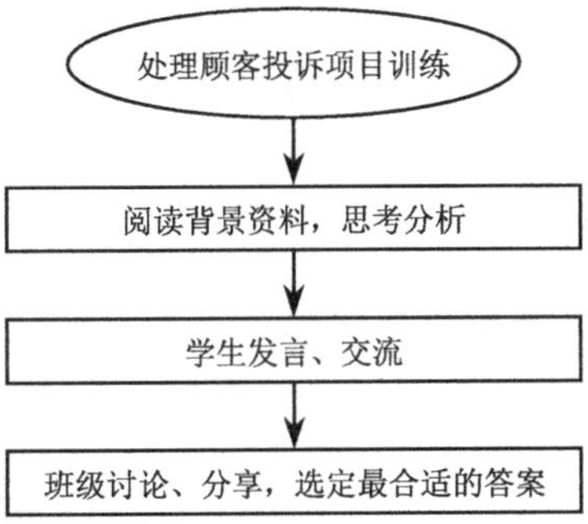

（2）处理顾客投诉项目训练实践　阅读下面的案例后，思考并分析总结：

1）案例中客服人员处理顾客投诉的步骤。

2）案例中客服人员处理顾客投诉的成功之处。

案例

查理从泰利尔斯商店订购了一箱葡萄酒。当酒被送到家里时，查理并没有立即去检查，而是在隔了一个星期后才打开箱子，这时他发现其中有一瓶酒被打碎了。查理很生气，觉得这家商店的服务真是糟糕。于是，查理打电话去投诉。

泰利尔斯商店的顾客服务人员耐心地听完查理的“批评”，很有礼貌地向查理道歉，并且说重新补一瓶葡萄酒给他。可是查理觉得这样不足以平息他的不满，他提出商店应该换一箱给他。那位服务人员答应了这个要求。

两天后，查理收到了一箱新的葡萄酒。

然而令他吃惊的是几天后，他得知那瓶酒是他的孩子打碎的。于是，他宣布他将是泰利尔斯商店的忠实顾客。

2、处理顾客投诉项目训练注意事项

1）分析资料时要结合处理投诉的有关技巧，要鼓励学生提出不同的见解。

2）讨论可以分组进行，具体方式由任课教师根据班级情况确定。

3）训练侧重培养学生分析问题、解决问题的能力、语言表达能力和灵活处理问题的能力。

3、处理顾客投诉项目训练评价评分表（见表6-9）

表6-9　处理顾客投诉项目训练评价评分表

考评人		被考评人		
考评地点				
考评项目	处理顾客投诉项目训练			
考核标准	考核内容	考核要点	分值/分	得分/分
	处理顾客投诉案例分析	正确划分案例中处理顾客投诉的步骤	20	
		正确分析案例中处理顾客投诉的成功之处	30	
		正确分析案例中使用的处理顾客投诉方法	20	
		理论知识运用恰当、合理	10	
		运用普通话	10	
		语言表达流畅、有条理	10	
合　　计			100	

注：考核满分为100分，90分及以上为A；80～89分为B；60～79分为C；60分以下为D。

五、处理顾客投诉角色扮演

1、处理顾客投诉角色扮演项目训练步骤与实践

（1）处理顾客投诉角色扮演项目训练步骤

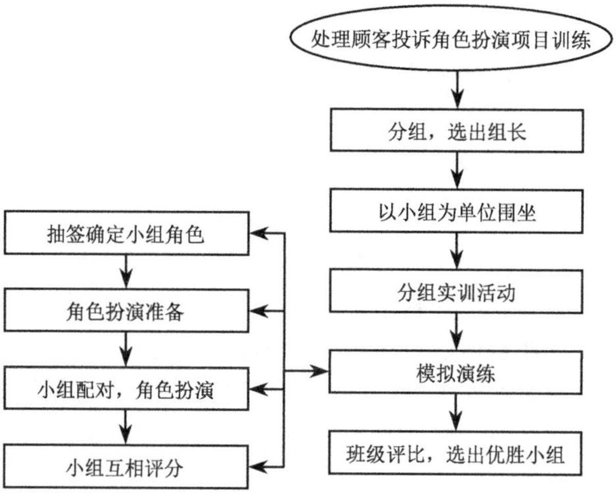

（2）处理顾客投诉角色扮演项目训练实践

1）学生在教师的指导下自由组合，5～6 人为一组，在小组推荐的基础上确定组长。

2）各组角色扮演的情景可由学生自行确定，也可由教师确定，具体操作方法由教师根据学生情况选择。

3）各组针对所确定的情景，以小组为单位，从工作人员（如销售人员、客服人员或经理）的角度进行准备，思考特定情景下的应对方法。

4）角色扮演在各小组间进行，每组派出一位学生扮工作人员（如销售人员、客服人员或经理），其他学生扮演顾客，进行情景模拟。

5）角色扮演后，教师与学生共同讨论、评价各组的表现，总结优缺点。

情景一

李先生在一个有名的家具店花很高的价钱买了一张木桌，由于桌子不大，所以就用家里的小面包车运了回去。到家后，他发现桌子上面有一道划痕。在店里挑选桌子时，灯光很暗，李先生没有注意到这道划痕。他原本打算当晚家庭聚会时用这张桌子，所以对此感到很恼火。

第二天，李先生把这张桌子送回商店，并找来了当时接待他的业务员王先生。王先生认为当时桌子是完好无损的，而李先生却坚持认为在往家里运送桌子时，绝对没有磕碰到桌子。于是双方争吵起来，其他的顾客听了后也表示出对店方的不满。后来，其他业务员也加入了争吵。争吵声越来越大，引来了商店经理。

如果你是这位经理，面对顾客的不满，你会采取哪些办法？不同办法可能会导致什么样的结果？你会给员工提什么样的建议，教他们如何面对抱怨或投诉的顾客？

情景二

一天，一位女士来到你所在的化妆品公司投诉。前不久，她在该公司购买了一瓶洗面奶给女儿用。结果，女儿使用后脸部红肿。该女士提出要求公司给予赔偿。但经了解，这位女士的女儿面部红肿并不是洗面奶质量问题引起的，而是体质问题引起的过敏。如果是你接待了这位女士，你会怎么处理？

情景三

一天，刘小姐到一家大型超市购物。当她推着购物车经过超市冷冻区时，由于地面很滑又没有警示牌，刘小姐重重地摔在了地上，后经医院诊断为右脚髌骨骨折。假设刘小姐在事故发生后当即向超市客服进行投诉，客服人员应该如何解决？

情景四

周六，王老板的儿子过 10 岁生日，王老板在某饭店宴请亲朋，宴会气氛非常热闹。可正在推杯换盏时，有人在菜中发现了一只虫子，令大家非常扫兴。于是，王老板找来值班经理与其理论。假如你是值班经理，你会如何处理这一问题？

情景五

李某是一家公司的业务员，时常出差。一次，李某要出差与客户洽谈业务，便提前预订了某酒店的标准间。可是，当李某下飞机来到酒店入住时，却发现酒店没有自己的预订信息，没有订上房间。李某非常生气，来到客服中心进行投诉，要求酒店给个说法，解决自己的住宿问题。

情景六

陈某所在的外贸公司为了接洽一笔业务，需在8月15日下午5:00前将一组产品小样发给美国一家企业。于是，陈某要求接受小样加工任务的企业必须在8月15日下午4:00前交小样。可是，当陈某如约来到这家企业取小样时，却得知小样还未完工，需再等两个小时。这势必使陈某不能按计划在规定时间内将小样发往美国，从而造成了惨重的损失。陈某非常焦急，也非常愤怒，当即找到该企业生产部门负责人进行交涉。

2、处理顾客投诉角色扮演项目训练注意事项

1）角色扮演时要给学生发挥的空间，不要局限于情景中提供的内容，鼓励学生创新。

2）角色扮演过程中要注意处理投诉的步骤、态度，提供的解决方法要切合实际。

3）各组在评分时主要分析每组的方案可行性及角色扮演中的优势与不足。各组不能为本组打分，评分时要说明每组得分与扣分的理由。

4）训练时，教师要注意培养学生的团队协作能力，提高学生分析问题的能力、语言表达能力和灵活应变能力。

3、处理顾客投诉角色扮演项目训练评价评分表（见表6-10）

表6-10　处理顾客投诉角色扮演项目训练评价评分表

考评人		被考评人	
考评地点			
考评项目	处理顾客投诉角色扮演项目训练		
考核标准	考核要点	分值/分	得分/分
	处理顾客投诉的步骤正确	15	
	处理方法得当	15	
	正确运用处理顾客投诉的技巧	15	
	体现以顾客为中心、站在顾客立场处理问题的原则	15	
	表演自然、大方、得体	10	
	表演内容符合实际	10	
	用语规范，符合岗位工作要求	10	
	组内分工明确，具有团队合作精神	10	
合　计		100	

注：考核满分为100分，90分及以上为A；80～89分为B；60～79分为C；60分以下为D。

模块七 处理退换货技术

7

顾客在购物后可能会因为各种原因而提出退换货要求。为提供完善而细致的服务，各零售企业都设有专门的售后服务部或客服中心来处理退换货事宜，但顾客习惯首先找营业员进行协商。如果此时营业员处理不当，必然会激起顾客的不满甚至愤怒情绪，引发商品处理纠纷，致使顾客进行投诉，继而为企业带来不良影响。因此，营业员必须熟悉退换货的有关规定，掌握处理退换货问题的技巧，做到在第一时间给予顾客满意的解释，告之具体的处理方法，为顺利解决退换货问题奠定基础。

项目一 了解退换货

顾客提出退换货的原因有很多，可能是商品本身出现了质量问题，也可能完全因为顾客自身的心理变化或接受了别人的不同意见等。商家既要满足顾客的需求，提供令顾客满意的服务，也要考虑到自身的利益。因此，营业员必须熟知国家和企业的退换货规定，在不违背法律法规的前提下为顾客处理好退换货问题。

❖ 退换货项目实训 ❖

情景设置

某日，李艳和同事吴莉一起逛商场时看中了一款风衣。当时，商场正在进行限时打折促销活动，这款风衣的价格非常优惠。李艳和吴莉觉得很划算，款式也不错，于是一人买了一件。回家后，李艳穿上新买的风衣站在镜子前欣赏了一会儿，突然感觉两个人都穿同样的衣服没意思，在一个单位上班很容易撞衫。李艳越想越后悔，认为自己太冲动了。于是，李艳返回商场，要求将风衣退掉。可是营业员认为风衣没有任何质量问题，如果怕撞衫，在两个人一起买风衣的时候就应该考虑到这个问题，所以坚决不同意退货。李艳很生气，为此和营业员发生了争执。

情景分析

案例中的争执围绕着退换货问题而产生，其实事实非常清楚，要合理解决也是非常容易的。但是由于营业员不了解国家对于退换货问题的有关规定，所以执意不肯退换货而产生了纠纷。据统计，顾客最多会把满意的消费经历告诉 5 个人，却会把不满意的消费经历告诉 25 个人。这类纠纷带来的后果就是顾客流失，对于商家来说是得不偿失的。

思考与启示

现代零售企业对所出售的商品均以顾客满意为最终衡量标准，大多企业都承诺凡在本企业购买商品的消费者，如对质量、计量、价格和服务等方面不满意，均可办理退换事宜。但这并不意味着在任何情况下都可以无条件退换货。参照国家及有关部门规定，退换货需符合某些条件，如商品无损坏、不影响二次销售、可出示购物凭证……所以，营业员要处理好退换货问题，一定要熟记退换货的有关规定，避免造成不必要的纠纷。

项目训练目标

1．掌握商品实行“三包”的具体要求。

2．掌握商品退换货的基本规定。

项目训练准备

1．资料准备：商品退换货的有关规定文件、商品退换货的相关案例。

2．物品准备：商品退换货规定调查表。

3．场地准备：一间能容纳 40 人的实训室。

4．分组安排：学生分组，每组 5～6 人。根据教师提出的要求，学生以组为单位进行调查。每组设 1 名实训组长，负责组内分工，主持小组讨论、评议和总结等工作。

相关理论知识

为保护消费者的合法权益，明确销售者、修理者、生产者承担的部分商品的修理、更换、退货（以下称为“三包”）的责任和义务，根据《中华人民共和国产品质量法》、《中华人民共和国消费者权益保护法》及有关规定，1995 年 8 月 25 日，中华人民共和国国家经济贸易委员会、原中华人民共和国国家技术监督局、原中华人民共和国国家工商行政管理局、中华人民共和国财政部共同制定了《部分商品修理更换退货责任规定》。1998 年 3 月 12 日，中华人民共和国国家经济贸易委员会、原中华人民共和国国家技术监督局、原中华人民共和国国家工商行政管理局、原中华人民共和国国内贸易部、原中华人民共和国机械工业部、中华人民共和国农业部等联合下发了《农业机械产品修理、更换、退货责任规定》。2001 年 9 月 17 日，中华人民共和国国家质量监督检验检疫总局、中华人民共和国国家工商行政管理总局、原中华人民共和国信息产业部发布了《移动电话机商品修理更换退货责任规定》、《固定电话机商品修理更换退货责任规定》，该规定已于 2001 年 11 月 15 日起实施。2002 年 3 月 27 日中华人民共和国国家质量监督检验检疫总局局务会议、2002 年 6 月 27 日原中华人民共和国信息产业部第 10 次部务会议审议通过了《微型计算机商品修理更换退货责任规定》、《家用视听商品修理更换退货责任规定》，并于 2002 年 7 月 23 日，以中华人民共和国国家质量监督检验检疫总局、原中华人民共和国信息产业部令（第 24 号）发布，自 2002 年 9 月 1 日起施行。

一、实行“三包”的具体要求

在流通过程中，生产商、供应商与销售商都有承担“三包”的责任和义务。就服务行业而言，售出商品或服务之后，依国家有关法律、法规的明确规定，应由提供商品或服务的服务单位承担主要责任，并负责为消费者实行“三包”。商场作为销售商通常具有实行“三包”不可推卸的义务，必须认真执行规定。

（一）商场的“三包”义务

1）对消费者购买的商品在保修期内，免费对商品局部或全部维修，超过保修期的收取一定的维修费；对消费者购买的不适用的商品及时调换；对消费者不中意或实在派不上用场的商品及时退货。

2）不能保证实施“三包”规定的，不得销售规定需要实行“三包”的商品或服务。

3）严格保证商品或服务质量，严格执行必要的检查、验收制度，不得销售不符合法定标识要求的商品或服务。

4）在销售商品、服务时，要当面开箱检验、正确调试，介绍其使用与维修的有关事项、实行“三包”的具体规定，并向消费者提供有效的三包凭证与发票。

5）不得不遵守对于实行“三包”的具体承诺，要言出必行，认真遵守；对于消费者有关“三包”的查询、投诉，必须妥善予以对待，并提供服务。

6）对目前尚未正式列入国家有关“三包”规定之内的商品或服务，应当依照《中华人民共和国产品质量法》、《中华人民共和国消费者权益保护法》的相关规定，负责承担其退赔、更换、维修。

（二）“三包”的时间规定

在实行“三包”方面所作的时间规定，主要涉及已被出售的商品，大体上有五类情况：

1、“7 日规定”

商品自出售之日起 7 日之内发生性能故障，消费者可选择退货、换货或要求维修。退货时，销售者应当按发票价格一次退清货款。

消费者购物后按“7 日规定”退换货的，应符合下列要求：有购买商品的有效凭证，且商品与此凭证相符；商品外观、配件及包装完整，不影响再次销售；为非批量购买的商品。

2、“15 日规定”

商品自出售之日起 15 日之内发生性能故障，消费者可选择换货或要求维修。换货时，销售者应当免费为消费者调换同型号、同规格的产品。

3、“三包有效期”规定

在三包有效期内修理两次仍不能正常使用的商品，消费者可凭修理记录和证明免费调换同型号、同规格的商品。如符合换货条件，销售者因无同型号、同规格商品，消费者不愿调换其他型号、规格商品而要求退货的，销售者应当予以退货；有同型号、同规格商品，消费者不愿调换而要求退货的，销售者应当予以退货，并对已使用过的商品按规定收取折旧费。

4、“90 日”规定

在三包有效期内，因生产者未供应零配件，自送修之日起超过 90 日未修好的，修理者应当在修理状况中注明，消费者可凭此据免费调换同型号、同规格的商品。

5、“30 日”与“5 年”规定

修理者应保证商品修理之后能够正常使用 30 日以上，生产商则应保证在商品生产停止后的 5 年之内继续提供符合技术要求的配件。

（三）三包有效期的计算

三包有效期是法定的，如自行车整车三包有效期为 1 年，主要部件为 2 年。三包有效期也可以按照合同的约定延长，以便更有利地保护消费者，如销售者可以将自行车整车三包有效期延长为一年半、两年等。计算三包有效期应注意以下几点：

1）三包有效期限自开具发票之日始，至《实施三包的部分商品目录》规定的或者合同约定的三包有效期期满之日止。

2）三包有效期限的最后一天为法定休假日的，以休假日的次日为期限的最后一天。

3）三包有效期内，如果发生产品修理或者因无修理零配件待修等情况，其三包有效期限均按修理占用时间或者无零配件待修时间顺延相应的时间。

（四）特殊规定

属下列情况之一者，不实行“三包”，但是可以实行收费修理：

1）消费者因使用、维护或保管不当造成损坏的。

2）因非承担三包修理者拆动而造成损坏的。

3）无三包凭证及有效发票的。

4）三包凭证型号与修理产品型号不符或者有涂改的。

5）因不可抗力造成损坏的。

二、一般商场关于商品退换货的规定

（一）基本规定

1）有质量问题的商品，并且在退换货时限内的，可以退换。

2）有质量问题的商品，超出退货时限，未超出换货时限的，不可退货，但可换货。

3）有质量问题的商品，超出退换货时限的，不可以退换货。

4）一般性商品无质量问题，但不影响重新销售的，可以退换货。

5）一般性商品无质量问题，但有明显使用痕迹的，不可以退换货。

6）经过消费者加工或特别为消费者加工后，无质量问题的，不可以退换货。

7）因消费者使用、维修、保养不当或自行拆装造成损坏的，不可以退换货。

8）商品售出后因自然灾害造成损坏的，不可以退换货。

9）原包装损坏或遗失、配件不全或损坏、无保修卡的商品，不可以退换货。

10）非本商场售出的商品，不可以退换货。

（二）特殊规定

1）下列商品非质量原因不予退换货：食品、烟酒、药品、化妆品（不包括一般性的护肤品）、金银珠宝、贴身内衣、定做/剪裁的商品、摄像/摄影器材、电池、胶卷、音像制品、图书、手机和乐器。

2）商场出售的“削价处理品”和“赠品”，不可以退换货。

3）无本商场的购货发票或收银小票，且不能提出必要的旁证和有说服力的线索，不可以退换货。

4）票货不符或购物凭证有涂改现象，不可以退换货。

项目训练实施

一、商品退换货社会调查

1、商品退换货社会调查项目训练步骤与实践

（1）商品退换货社会调查项目训练步骤

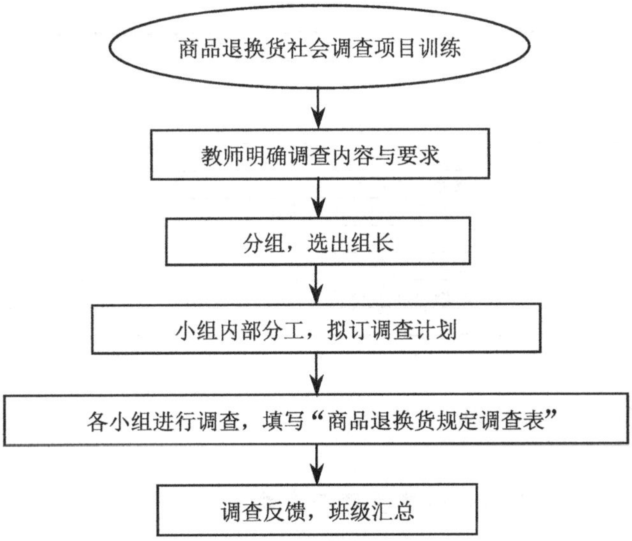

（2）商品退换货社会调查项目训练实践　学生分组对商品退换货规定展开社会调查，并填写“商品退换货规定调查表”（见表 7-1）。调查内容：

1）国家、地方及有关部门对商品退换货的有关法律规定及规章制度。

2）目前，零售企业对商品退换货问题的处理规定及方法。

表 7-1　商品退换货规定调查表

调查目的			
调查对象			
调查方法			
调查时间安排			
调查人员安排			
调查内容	国家、地方及有关部门对商品退换货的有关法律规定及规章制度		
	目前，零售企业对商品退换货问题的处理规定及方法		
第____组	组　长		填表日期	

2、商品退换货社会调查项目训练注意事项

1）社会调查应紧紧围绕着商品退换货规定进行。

2）学生在教师的指导下自由组合，5～6 人为一组，在小组推荐的基础上确定组长。

3）调查方法可以采用文献法、访谈法和观察法等，每组在讨论的基础上确定本组的调查方法、调查对象和人员安排，并拟订具体的调查计划，利用课余时间进行调查。

4）各组对调查情况进行汇总，根据调查的实际情况填写“商品退换货规定调查表”。

5）教师在指导学生开展社会调查的过程中应注意培养学生的团队协作能力及调查分析能力。

3、商品退换货社会调查项目训练评价评分表（见表 7-2）

表 7-2　商品退换货社会调查项目训练评价评分表

考评人			组　号	
考评地点				
考评项目	商品退换货社会调查项目训练			
考核标准	考核内容	考核要点	分值/分	得分/分
	调查方案	调查目的明确，调查方案设计详细	20	
		调查方法使用恰当	10	
		组内分工合理，团结协作	10	
	调查内容	调查内容真实	10	
		调查内容完整、全面	30	
		调查内容无科学性错误	20	
合　计			100	

注：考核满分为 100 分，90 分及以上为 A；80～89 分为 B；60～79 分为 C；60 分以下为 D。

二、商品退换货案例分析

1、商品退换货案例分析项目训练步骤与实践

（1）商品退换货案例分析项目训练步骤

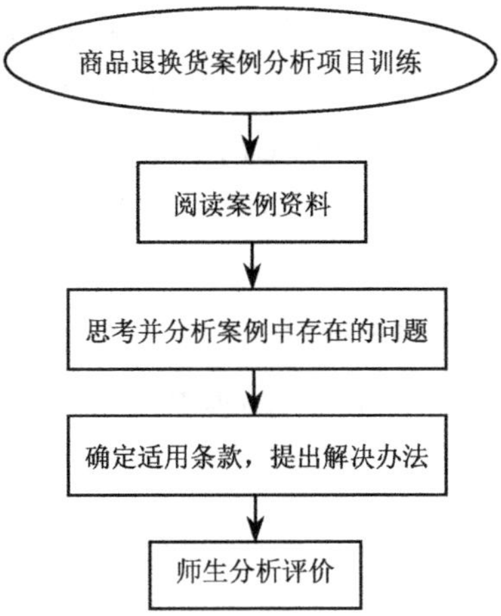

（2）商品退换货案例分析项目训练实践

1）教师将班级学生进行分组，每组 5～6 人，在小组推荐的基础上确定组长。

2）各组学生阅读以下案例，依据有关的退换货规定对案例进行分析，思考案例中的处理方法是否妥当，并阐述理由，在小组内展开讨论。

案例一

2009 年 9 月 8 日，杨女士在一家服装店花 200 元买了一件白色休闲服，回家穿给丈夫看，丈夫觉得太宽松了，要求换成小号的。杨女士来到服装店找店主吴某要求换一件小号的。可吴某称，店里已经没有小号的衣服了。杨女士提出退货的要求，但被吴某拒绝了。杨女士感到非常气愤，就与吴某展开了一场“口水仗”。

案例二

2010 年 2 月 10 日，张某在秀洲某商场购买了一双 42 码旅游鞋，价值为 145 元。2 月 26 日，张某穿上新买的 42 码旅游鞋，在行走时感觉不太舒服，结果发现旅游鞋长短不一。于是张某前往商场要求调换，但商场以已穿过为由拒绝了张某的要求，因此双方发生了纠纷。

案例三

2010 年 7 月 14 日，于先生在某手机店购买了一部手机，第二天使用就发现该手机屏幕无法显示，遂回到手机店进行退货，却遭到店主的拒绝。店主只同意换货，不同意退货。而于先生对该品牌的手机已经失去信心，不同意换货。双方协商未果后，于先生向当地消协进行了投诉。

案例四

李某在某商场买了一台彩色电视机，当日开箱后就把包装箱扔了。第二天看电视时，发现该电视机的图像没有色彩，多次修理也解决不了这个问题，属于内部质量缺陷。李某找商场要求退货，但被商家以外包装损坏为由拒绝。

案例五

2010 年 4 月 20 日，陈先生在家电商场购买了一台全自动洗衣机，价值 3000 元，该家电商场给陈先生出具了购货发票、合格证、保修卡和使用说明书等。陈先生使用了不到半年时间，洗衣机的定时器就出现了故障。他将洗衣机送到家电商场进行维修，但维修后使用了不到两个月又出现了问题。这次，陈先生开始怀疑是洗衣机本身的质量出现了问题，便到该家电商场要求退货。但家电商场不同意，说只能更换。在协商不成的情况下，陈先生将之告到法院，请求法院判决该家电商场同意退掉购买的全自动洗衣机。

3）将各组讨论结果在全班范围内进行讨论分析。

2、商品退换货案例分析项目训练注意事项

1）以国家、地方及有关部门颁布的商品退换货规定为依据对案例进行分析。

2）处理商品退换货问题应遵循“顾客至上”的原则，既要依据有关规定，也要考虑到实际情况，灵活进行处理。

3）教师在引导学生讨论过程中要注意培养学生的分析能力及语言表达能力。

3、商品退换货案例分析项目训练评价评分表（见表 7-3）

表 7-3　商品退换货案例分析项目训练评价评分表

<table>
<tr><td>考评人</td><td></td><td>被考评人</td><td colspan="2"></td></tr>
<tr><td>考评地点</td><td colspan="4"></td></tr>
<tr><td>考评项目</td><td colspan="4">商品退换货案例分析项目训练</td></tr>
<tr><td>考核标准</td><td colspan="2">考核要点</td><td>分值/分</td><td>得分/分</td></tr>
<tr><td rowspan="6"></td><td colspan="2">能准确找出案例中存在的问题</td><td>20</td><td></td></tr>
<tr><td colspan="2">能准确判断案例适用的商品退换货规定条款</td><td>20</td><td></td></tr>
<tr><td colspan="2">能恰当运用商品退换货规定提出解决方案</td><td>20</td><td></td></tr>
<tr><td colspan="2">能遵行“顾客至上”原则，灵活处理问题</td><td>20</td><td></td></tr>
<tr><td colspan="2">运用普通话</td><td>10</td><td></td></tr>
<tr><td colspan="2">语言表述流畅，有条理</td><td>10</td><td></td></tr>
<tr><td colspan="3">合　　计</td><td>100</td><td></td></tr>
</table>

注：考核满分为 100 分，90 分及以上为 A；80～89 分为 B；60～79 分为 C；60 分以下为 D。

项目二　掌握处理退换货技术

退换货其实是顾客和商场都不希望出现的现象，但如果真的出现了，当然是越快解决越好。要妥善解决顾客的退换货问题，仅凭有关法律规定和文件是不够的，还要求营业员掌握处理退换货问题的技巧。只有熟练掌握处理退换货技术，才能缩短顾客的等待时间，缓解顾客不愉快的情绪，并努力将不满意的顾客转变为满意的顾客。

❖ 处理退换货技术项目实训 ❖

情景设置

小李毕业后来到了某商场的服装柜上班，但是第一天上班就遇上了一位让小李手足无措的顾客。

早晨商场一开门，顾客王某便来到小李所在的柜台前，称其10天前在该柜台购买的衣服洗了一次就严重缩水了，要求退货。小李认为王某购置衣服的时间已超过了商场规定的退换货时间，洗后缩水的衣服已影响了二次销售，而且又不能确定是什么原因造成衣服严重缩水，所以很干脆地拒绝了顾客王某的要求。王某听后非常生气，认为小李推卸责任，将衣服质量问题赖在了自己的身上。两人就此发生争执，吵嚷声引来众多顾客的围观。顾客王某还嚷嚷着要告到消协，小李觉得自己没有责任，很冤枉。

情景分析

在上述案例中，小李似乎并没有做错什么，他在按照有关的退换货规定和产品三包规定解决问题，可是为什么王某的反应会那么强烈呢？其实，根本问题不在于小李对退换货问题的理解，而在于小李处理退换货问题的方式。营业员在处理退换货问题时要充分考虑到顾客的心理，顾及顾客的感受，灵活应变，不能生搬硬套有关规定，冷冰冰地处理问题。

思考与启示

营业员要处理好退换货问题，不仅要熟记退换货的有关规定，还要熟记本企业的退换货流程，掌握退换货有关单据的填写方法，以便为顾客提供服务，帮助顾客解决问题。同时，要掌握处理退换货问题的技巧，以便恰当合理地为顾客进行解释，消除顾客的不满情绪，力争将顾客不好的购买经历变为好的购买经历，从而提高顾客的满意度。

项目训练目标

1. 了解商品退换货的基本流程。
2. 掌握处理退换货技术，熟练填写顾客退货单、顾客换货单。

项目训练准备

1. 资料准备：商品退换货的相关案例。
2. 物品准备：商品退换货单、黑色签字笔 1 支、红色签字笔 1 支。
3. 场地准备：一间能容纳 40 人的实训室。
4. 分组安排：学生分组，每组 5～6 人。根据教师提出的实训要求，学生以组为单位进行实训模拟。每组设 1 名实训组长，负责组内分工，主持小组讨论、评议和总结等工作。

相关理论知识

一、商品退换货的基本流程

1、退换货参考流程（见图 7-1）

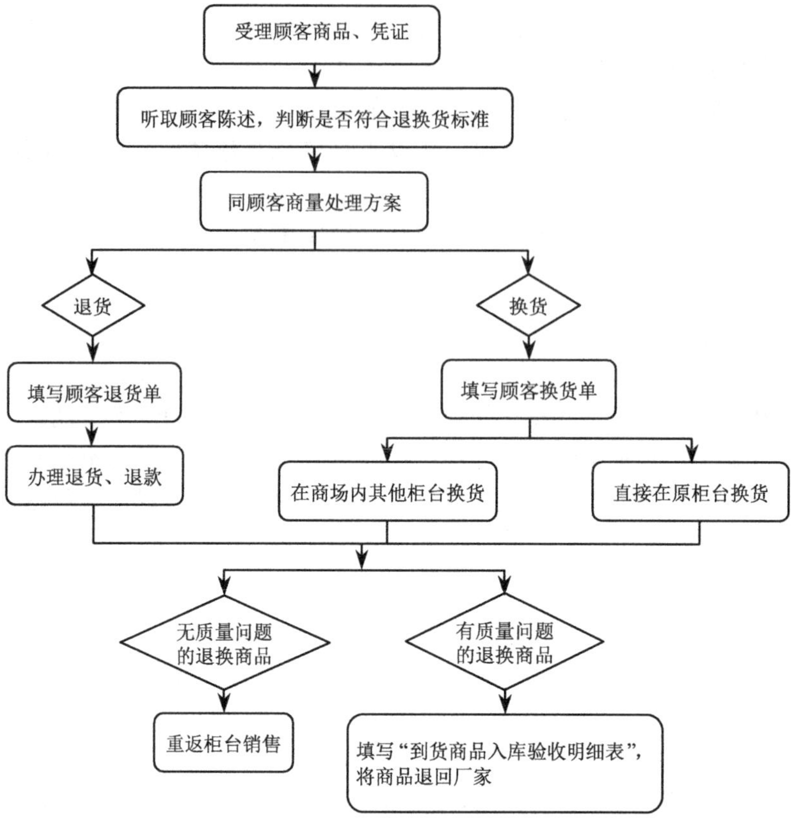

图 7-1　退换货参考流程

2、流程说明

（1）受理顾客的商品、凭证　接待顾客，并审核顾客的收银小票或发票、购买时间，确认所购商品是否属于不可退换商品。

（2）听取顾客的陈述　细心平静地倾听顾客陈述的抱怨和要求，判断是否属于商品的质量问题，是否符合退换货标准。

（3）同顾客商量处理方案　结合国家法律、商场规定以及顾客服务的准则灵活处理，说服顾客达成一致的看法。如不能满足顾客的要求而顾客予以坚持的话，应请上一级管理人员处理，最终给出双方满意的解决方案。

（4）办理退换货手续　填写顾客退货单（见表 7-4）或顾客换货单（见表 7-5），并请柜组长和值班经理签字审核。如顾客遗失发票，同时也无法查到交易号，则还需要由商场总值班经理签字审核。

（5）进行退换货处理　根据双方协商的处理方案进行处理。如决定退货，则予以退货、退款，收回收银小票或发票；如决定换货，则凭顾客换货单调换同种商品或同类商品、甚至不同商品，对换货差额多退少补。在退款时，应遵守用什么方式付款就用什么方式退款的原则，如现金收款就退现金，信用卡收款就退到信用卡账户上。

（6）处理退换货商品　对无质量问题的退换货商品应重新放回柜台进行销售。对于有质量问题的退换货商品应用红笔填写到货商品验收入库明细表（见表 7-6），退回厂家。

注意：此流程为一般流程，不同商场在处理退换货问题上的操作流程和具体方法存在差异，所填的表格甚至也会不同。因此，在今后从事工作时应按照各商场的要求进行处理，不能生搬硬套。

表 7-4　顾客退货单

No：

部门：　　　　　　　　　　柜组：　　　　　　　　　　__年__月__日

序　号	发票号	商品编码	品名	规格	计量单位	数量	零售单价	零售价总额								
								百	十	万	千	百	十	元	角	分
1																
2																
3																
4																
5																
合　计																
退货原因																

柜组长：　　　　客服专员：　　　　主管：　　　　审核：

表 7-5　顾客换货单

No：

部门：　　　　　　　　　　柜组：　　　　　　　　　　__年__月__日

序号	发票号	商品编码	品名	规格	计量单位	数量	零售单价	零售价总额								
								百	十	万	千	百	十	元	角	分
1																
2																
3																
合　计																
置换原因																
置换为以下商品																
序号	发票号	商品编码	品名	规格	计量单位	数量	零售单价	零售价总额								
								百	十	万	千	百	十	元	角	分
1																
2																
3																
合　计																
差额（+/–）																

柜组长：　　　　客服专员：　　　　主管：　　　　审核：

表 7-6　到货商品验收入库明细表

No：

部门：　　　　　　　　　　　　　　　　柜组：

合同号：　　　　　　　　　　　　　　　　　　　　　　　　　供应商名称：

商品类型：　　　　　　单品　　　　　　非单品　　　　　　到货　　　　__年__月__日

序号	商品编码	品名	规格	计量单位	数量	含税单价	含税总价	零售单价	零售价总额								
									百	十	万	千	百	十	元	角	分
1																	
2																	
3																	
4																	
5																	
6																	
7																	
8																	
9																	
10																	
合　计																	

财务复核：　　　　　营销部审核：　　　　　　　录入：　　　　　　验收制表人：

二、处理商品退换货的技巧

顾客购买商品是为了消费，当顾客提出退换货要求时，必然意味着所购商品已不能满足其消费需要。而绝大多数的退换货问题起源于商品质量，因此，当顾客拿着商品回到商场退换货时，其心中必然会存在着一些不满和怨气。如何平复顾客心中的怨气，既帮助顾客解决问题，又维护商场的利益，这需要一定的技巧。在本书模块六中已对处理顾客异议和投诉的技巧进行了阐述，处理退换货的技巧与处理顾客抱怨的技巧基本是一致的，所以不再赘述，只强调以下几点：

1、注意聆听

聆听是积极地倾听，要求营业员在倾听顾客叙述的过程中快速思考顾客提出退换货的原因，分析顾客的真实想法，从而确保在处理退换货问题时，既能充分考虑顾客的需要，坚持为顾客服务的宗旨，又能对照有关规定寻求解决办法，讲究原则，维护企业利益。

2、正确使用语言

营业员在处理退换货问题时应先表示歉意，在与顾客沟通时用语要和气、文雅、谦逊，让顾客舒心，令顾客感受到商场在处理退换货问题上的诚意，如：

1）好，我帮您换一下，您看换哪一个好呢？

2）没关系，我帮您换一下。

3）请原谅，按规定这是不能退换的。

4）这样吧，请将商品留下，我们请生产厂家鉴别一下。

5）很对不起，由于我们工作的疏忽给您添了麻烦。

6）对不起，按国家有关规定，已售出的食品若不存在质量问题，是不能退换的。

7）实在对不起，您这种商品已经使用过了，而且不属于质量问题，也不好再卖给其他顾客，实在不好给您退换。

8）您这件商品已经买了较长时间，没有保持原质原样，要到有关部门鉴定一下，如属质量问题，我们包退包换。

9）您提出的问题很特殊，咱们商量一下好吗？

10）这双鞋已超过了包退包换期，按规定，我们只能为您维修，请原谅。

11）对不起，这是商品质量问题，我们可以负责退换。

3、注意事项

1）在销售特殊商品的柜台，必须将无质量问题不予退、换的明示牌摆放在显眼处，并在销售过程中对顾客进行无质量问题不予退、换的说明，同时规范发票的开具（交易号、付款方式、VIP卡号等需认真注明），并在销售发票上加盖相关说明章。

2）营业员切勿因急于销售而盲目推销，或未经顾客认可而将顾客购买的商品标牌剪掉，影响后期顾客调换，引起不必要的商品退换纠纷。

3）若有商品纠纷，可直接联系客服人员。

项目训练实施

一、拓展分析

请每位同学思考以下问题，并在小组内进行讨论。

1）如果前来要求退换货的顾客遗失了销售发票或购物小票，我们该如何处理？

2）为什么食品、烟酒、药品、化妆品、金银珠宝、贴身内衣、定做/剪裁的商品、摄像/摄影器材、电池、胶卷、音像制品、图书、手机和乐器等商品若无质量问题不可退换？

二、处理退换货技术

1、处理退换货技术项目训练步骤与实践

（1）处理退换货技术项目训练步骤

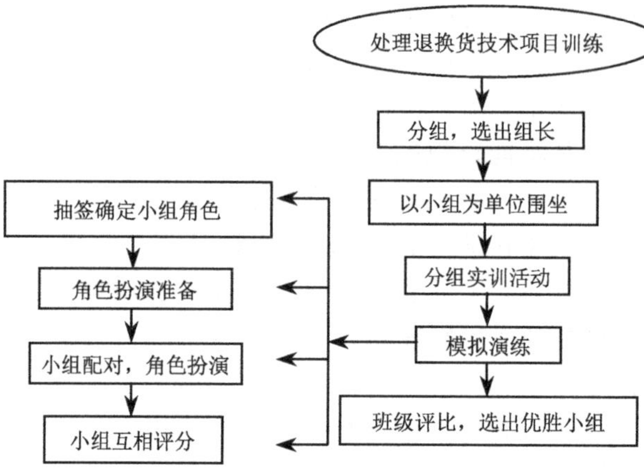

（2）处理退换货技术项目训练实践

1）学生在教师的指导下自由组合，5~6 人为一组，在小组推荐的基础上确定组长。

2）各组角色扮演的情景可由学生自行确定，也可由教师确定，具体操作方法由教师根据学生情况选择。

3）角色扮演在各小组间进行，每组同学对模拟柜组岗位进行分工，如销售人员、柜长和经理，其他组派代表扮演顾客，进行情景模拟。

4）角色扮演后，教师与学生共同讨论、评价各组的表现，总结优缺点。

➘ 情景一

张某在某商场专卖区选中了一件蓝色 T 恤衫。该 T 恤衫款式新颖，正面还印有一句英文。由于她不懂英语，也就没深究英文的含义便买了一件。买回当天，张某将 T 恤衫洗了一下。第二天，当张某穿着 T 恤衫逛街时，发现有行人用异样的眼神打量她，甚至还在背后指指点点。后来张某得知那句英文的意思是：这只母狗咬人。她非常生气，来到商场要求退货。但商场认为该服装是张某自己挑选的，款式、大小等均无问题，且张某已将其洗过，所以拒绝退货。

➘ 情景二

武先生 2010 年 6 月 10 日在中关村某电子市场以 9120 元购买了一台笔记本电脑。两天后，武先生发现笔记本工作时声音有些异常，即与经销商联系要求送检。但该经销商一直拖延至 6 月 15 日才配合办理送检手续。经检测，确认该笔记本硬盘存在异常。武先生依据检验报告要求经销商退货，但经销商只肯更换同型号笔记本。武先生遂向海淀工商分局进行投诉。

➘ 情景三

2010 年 4 月 20 日，小峰夫妇在哈尔滨市某家电商场花了 18500 元购得一台背投电视。但一周之后，电视屏幕右上角出现了大约 10 平方厘米的蓝屏，小峰夫妇找到商场，商场为他们更换了一台同型号的新电视。5 月中旬，更换后的电视又出了毛病：屏幕上出现直径大约 1 厘米如雪花般的不规则斑点。小峰夫妇要求商场更换电视机，商场满足了他的要求。到了 6 月下旬，第三台电视机发生了更为严重的问题：出现蓝屏，且没有了图像和声音。小峰夫妇要求商场退货，但商场不肯，称已没有新机器了，只同意免费维修。小峰夫妇不同意，向消协进行投诉。

情景四

某日，陈小姐在电器卖场购买了某品牌手机，谁知用到第 6 天晚上便发现该机导航键翘起并有脱落的趋势。第 7 天，陈小姐把手机带到电器卖场该品牌手机的售后服务部，想更换一台。售后服务部以不能断定手机外壳是否属于人为损坏为由不同意更换，且表示手机外壳不在保修范围之内，如果陈小姐要维修，需支付 120 元的费用。对此，陈小姐认为十分不合理，双方发生了口角。

情景五

2010 年 5 月 12 日，消费者王某到消协投诉，称其在某家电商行新买的一台价格为 5200 元的冰箱，才使用了 8 个月就出现了故障。与商家联系，送到厂家维修后竟然被告知无法修复。王某要求退货，商家同意退货，但要向王某收取折旧费，王某不能接受，因此双方没有达成协议。就此问题，王某请消协帮助协调解决。

2、处理退换货技术项目训练注意事项

1）各组在评分时不能为本组打分，评分时要说明每组得分与扣分的理由，侧重分析每组对退换货问题的处理方式及角色扮演中的优势与不足。

2）相关表格要填写完整，要求字迹工整、规范。

3）角色扮演时要给学生发挥的空间，不要局限于情景中提供的内容，要鼓励学生创新。

4）角色扮演过程中要注意处理退换货问题的流程、态度。

5）角色扮演过程中，教师要注意培养学生的团队协作能力，提高学生分析问题的能力、语言表达能力和灵活应变能力。

3、处理退换货技术项目训练评价评分表（见表 7-7）

表 7-7　处理退换货技术项目训练评价评分表

考评人		被考评人		
考评地点				
考评项目	处理退换货技术项目训练			
考核标准	考核内容	考核要点	分值/分	得分/分
	角色扮演	能准确判断情景中出现的问题，选择适用的退换货规定条款	10	
		能遵循“顾客至上”的原则，恰当运用商品退换货规定，灵活处理问题	20	
		能熟练运用处理退换货问题的技巧	20	
		退换货流程完整、规范	10	
		表演自然、大方	5	
		角色扮演贴合实际	10	
		角色分工合理，具有团队协作意识	5	
	表格填写	表格填写完整，没有遗漏。柜组名称、商品品名、规格等填写正确	10	
		相关人员签字完整	5	
		数字规范、整洁	5	
合　计			100	

注：考核满分为 100 分，90 分及以上为 A；80～89 分为 B；60～79 分为 C；60 分以下为 D。

8

模块八　市场调研技术

市场调研是获取市场信息、进行商品经营和管理的重要手段。它对商业企业如何选择目标市场、满足顾客需求、推动经济发展、增强决策的科学性、提高企业的竞争力和适应能力都具有十分重要的意义。市场调研是一项十分复杂的工作，要顺利地完成调研任务，必须有计划、有组织、有步骤地进行。

项目一　学会收集调研资料

信息资料是调研者了解市场的重要工具之一。调研资料可分为第一手资料和第二手资料，第一手资料是根据特定的调研活动而专门收集的，第二手资料是指他人出于其他目的早先收集的资料。本项目的任务是学习调研资料的收集方法。

❖ 收集调研资料项目实训 ❖

情景设置

奇乐玩具店为选择出儿童玩具的畅销品种，一方面跑市场调查同行业玩具的销售情况，一方面通过网络调查生产厂家生产玩具的资质及新产品的生产情况，调查玩具市场的现状。同时，该店还购置了几十种儿童玩具样品，邀请年轻的爸爸妈妈带着孩子来试玩。为避免干扰，孩子们在一间大房间里尽情地玩耍，调查人员一边通过录像观看儿童们喜欢的品种，一边向孩子的爸爸妈妈发放调查问卷及赠品，了解家长的需求。通过各方面资料的收集，奇乐玩具店在短时间内选择了十多种儿童玩具进行订购。

情景分析

每一个商业企业在商品经营过程中，为了更好地满足消费需要，扩大商品销售，都不希望出现商品脱销或积压的现象。从上述案例中可以看出，奇乐玩具店在选择订购玩具种类时，积极收集儿童玩具的生产与消费市场资料。一方面收集第一手资料，亲自跑市场调查收集市场信息，同时在现场设置情境并发放调查问卷，以此了解儿童玩具的需求；另一方面收集第二手资料，通过网络了解生产厂家、市场行情，在各方面信息周全的情况下很有把握地进行儿童玩具的订购。

思考与启示

在商品经营过程中，市场调查与商品资料的收集是非常重要的，它决定了能否更好地满足顾客的需求，能否保证资金的合理周转，能否使商品进销存业务顺利的开展。随着科学技术的发展，新产品层出不穷，要使商业企业将有限的资金发挥到最佳的作用，就要求购进的商品是畅销品种。从上述案例中可以看出，市场调查研究是经营决策的前提，只有充分认识市场，了解市场需求，对市场作出科学的分析判断，决策才具有针对性，才能使企业兴旺发达。

项目训练目标

1. 了解设计调研方案的步骤及内容，掌握市场调查方法。
2. 了解调查问卷的结构，能设计调查问卷。

项目训练准备

1. 资料准备：视频资料、多媒体课件、教学案例。
2. 训练方法：角色扮演、案例分析、情景设置教学法等。
3. 场地准备：校外实训基地、技能操作实训室。
4. 分组安排：学生分组，每组 8～10 人。

相关理论知识

一、调研准备：设计调研方案

调研方案的步骤及内容，见表 8-1。

表 8-1　调研方案步骤及内容

步　　骤	内　　容
调研目的和任务	解决什么问题，收集哪些资料
调研对象和调研单位	向谁调查，由谁提供调查资料
调研项目	需调查的内容，其项目可用单一表（一个调查单位多个项目）或一览表（多个调查单位较少项目）列出
调研实施计划	时间、地点、步骤、方法、组织分工等

二、资料收集：选用调研方法

第二手资料的搜集方法有检索、查阅、交换、购买、咨询专家，以及通过网络搜集和复制等。

第一手资料的搜集方法有很多。

1）按调研范围分类，见表8-2。

表8-2 调查方法一

方 法	含 义	特 点
全面调查	对调研对象的所有单位无一例外地进行调查	全面、真实、可靠
抽样调查	从一定的调查单位中，随机抽取部分进行调查	经济、时效、灵活
典型调查	从一定的调查单位中，有意识地挑选具有代表性的单位进行调查分析	范围小，单位少，调研深入、细致
重点调查	从一定的调查单位中，选取起着举足轻重作用的单位进行调查	单位少，资料全，不受人为因素影响

2）按调查方式分类，见表8-3。

表8-3 调查方法二

方 法		含 义
询问法	当面交谈法	调研者将事先拟订的调查项目或问题以某种方式向调查对象提出，由此获取信息
	电话询问法	
	邮寄调查法	
观察法		调查者直接或通过仪器在现场观察调查对象的行为动态并加以记录，从而获取信息
实验法		在事先确定调查的问题中，选择影响这些问题的诸多因素中的一个或几个因素进行小规模实验

三、设计调查问卷

设计调查问卷是收集资料的重要环节，在大多数市场调查中，调查者都要依据调查的目的设计某种形式的问卷。问卷设计没有统一的、固定的格式和程序，主要以问题需要、统计方便为准则，一般来说有以下几个步骤：

1）确定需要的信息。

2）确定问卷的结构。一份调查问卷在结构上，按照顺序通常包括三个部分，见表8-4。

表8-4 调查问卷的结构与内容

问卷结构	内 容
开头	标题、问候语、身份、目的介绍及填写方法
正文	1. 一般问题（具有简单性、趣味性且易答的问题） 2. 主要问题（实质的、细节的问题） 3. 敏感的、复杂的问题 4. 被访问者基本情况
结尾	1. 开放式问题（可以缺省） 2. 感谢语 3. 作业证明记载

3）确定问题的类型，如图 8-1 所示。

- 问题的类型
  - 封闭式（有备选答案）
    - 是非法(是或非)
    - 选择法(单选或多选)
    - 语义差别法(语义分等)
    - 排序法(按关注程度选择)
  - 开放式（无备选答案）
    - 自由法(自选合适词汇)
    - 问答法(按要求回答)

图 8-1　问题的类型

① 是非法示例：

在“十一”长假中，您会外出旅游吗？　　A．是　　B．非

您是否购买过海尔电器？　　A．是　　B．否

② 选择法示例：

您购买学习用具通常在哪里？　A．便利店　　B．大卖场　　C．百货商店

您喜欢什么形状的车把（山地自行车）？

A．平把　　B．燕形把　　C．羊角把　　D．牛角把　　E．其他

③ 语义差别法示例：

苏宁电器公司的售后服务是：A．很好　　B．好　　C．尚可　　D．质劣

您认为摩托罗拉手机的质量如何？

A．最优　　B．优　　C．一般　　D．差　　E．最差

小型自选市场一般比大型超市服务好？

A．同意　　B．坚决同意　　C．不同意也不反对　　D．不同意

④ 排序法示例：

在您挑选服装时，考虑问题的顺序是（用 1、2、3、4、5、6 为序排列）：

价格□　　款式□　　面料质量□　　颜色□　　做工□　　品牌□

您喜欢哪种品牌的 MP3，请将下列品牌按 1～6 排序：

索尼□　　爱华□　　日立□　　东芝□　　夏普□　　新科□

⑤ 自由法示例：

您喜欢看哪一类的电视节目？

您喜欢什么牌子的手机？

当您准备出门旅行时，您觉得最应考虑问题是什么？

⑥ 问答法示例：

当您准备出门旅行时，会考虑哪些？

您对社区环保有什么新的想法？

4）问卷的试答。一般在正式调查之前，设计好的问卷要先在小范围内试答，以便及时修改。问题的设计要有针对性，清晰具体，不能模棱两可。问题的数量不宜过多、过于分散，一般为 10～20 个问题。开放式问题不宜过多，回答问题所用的时间最好不要超

过半小时。问卷数量至少达到100份以上，太少不足以显示调查的科学性和普遍性。

范例

空气清新机调查问卷

尊敬的顾客朋友：您好！

适逢新春佳节之际，××公司祝您新春愉快，万事如意！为了更好地为您服务，我公司正在开发新产品，我们十分想听听您对新产品的意见，请您在百忙之中予以合作。谢谢您的支持！

填写说明：请在选项上画钩。

1. 您认为自己工作或生活的室内空气品质状况：

1）好　2）较好　3）一般　4）较差　5）很差

2. 您认为影响室内空气品质的主要原因有：

1）尘埃　2）烟味　3）臭味、异味　4）细菌、病毒　5）缺氧

3. 您希望采取下列哪种方法改善室内空气品质：

1）开窗　2）空气清新机　3）换气扇　4）换气机

5）空气清新机、净化片

4. 您对空气清新机这类产品：

1）使用过　2）大致了解　3）仅听说过　4）一无所知

5. 您对换气机这类产品：

1）非常了解　2）大致了解　3）仅听说过　4）一无所知

6. 关于空气清新机和换气机，您认为：

1）同种产品，两种名称　2）同种功能，两种产品

3）不同产品，不同功能　4）不同产品，功能相似

7. 对空气清新机这类产品，您是否愿意购买：

1）愿意　2）不愿意　3）不需要　4）市场上没有满意的这类产品

5）没有支付能力　6）已经拥有

8. 您一般通过哪些渠道得到有关家电产品的信息：

1）商场　2）报纸　3）杂志　4）电视

5）广播　6）展销会　7）亲朋好友推荐

9. 对空气清新机这类产品，您希望具备哪些主要功能：

1）除尘　2）除烟味　3）除臭味、异味　4）消毒、灭菌

10. 您对开发空气清新机这类产品有何建议？

11. 您的个人及家庭情况：

性别：1）男　2）女

年龄：1）18 岁以下　2）19～28 岁　3）29～39 岁　4）40～49 岁　5）50～60 岁　6）60 岁以上

婚姻：1）已婚　2）未婚

文化程度：1）初中以下　2）高中　3）大专　4）本科以上

职业：__________

家庭人数：1）2 人　2）3 人　3）4 人　4）5 人及以上

家庭平均月收入：1）1000 元以下　2）1000～1499 元　3）1500～1999 元　4）2000～2999 元　5）3000～5000 元　6）5000 元以上

居住面积：1）60 平方米以下　2）60～79 平方米　3）80～99 平方米　4）100～119 平方米　5）120～150 平方米　6）150 平方米以上

再次感谢您的合作，我们将根据您的意见和建议来改进新产品，尽我们最大的努力为您提供最优质的产品和服务。

调查人员：______（签名）______

调查地点：______________

项目训练实施

收集调研资料

1．收集调研资料项目训练步骤与实践

（1）收集调研资料项目训练步骤

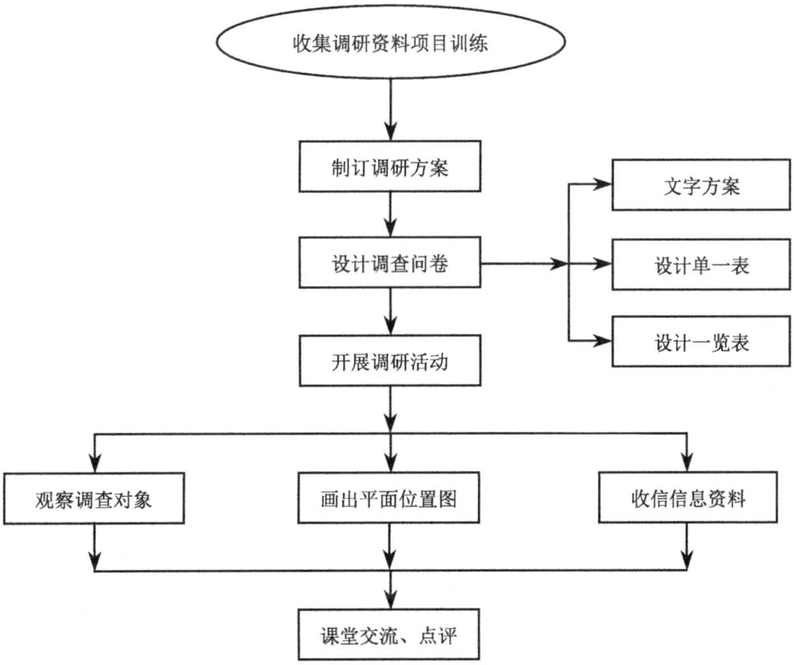

（2）收集调研资料项目训练实践

实训一

调查你所在校园的绿化情况如何。

要求：根据以上内容或自拟的调查内容制订一份调研方案，并就调研项目设计单一表和一览表。

实训二

假如你是宝洁公司的营销策划员，现需要收集以下信息：

1）该地区消费者的品牌消费意识。

2）该地区的主要竞争对手及经营格局。

3）消费者对宝洁系列产品的销售服务及经营格局的要求。

4）该地区目前消费者的收入水平。

5）其他影响因素。

要求：根据上述内容，设计一份调查问卷。设计问题时，每一种类型的问题都要涉及，并且开放式问题不宜过多。

实训三

调研活动体验。

要求：选择某商场或超市中的一个楼层，观察商品部（商品大类）、营业柜组、收银台等的布局，要求画出平面位置图；调研某类商品营销战术 4PS 的相关信息，同时将调查的资料用单一表或一览表列出。

2、收集调研资料项目训练注意事项

1）设计调查方案时，主题要明确、简洁，标题要醒目。

2）在进行市场调研实践前，应设计一份市场调研方案，以确保调研工作的顺利进行。

3）外出开展调研活动时，应以小组为单位，并指定负责的同学。

3、收集调研资料项目训练评价评分表（见表 8-5）

表 8-5　收集调研资料项目训练评价评分表

<table>
<tr><td>考评人</td><td colspan="2"></td><td colspan="2">被考评人</td></tr>
<tr><td>考评地点</td><td colspan="4"></td></tr>
<tr><td>考评项目</td><td colspan="4">收集调研资料项目训练</td></tr>
<tr><td rowspan="4">考核标准</td><td>考核内容</td><td>考核要点</td><td>分值/分</td><td>得分/分</td></tr>
<tr><td>调查方案设计</td><td>主题明确，内容详细，设计规范。不符合要求的，每项酌情扣 3～5 分</td><td>30 分</td><td></td></tr>
<tr><td>调查问卷设计</td><td>目标明确，结构完整，设计合理。不符合要求的，酌情扣 3～5 分</td><td>30 分</td><td></td></tr>
<tr><td>调查方案设计</td><td>布局正确，画面整洁，资料丰富。不符合要求的，每项酌情扣 3～5 分</td><td>40 分</td><td></td></tr>
<tr><td colspan="3">合　　计</td><td>100</td><td></td></tr>
</table>

注：考核满分为 100 分，90 分及以上为 A；80～89 分为 B；60～79 分为 C；60 分以下为 D。

项目二　学会整理和分析资料

市场调研是一项系统工作，在通过市场调研收集到足够的信息后，能不能在众多信息中发现最有价值的信息，能不能在众多现象中发现内在规律，资料整理和分析判断能力是关键。

❖ 整理和分析资料项目实训 ❖

情景设置

在20世纪90年代，中国彩电市场经历了四次价格大战，促使长虹彩电在家电行业中独领风骚。然而，到1999年初，长虹彩电公司发现其彩电零售市场份额的领先地位开始动摇，厦华、康佳等品牌正直追而至。是消费者的需求发生了变化，还是进口彩电占据了大量的市场份额？长虹彩电公司经过市场调查，会同智囊团成员对大量的资料、数据进行整理分析发现：上述都不是，而是其他几家品牌的彩电拥有相对的价格优势，从而导致了长虹彩电在一定程度上出现销售滑坡的现象。查出症结以后，长虹彩电公司依据自身的优势，实施了新一轮价格战略，巩固了自己领先的地位。

➘ 情景分析

从上述案例中可以看出，彩电市场的竞争是非常激烈的。长虹彩电公司发现问题后，首先开展了对消费者需求、进口彩电市场份额和彩电价格等诸多方面的调查，其次会同智囊团成员共同将收集的大量数据资料进行科学的整理分析，得出了结论，即竞争对手的价格优势导致了长虹彩电在一定程度上出现销售滑坡。针对这一主要因素，长虹彩电公司及时调整市场运作策略，巩固了自己在彩电零售市场份额的领先地位。

➘ 思考与启示

长虹彩电是在充分的市场调研基础上，及时整理和分析市场信息，从而为经营决策提供了正确的依据，重新巩固了自己的市场霸主地位。企业在经营管理的过程中，要不断适应市场竞争的变化，及时开展市场调研活动，并且要使已经收集到的原始资料便于为企业所用，便于为正确决策提供准确的依据，就应该客观、科学地整理和分析资料，这样才能从收集的资料中获得有益的信息，从而发挥信息资料的功能。

项目训练目标

1．了解市场信息资料整理，掌握统计图表的制作方法。

2．了解信息资料的分析方法，能用总量指标、相对指标和平均数对信息资料进行统计和分析。

项目训练准备

1．训练方法：案例分析、情景设置教学法。

2．场地准备：实训基地或实训室。

3．分组安排：学生分组，每组 8～10 人。

相关理论知识

一、市场信息资料整理

（一）审核

对信息资料进行审查和核实。

（二）汇总

（1）手工汇总　可选择划记法、过录法、折叠法和卡片法，然后使用计算器或算盘进行汇总。

（2）电子计算机汇总　利用 Microsoft Office Excel 软件进行数据汇总及统计图显示。

（三）制图表

市场信息资料通过汇总后，一般要采用表或图等形式加以统计并表达，使资料以某种报告的形式出现，为下一阶段的资料分析工作提供有效的准备。

1、**统计表**

（1）简单分组表　按同一总体中分组标志互不包含进行分组，见表 8-6。

表 8-6　某年某地区零售业销售情况

零售类别	企业个数（个）	职工数（万人）	总销售额（亿元）
百货商场	8	0.86	11
超　　市	22	0.39	5
合　　计	30	1.25	16

（2）复合分组　按两个或两个以上标志进行层叠分组，见表 8-7。

表 8-7　某年某地区人口数

按城乡和性别分组	人口数（万人）	比重（%）
全地区总人数	3826	100.00
一、城镇	2783	72.74
男性	1419	37.09
女性	1364	35.65
二、农村	1043	27.26
男性	532	13.90
女性	511	13.36

（3）单项式分组　按变量值不同进行分组，见表 8-8。

表 8-8　家庭子女数分组表

子女数（个）	次　　数
0	2
1	87
2 及以上	11
合　　计	100

（4）组距式分组　按若干个变量值进行分组，见表 8-9。

表 8-9　工人日产量分组表

日产量（件）	次　　数
0～9	10
10～19	50
20 及以上	40
合　　计	100

2、常用的统计图

（1）线形图　用几何直线或曲线来反映总体现象在不同时间上的发展变化。横轴通常表示时间变化，纵轴则表示总体现象发生的变化。

（2）条形图　以条形的长短来标示同类现象在不同时期或不同地区的发展变化。

（3）饼图　用圆面积的大小来表示总体量的分布。

二、信息资料的分析方法

信息资料的分析方法有很多种，其中综合指标法是定量资料分析的最基本方法。综合指标包括总量指标、相对指标和平均指标。

（一）总量指标

总量指标用来反映总体在一定时间、地点和条件下达到的总规模或总水平，如总人数、总销量、总销售额和总品种数等。其计算方法有直接计量法、推算法。

（二）相对指标

相对指标是两个有联系的指标之比，常用来反映相关事物数量之间的联系程度。

1、表现形式

（1）有名数　用双重计量单位来表示，如人口密度用“人/平方公里”来表示。

（2）无名数　无计量单位，常以系数、倍数、成数、百分数和千分数等表示。

2、种类和计算方法

（1）计划完成程度相对指标　以某现象在某一段时间内的实际完成数与其计划任务数之比，表明计划完成的程度。其公式为

$$计划完成相对数=\frac{实际完成数}{计划数}\times100\%$$

例：某便利店 2009 年计划销售额为 50 万元，经统计实际销售额为：一季度 16 万元，二季度 14 万元，三季度 13 万元，四季度 15 万元。分析全年的计划完成状况。

解：$全年完成相对数=\frac{16+14+13+15}{50}\times100\%=116\%$

分析：计算结果表明，该店 2009 年完成了计划销售额的 116%，超额 16%，说明该店经营状况良好。

（2）结构相对指标　总体的各个部分占总体总量的比重，它们的结构相对数之和等于 100%。其公式为

$$结构相对数（\%）=\frac{总体某一部分}{总体总量}\times100\%$$

（3）比例相对指标　同一总体中某一指标数值与另一指标数值之比，用以反映总体内部各个组成部分之间的比例关系，如男女性别比。其公式为

$$比例相对数=\frac{总体中某一部分的数值}{总体中另一部分的数值}$$

例：某农场种植水果树苗 600 棵，其中甲树苗 180 棵，乙树苗 120 棵，丙树苗 300 棵，分析三种树苗的比例关系。

解：甲乙树苗比例相对数：$\frac{甲树苗棵数}{乙树苗棵数}=\frac{180}{120}=150:100$

丙乙树苗比例相对数：$\frac{丙树苗棵数}{乙树苗棵数}=\frac{300}{120}=250:100$

则甲:乙:丙=150:100:250

（4）比较相对指标　同一时期两个同类现象之间的比较，一般用来说明两个同类现象在数量上的差别程度，有利于找出差距、分析原因、改进工作。其公式为

$$比较相对数=\frac{某一现象的数值}{同一时期另一同类现象的数值}\times100\%$$

例：已知 A、B 两省去年的财政收入分别为 650 亿元和 280 亿元。试比较 A 省与 B 省的财政收入状况。

解：A 省财政收入与 B 省财政收入的比较相对数=$\frac{650}{280}\times100\%$=232.14%

B 省财政收入与 A 省财政收入的比较相对数=$\frac{280}{650}\times100\%$=43.08%

（5）强度相对指标　由两个性质不同但有密切联系的问题指标作比值的结果，一般用来说明现象的强度、密度或效益等，如商业网点密度。其公式为

$$强度相对数=\frac{某一总体总量指标}{另一有联系但性质不同的总体总量指标}$$

如果强度相对指标的数值大小与现象的发展程度或密度成正比，则称为正指标；如成反比，则称为逆指标。

例：某地区 2009 年总人口为 1200 万，有 6 万个零售商业机构，求该地区零售商业网点的强度相对指标。

解：零售网点密度（正指标）=商业机构数/人口总量=60000/1200=50（个/万人）

零售网点密度（逆指标）=人口总量/商业机构数=1200/60000=0.02（万人/个）

（6）动态相对指标　同类现象的变量值或指标值在不同时间上的对比，一般用来说明现象的数量在时间上发展变化的方向和程度。其公式为

$$动态相对数=\frac{报告期数值}{基期数值}\times100\%$$

例：我国的钢产量 1991 年为 7100 万吨，2006 年为 12600 万吨，求钢产量的动态相对数。

解：2006 年钢产量与 1991 年钢产量的动态相对数=$\frac{12600}{7100}\times100\%$=177.46%

（三）平均指标

平均指标表明总体在一定条件下所达到的一般水平。其计算方法有简单算术平均指标法加权平均指标法。

（1）简单算术平均指标法

例：某超市 2010 年 1～6 月份的销售额分别为 30 万元、34 万元、32 万元、29 万元、26 万元、28 万元，分析计算 6 个月的平均销售额。

$$平均销售额=\frac{28+26+29+32+34+30}{6}=29.83（万元）$$

（2）加权平均指标法

例：某电动车专卖店 2010 年 1～6 月电动车的销售量分别为 21 万辆、23 万辆、25 万辆、24 万辆、25 万辆、26 万辆，1～6 月的权数分别 1、2、3、4、5、6，要求利用加权平均数法分析 2011 年 1 月电动车的销售量预测值。

解：2011 年 1 月销售量预测值=$\frac{26\times6+25\times5+24\times4+25\times3+23\times2+21\times1}{6+5+4+3+2+1}$

=24.7（万辆）

项目训练实施

整理和分析资料

1、整理和分析资料项目训练步骤与实践

（1）整理和分析资料项目训练步骤

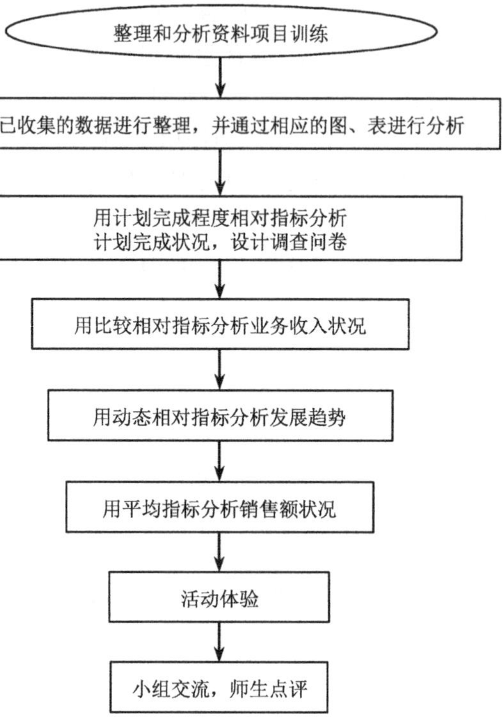

（2）整理和分析资料项目训练实践

实训一

某区20个商店从业人数资料如下：30，32，38，40，45，40，30，52，45，32，38，45，52，40，40，45，40，38，38，32。

要求：将以上资料整理后编制单项式分组表，分析各组的结构比重，并用相应统计图表示。

实训二

某便利店2009年计划销售额为50万元，经统计实际销售额为：一季度16万元，二季度14万元，三季度13万元，四季度15万元。

要求：用计划完成程度相对指标分析全年的计划完成状况。

实训三

已知甲乙两店去年的营业收入分别为650万元和280万元。

要求：用比较相对指标分析甲店与乙店的业务收入状况。

实训四

某电器店空调机 2009 年各季度销量见表 8-10，现将 2008 年四季度的销量 32 台定为基期。

表 8-10　某电器店空调机 2009 年各季度销量

季　度	一　季　度	二　季　度	三　季　度	四　季　度
数量（台）	30	37	43	38

要求：用动态相对指标分析电器店空调机的发展趋势。

实训五

某超市 2010 年 1～6 月份的销售额分别为 30 万元、34 万元、32 万元、29 万元、26 万元、28 万元。

要求：用平均指标分析该超市 1～6 月份的平均销售额。

实训六

调研活动体验。如果你是企业产品供应代理，请选择两家商场或超市，对同类商品进行调查（内容自定）。

要求：根据上述内容开展调研活动，将收集的资料进行整理，编制简单分组表或复合分组表。同时，对调查的定量资料，采用总量指标、相对指标（结构相对指标、比较相对指标）、平均指标加以计算，分析比较两商家的经营状况。

2、**整理和分析资料项目训练注意事项**

1）统计图和统计表要有标题，标题要确切地反映图表表示的内容。

2）统计表一般为横长方形，上下两端封闭且为粗线，左右两端开口；表中数字对准位数；如有相同数字需全部重写，切忌写“同上”、“同左”等字样；填写数字资料时不留空格，如无数据可在空格处划上斜线。

3）在进行市场调研实践前，应设计一份市场调研方案，以确保调研工作的顺利进行。

3、**整理和分析资料项目训练评价评分表**（见表 8-11）

表 8-11　整理和分析资料项目训练评价评分表

考评人		被考评人		
考评地点				
考评项目	整理和分析资料项目训练			
考核标准	考核内容	考核要点	分值/分	得分/分
	资料整理	整理合理，计算正确，图表清晰。不符合规范的，每项酌情扣 3～5 分	20	
	总量指标	目标明确，方法得当，分析合理。不符合要求的，每项酌情扣 3～5 分	20	
	相对指标	目标明确，方法得当，分析合理。不符合要求的，每项酌情扣 3～5 分	20	
	平均指标	目标明确，方法得当，分析合理。不符合要求的，每项酌情扣 3～5 分	20	
	体验活动：市场调查	调查内容丰富，整理有序，分析合理。不符合要求的，每项酌情扣 3～5 分	20	
合　计			100	

注：考核满分为 100 分，90 分及以上为 A；80～89 分为 B；60～79 分为 C；60 分以下为 D。

项目三　学会撰写调研报告

市场调研的最终成果是通过调研报告体现出来的。调研报告是根据调查研究成果写出来的反映客观事物的书面报告，撰写调研报告是市场调研的最后一步。认真撰写调查报告，准确分析调查结果，明确给出调查结论，是报告撰写者的责任。

❖ 撰写调研报告项目实训 ❖

情景设置

1986 年，美国肯德基炸鸡公司为开辟新市场，派出了一位执行董事来北京考察投资环境。这位董事在北京一方面带人出入主要街道，拿秒表测算客流量，又做出炸鸡样品请 500 多个不同年龄、职业的人品尝，并向他们详细询问了炸鸡的味道、价格、店堂设计和用餐方式等方面的意见。另一方面，他深入考察了现在和将来北京可以提供的鸡源和各种原料的情况，而且将各种原料包括油、盐、菜等样品带回美国作化学分析；然后应用计算机汇总整理分析各种数据，写出调研报告，提交公司决策层；经专家组论证，最后才得出在北京前门大街建立一家炸鸡店的结论。

情景分析

从上述案例中可以看出，改革开放以来，我国在国际市场上的影响力越来越大。当时，美国肯德基炸鸡公司很想在北京开辟新的市场，但它们没有盲目上马，而是特派了一位执行董事前来北京考察投资环境。这位执行董事从大街上的人潮、车流数量中仔细观察记录；从提供的样品让顾客品尝中获取顾客的建议；从货源、品味及利润最大化等方面进行周密调研，全方位评价分析，并详细撰写了北京之行的调研报告。通过这一报告，使得公司决策层一致同意在北京建立炸鸡店，并且一举获得巨大的成功。美国肯德基炸鸡公司成功的奥秘之一就是在市场调研的基础上，能将自己调查分析的成果，通过书面报告的方式为市场决策者提供重要的信息资料。

思考与启示

美国肯德基炸鸡公司之所以获得成功，执行董事北京之行的市场调查、市场资料的整理分析和最终市场调研报告的提交起着积极的影响和决定作用。市场调研报告主要以书面形式对所开展的市场调研活动的目的、方法、实施和结果等加以直接反映，是评判一项市场调研活动质量高低的重要指标，更是有关经营者、管理者和决策者进行相关经营活动，特别是进行市场经营决策的重要参考依据。因此，其撰写的质量及提供的资料，直接关系到对一项市场调研成果的认识与利用。

项目训练目标

1. 了解调研报告的一般格式，知道调研报告的主体内容。
2. 根据调查分析资料，初步学会撰写调研报告。

项目训练准备

1. 资料准备：视频资料、多媒体课件、教学案例、材料若干。
2. 训练方法：案例分析、市场调研体验、撰写报告、交流评议。
3. 场地准备：实训基地或实训室。
4. 分组安排：学生分组，每组 8～10 人。

相关理论知识

调研报告的一般格式

（1）标题　简明准确地表达报告的主要内容。

（2）前言　一般简要介绍调查的背景、意义和目的，或交代调查的时间、地点、对象范围和方式方法等。

（3）主体　一般包括三个部分，即情况部分、分析部分和建议或措施部分。

1）情况部分，即对调查情况从各方面加以表述和说明，包括整个市场调查的详细内容、调查使用方法、调查程序及调查结果。对调查方法的描述要尽量写清是使用何种方法，并提供选择此种方法的原因。

2）分析部分，即全篇的核心所在。通过分析研究，写出结论。在该部分中应多采用数字、表格。对数据的解释、分析，要用最准确、恰当的语句进行描述，结构要严谨，推理要有一定的逻辑性。

3）建议或措施部分，即市场调查报告的落脚点，结合实体现实情况与调查结果提出其所面临的优势与困难，并提出解决方法。

（4）结尾　可要可不要。一般来说，凡写有导言的调研报告应照应开头，通过结尾引起重视，加深认识。

项目训练实施

撰写调研报告

1、撰写调研报告项目训练步骤与实践

（1）撰写调研报告项目训练步骤

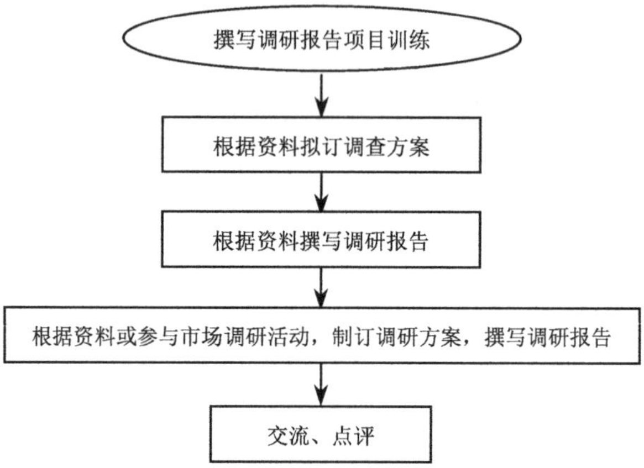

（2）撰写调研报告项目训练实践

实训一

职校生零花钱消费市场的调研。

实训二

职校生手机消费市场的调研。

实训三

职校生家庭电脑用途情况的调研。

实训四

职校生家庭教育现状的调研。

实训五

本市服装市场的调研。

实训六

商品降价促销引起的思考。

实训七

浅谈商业企业选择目标市场的重要性。

实训八

品牌策略在商业企业的具体运用。

实训九

从商业业态的变化谈营销观念的改变。

要求：

1）根据实训一，拟订一份调查方案。

2）根据实训一，撰写一份调研报告。

3）在实训二至实训九中任选一项或自定调研内容，拟订方案后开展调研，并撰写调研报告。

2、撰写调研报告项目训练注意事项

1）报告叙述方式，惯用第三人称。

2）将调查问卷、抽样名单、统计计算结果、表格、制图等作为附件内容，加以编号，附在调研报告后。

3）撰写调研报告，要在调查研究的基础上拟出初步提纲，经全体组员讨论后确定正式提纲。

3、撰写调研报告项目训练评价评分表（见表 8-12）

表 8-12　撰写调研报告项目训练评价评分表

考评人		被考评人		
考评地点				
考评项目	撰写调研报告项目训练			
考核标准	考核内容	考核要点	分值/分	得分/分
	调研报告	目的明确，内容详细，步骤清晰，方法得当，设计合理。不符合要求的，每项酌情扣 3～5 分	20	
	体验活动：市场调研报告	报告结构齐全、合理，现状分析全面、正确，存在问题和原因确切，所提对策措施正确、合适，总体报告有创意。不符合要求的，每项酌情扣 3～5 分	40	
	平均指标	标题简明醒目，报告结构齐全、合理，现状分析全面、正确，存在问题和原因确切，所提对策措施正确、合适，材料真实典型，总体报告有创意。不符合要求的，每项酌情扣 2～4 分	40	
合　计			100	

注：考核满分为 100 分，90 分及以上为 A；80～89 分为 B；60～79 分为 C；60 分以下为 D。

参 考 文 献

[1] 钟永森. 服务就是竞争力：感动客户的经典服务故事[M]. 北京：中国社会出版社，2009.

[2] 刘永中，金才兵. 上帝抱怨：巧妙处理客户异议的技巧[M]. 广州：广东经济出版社，2004.

[3] 杨林钟. 销售服务技术[M]. 北京：中国财经出版社，2002.

[4] 于兹志，王金风. 赢得顾客的心：顾客关系管理技巧与案例[M]. 北京：中国经济出版社，2003.

[5] 天宇. 如何赢得顾客的心：世界上最棒的客户服务案例[M]. 北京：中国致公出版社，2003.

[6] 凯瑟琳·迪佛利. 黄金服务15秒[M]. 天津：天津社会科学院出版社，2003.

[7] 范爱明，王智. 与顾客交往的69个禁忌[M]. 北京：机械工业出版社，2008.

[8] 特里·吉伦. 客服人员技能培训[M]. 2版. 北京：机械工业出版社，2004.

[9] Robrt Colbrne. 商品展示[M]. 张艳玲，陈平，等译. 北京：高等教育出版社，2005.